UNIVERSITY OF NOTRE DAME LIBRARIES.
SERIES IN BIBLIOGRAPHY,
I

David E. Sparks, *Editor*

CATALOGUE

of the
Medieval & Renaissance Manuscripts
of the
University of Notre Dame

JAMES A. CORBETT
University of Notre Dame

Published for the
NOTRE DAME LIBRARY ASSOCIATION
by the
UNIVERSITY OF NOTRE DAME PRESS
Notre Dame, Indiana — London

Copyright © 1978 by
University of Notre Dame Press
Notre Dame, Indiana 46556
ISBN 0-268-00723-3

Manufactured in the United States of America

To the Members of
The Notre Dame Library Association
and the
other benefactors of
The Notre Dame Memorial Library

CONTENTS

		Page
1.	Psalter	1
2.	Psalter	5
3.	Works of Peregrinus of Oppeln, et.al.	9
4.	Book of Hours	32
5.	*Aurora* Petri Rigae	48
6.	*Facetus* of John the Cistercian	51
7.	*Bible*	53
8.	*Aurora* Petri Rigae; Aegidius of Paris	62
9.	Sermons of Philip the Chancellor	66
10.	Liber Amicorum of Johannes Stadius	75
11.	Tracts of Jean Gerson, Pierre d'Ailly, et.al	76
12.	*De Vitiis* of William Peraldi	81
13.	*Historia Scholastica* of Peter Comestor	82
14.	History of the University of Edinburgh by Thomas Craufurd	86
15.	Nicholas of Bayard, Humbert of Romans, pseudo-Bernard, et.al	88
16.	Foundation Charter of the College of Pisa	91
17.	Poetry of Serafino dei Ciminelli dell' Aquila	94
18.	Letters of Catherine of Siena, Ugo Panziera, and Feo Belcari	97
19.	Treatises of Walter Burley	103
20.	Poem of Sebastiano Chiesa	105
21.	Visitation of the Church and College of Saint Appollonaris	107
22.	On the *Ethics* of Aristotle by John Buridan	115
23.	Giuseppe Davanzati on Vampires	118
24.	Letter of Jacobus Vaseus Petramellariensis	119
25.	Medieval English Statutes, 1225-1330	120
26.	*Storia dei Cicisbei* of Vincenzo Martinelli	130
27.	*Scriptum super quatuor evangelica* of Nicholas of Pelhřimov	131
28.	Commentary on *Ecclesiastes* of Olympiodorus of Alexandria	133
29.	Supplement to the *Summa Pisanellae* of Nicholas of Ausino	135
30.	Letters and Treatises of Aneas Sylvius Piccolomini, Gregory I, Bernard, Cyprian, et.al	137

31.	*De Doctrina Christiana* of St. Augustine	158
32.	French Royal Decrees of the 16th Century	159
33.	Treatise on Episcopal Visits of Augustinus Folpertus	163
34.	*Roman de la Rose*	164
35.	Book of Hours	166
36.	Handbook of Scripts of Henry Chausse	169
37.	Consecration and Coronation of Claude of France	170
38.	Coptic Psalter	172
39.	A Protestant's Answer to Catholic Claims	175
40.	Medieval English Chronicles: Geoffrey of Monmouth, et.al	177
41.	Diploma of the University of Padua	182
42.	Rule of the Ambrosian Society (Milan)	183
43.	*Vita Homer; Vita Fabii Camilli;* Poems of Angelus Decembrius; et.al	190
44.	Letters of St. Cyprian	193
45.	Decretals of Boniface VIII with Gloss	203
46.	Paul of Liazariis on the Constitutions of Pope Clement V	206
47.	*Relazione di Roma* of Renier Zeno	208
48.	*Conspiracy Against the Genoese Nobility, 1627* by Raffaele della Torre	210
49.	German Prayer Book	212
50.	Works of Henry Suso	213
51.	*Roman de Bertrand du Guesclin* of Jean Cuvelier	215
52.	*Dialecta* of Henri van Ermegeen	217
53.	Poems, Treatises of Philip of Zara	219
54.	*Trattato di Roma Antica* of Pietro Rottino	225
55.	*Liber Parabolarum* of Alain de Lille	226
56.	Varia	227
57.	Oration on the Life of Marie de Valernod, dame d'Herculais	228
58.	Varia	230
59.	Historical Memorial to King Philip IV of Spain	237
60.	Liber Amicorum of Johann Christoph Schlenck	238
61.	Gradual	239
62.	Dominican Gradual	242
63.	Various Masses and Offices	246
64.	Catalan Passion Cycle	251

PREFACE

The Rare Book Room of the Notre Dame Memorial Library has, as of now, sixty-four medieval and renaissance codices which are herein catalogued. It has not been possible to find any records which indicate when the first manuscripts were bought or given to the University, but it seems most likely that codex 3 was given by Monsignor Andrew Arnold Lambing (1842-1918) of the Pittsburgh diocese. Monsignor Lambing, an M.A. from Notre Dame, became a priest-scholar who founded the first Catholic historical society in the United States and also what became American Catholic Historical Researches (1884). The manuscript has his autograph and bookplate as of 1874. Since mss 1 and 2 were sold in New York at the Rush Hawkins sale of 1887, they were obviously acquired by the University after that date.

The rest of the codices seem to have been acquired in the 1930's and thereafter. Many were purchased by the University, the others given. I have retained the numbers assigned to the first eight as given by de Ricci[1] in his catalogue of manuscripts in the United States. The others are listed more or less in the order in which they were acquired. A number were chosen by a committee which included the Rev. Philip S. Moore, C.S.C., Paul E. Beichner, C.S.C., and Joseph Garvin, C.S.C., in the 1930's and 1940's. With the foundation of the Medieval Institute in 1947, its directors, the Rev. Gerald Phelan (1947-1952) and especially Dr. A. L. Gabriel, O.Praem. (1952-1975) continued the policy of acquiring manuscripts.

In making the catalogue I have limited myself to those codices written before 1750. I have also left aside material normally found in archives such as charters and unbound letters. These will be the subject of a separate volume.

In describing the manuscripts I have assigned each a number, given the date as closely as the evidence permits, indicated the material of the manuscripts — parchment, vellum or paper, its measurements, the number of folios or pages, the number of columns and lines per page, and indications of signatures and catchwords when they exist. I have tried to identify each text, to cite editions and relevant bibliography, to indicate the decoration, binding, and the history of each codex as far as it is known, and the names of donors.

I have been helped by many persons in this work. I am particularly grateful to David E. Sparks, Director of Libraries at Notre Dame and editor of this series, and to Anton C. Masin, Head of the Department of Rare Books and Special Collections in the library, both of whom have extended many courtesies which have facilitated my work. Mr. Masin has been particularly helpful in the descriptions of many bindings and in his efforts to discover the dates of acquisitions. I am also very indebted to Dr. Carl T. Berkhout, the very able Curator of the Medieval Institute Library, who has given so generously of his time to this work; to Dr. Jeffrey Russell, Director of the Medieval Institute; to Dr. A. L. Gabriel, Director emeritus of the Medieval Institute; to Dr. Vittoria Bosco and Dr. Dino Cervigni for their help with the manuscripts in Italian; to Dr. William Macomber of St. John's University, Collegeville, for his description of Ms 38; to Professor William Storey of the Department of Theology at Notre Dame, and David Wright, O.P., for their help with Mss 61-63; to Leonard E. Boyle, O.P., for his help with Ms 3; to James A. Weisheipl, O.P., for his help with Ms 43; to Miss Dorothy Coil, the Interlibrary Loan Librarian at Notre Dame; to Miss Marie K. Lawrence, Mrs. Maureen L. Gleason, Mrs. Roberta MacMahon, and Mrs. Mary Ann Andrews of the library staff whose competent help has been so generously given.

---

[1]Seymour de Ricci and W. J. Wilson, *Census of Medieval and Renaissance Manuscripts in the United States and Canada* (New York 1935), p. 714; W. H. Bond, *Supplement to the Census* (New York 1962), pp. 186-187.

PRINCIPAL ABBREVIATIONS USED IN THIS VOLUME

Beichner	Beichner, Paul E., Ed. *Aurora, Petri Rigae Biblia versificata: A Verse Commentary on the Bible.* Publications in Mediaeval Studies, 19. 2 vols. Notre Dame 1965.
Chevalier	Chevalier, Ulysse. *Repertorium hymnologicum.* Subsidia hagiographica, 4. 6 vols. Louvain 1892-1912; Brussels 1920-1921.
Clavis	*Clavis patrum latinorum* Ed. Eligius Dekkers and Aemilius Gaar. *Sacris erudiri*, 3. 2d ed. Steenbrugge 1961.
CSEL	*Corpus scriptorum ecclesiasticorum latinorum.* Vienna 1866-
Daniel	Daniel, Hermann A. *Thesaurus hymnologicus.* 5 vols. Leipzig 1855-1856.
DDC	*Dictionnaire de droit canonique.* 6 vols. Paris 1935-1957.
DHGE	*Dictionnaire d'histoire et de geographie écclesiastiques.* Ed. Alfred Baudrillart et al. Paris 1912-1956.
DNB	*Dictionary of National Biography.* 21 vols. London 1885-1950.
DTC	*Dictionnaire de théologie catholique.* 15 vols. Paris 1908-1950.
Dreves	Dreves, Guido M., ed *Analecta hymnica medii aevi.* 55 vols. Leipzig 1886-1922.
ET	Caterina da Siena. *Epistolario di Santa Caterina da Siena.* Eugenio Dupre Theseider, ed. Vol. 1. Rome 1940.

GKW	*Gesamtkatalog der Wiegendrucke.* 2d ed. Stuttgart: Hiersemann; New York: Kraus, 1968-
Gl. Ord.	*Bibliorum sacrorum cum Glossa ordinaria et Postilla Nicolai Lyrani.* 6 vols. Lyon 1589.
Hain	Hain, Ludwig F. T. *Repertorium bibliographicum.* 4 vols. Berlin 1925.
Hain-Copinger	Copinger, Walter A. *Supplement to Hain's Repertorium bibliographicum.* 2 vols. London 1895-1902.
Kehrein, J.	Kehrein, Joseph, ed. *Lateinische Sequenzen des Mittelalters.* Mainz 1873.
Leroquais	Leroquais, Victor. *Les bréviaires manuscrits des bibliothèques publiques de France.* 6 vols. Paris 1934.
Leroquais	Leroquais, Victor. *Les livres d'heures manuscrits de la Bibliothèque Nationale.* 2 vols. Paris 1927. *Supplement*: Macon 1943.
Madre	Madre, Alois. "Nikolaus von Dinkelsbühl: Leben und Schriften," *Beiträge zur Geschichte der Philosophie und Theologie des Mittelalters,* 40 no. 4. Münster 1965.
Mansi	Mansi, Giovanni Domenico, ed. *Sacrorum conciliorum nova et amplissima collectio.* 54 vols. Paris 1901-1927.
Mone	Mone, Franz Joseph, ed. *Lateinische Hymnen des Mittelalters.* 3 vols. Freiburg im Breisgau 1853-1855.
Morel	Morel, Gallus. *Lateinische Hymnen des Mittelalters.* Einsiedeln and New York 1868.
PL	Migne, Jacques Paul, ed. *Patrologiae cursus completus . . . series latina.* 221 vols. Paris 1844-1864.

Pellechet	Pellechet, M. L. *Catalogue général des incunables des bibliothèques publiques de France*. 3 vols. Paris 1897-1909.
Pickering	Pickering, Danby ed. *The Statutes at Large from the Magna Charta to . . . 1761* 46 vols. Cambridge 1762-1807.
Polain	Polain, Louis. *Catalogue des livres imprimés au quinzieme siècle des bibliothèques de Belgique*. 4 vols. Brussels 1932.
Schneyer	Schneyer, Johann Baptist. "Repertorium der lateinischen Sermones des Mittelalters fur die Zeit von 1150-1350," *Beiträge zur Geschichte der Philosophie und Theologie des Mittelalters*, 43. Münster 1969-1974.
Stegmüller	Stegmüller, Friedrich. *Repertorium biblicum medii aevi*. 7 vols. Madrid 1950-1961.
Stubbs	Stubbs, William, ed. *Select Charters*. 4th ed. Oxford 1881.
TM	Caterina da Siena. *Le lettere di S. Caterina da Siena*. Ed. Niccolo Tommaseo and Piero Misciatelli. 6 vols. Florence 1939-1940.
Weber	*Biblia sacra iuxta Vulgatam versionem*. Ed. Robert Weber. 2 vols. Stuttgart 1969.
Wilmart	Wilmart, André. *Auteurs spirituels et textes dévots du moyen âge latin*. Paris 1932.
Wolkan	Wolkan, Rudolf. *Der Briefwechsel des Eneas Silvius Piccolomini*. Fontes rerum austriacarum / Osterreichische Geschichts-Quellen, 61. Vienna 1909.
Wordsworth/White	Wordsworth, John, and Henry J. White, eds. *Novum Testamentum . . . latine, secundum editionem sancti Hieronymi*. Oxford 1889-1898.

1

Psalter

1456-1481; parchment; 170 x 120 mm.; ff. 1, 212; 1 col.; 18 lines; catchwords.

- f. I. blank.
- f. I^v. [Note in a late 15th c. hand]: Disser Psalterii gehort der Schwester Maria Angness Hueberin.
- ff. 1-6^v. [DOMINICAN CALENDAR. Although in a different hand than the text, the agreement of the feasts of the saints of the calendar with the names of the saints mentioned in the litanies and in the prayers that follow them suggest that the calendar was made to go with this psalter. It contains the same feasts and of the same class as those found in manuscript 2 infra.]
- ff. 7-184^v. [PSALTER WITH HYMNS AND ANTIPHONS]: — f. 7. *Inc. Hymnus:* Venite exultemus . . . — f. 8. *Inc. Ps. I:* Beatus vir. . . — f. 184^v. *Expl. Ps. CL:* Spiritus laudent dominum.
- ff. 184^c-196^v. [CANTICA]: — f. 184^v Confitebor tibi . . . Ego tibi. — f. 185^v. Exultavit. — f. 186^v. Cantemus domina. — f. 187^v. Domine audivi. — f. 189. Audite celi. — f. 192. Benedicte omnia. — f. 193. Te Deum laudamus. — f. 194. Benedictus dominus deus. — f. 194^v. Quicumque vult. — f. 196^v. Deus in adiutorium.
- ff. 196^v-201. [LITANIA]: . . . s. Nicolae, s. Dominice, s. Dominice, s. Thoma, s. Vincenti, s. Francisce, s. Ieronimie, s. Benedicte, s. Anthoni, s. Bernharde, s. Henrice, s. Ludwice, s. Sebalde. Omnes sancti confessores: s. Anna, s. M. Magdalena, s. Martha, s. Felicitas, s. Perpetua, s. Agatha, s. Lucia, s. Agnes, s. Cecilia, s. Katherina, s.

Katherina, s. Barbara, s. Margaretha, s. Ursula cum sodalibus tuis, s. Kunegundis, s. Elizabeth. Omnes Sancte virgines.

ff. 201-202. [PRECES]: — f. 201. Protege, domine, famulos tuos; Concede quesumus; Preces quesumus; Deus qui [in honor of St. Thomas]; Deus qui [in honor of St. Vincent Ferrer]. — f. 201ᵛ. Ineffabilem; Pretende domine; Ecclesie tue. — f. 202. Deus a quo.

ff. 202-211. [HYMNS, with musical notations unless otherwise noted]: — f. 202. *Inc. Ymnus:* Verbum supernum [without music]. — f. 202ᵛ. In adventu domini. In primo nocturno antiphona: Scientes quia . . . .iiº. nocturno antiphona: Hora est iam. — f. 203ᵛ. Vos clara [without music, followed by several antiphons]. — 204. Sumi largitor [without music]. — f. 205. Iam christe sol. — f. 205ᵛ. Ad .iᵃ. antiphona: Vivo ego. — f. 206ᵛ. Dominica in passione: Quid molesti estis [with antiphon]. — f. 208. Dominica in tempore resurrectionis: Surrexit christus. — f. 209. Pange lingua [without music]. — f. 209ᵛ. Lustra sex [without music]. — f. 210. Aurora lucis [without music]. — f. 210ᵛ. Sermone blando [without music].

ff. 211ᵛ-212. blank.

Cf. James A. Corbett, "Two German Dominican Psalters," *Medieval Studies,* Vol. 13 (1951), pp. 247-252; A. L. Gabriel, *Nurnberger Handschriften in Ungarn* (Ostmitteleuropaische Bibliothek, 52), Buda, 1944; Karl Fisher, *Die Buchmalerei in den beiden Dominikanerklostern Nurnbergs* (Nuremberg, 1928); Seymour De Ricci and W. J. Wilson, *Census of Medieval and Renaissance Manuscripts in the United States and Canada I* (New York, 1937), p. 714. Paul Ruf, *Mittelalterlicher Bibliothekskatalog Deutschlands und der Schweiz* 3, part 3 (Munich, 1939) lists the psalters at St. Katherine's in the years 1455-1461. The convent shut down and its manuscripts were dispersed in 1596.

The German phrases "Wo du in diser zal die sich an hebt Anthonii vindestu die gulden zal des iars so est der nehst suntag darnach setuagesima" (found in the lower margin of f. 1) and "Wo du in diser zal die sich an hebt Benedicti vindest die gulden zal des iars so ist der nehst suntag dar nach der Ostertag" (found in the lower margin of f. 2) indicate, like the script itself, a Germanic origin. The calendar contains the names of German saints not normally considered a part of the Dominican calendar, e.g., *s. Erhardus, s. Kunegundis, s. Henricus, s. Udalricus, s. Sebaldus*, which place the origin of the manuscript in southern Germany. The litany, which contains the name of St. Katherine twice, adds the names of St. Henry, St. Ludwig and St. Sebald to the list of confessors. The mention of St. Sebald and St. Katherine indicates that this manuscript came from the Dominican convent of St. Katherine of Nuremberg.

Since the litanies mention St. Dominic twice, then St. Thomas, and are followed by prayers in honor of St. Dominic, St. Peter Martyr and St. Thomas, this is a Dominican psalter. The calendar contains the feast of St. Vincent Ferrer, adopted in 1456 by the General Chapter of the Order which ordered his name inserted after that of St. Thomas in the litany. This manuscript then was written after 1456. The calendar does not mention the feast of St. Denis the Areopagite adopted by the Dominicans in 1481. The manuscript was written therefore between 1456 and 1481.

The initials of the verses of the psalms are in red and blue alternating. The initital B of the first psalm. (f. 8) is large, blue with gold leaf background around the outside of the letter and forming a square; the inside background of the B is mauve with a curved leaf stem in light gold. Leafed stems starting from the vertical stroke of the B go the length of the top margin and two-thirds of the inner side margin. The top looped stem is in green with gold leaf decoration. The stem in the inner margin is half mauve and half yellowish green with gold leaf decoration.

The capitals of f. 34 (D), f. 100 (E) and f. 136^v (D) are made of gold leaf and blue. Most capitals however are of varied colors with red and black predominating. Grotesque heads and animals adorn these letters. The decoration is not very beautiful nor done very carefully.

Bound in crimson pigskin over wooden boards with leather thongs and metal pin clasps; the front cover is paneled with blind tooled fillet lines and rows of fleurons with historiated squares at each corner; the center panel is crowded with fleurons and historiated squares and lozenges; the back cover has a fillet line border anda pattern of fleurons connected by lines interspersed with historiated squares and lozenges.

The inside of the front cover bears the label of George A. Leavitt and Company, Auctioneers, New York, and one of D. G. Francis, Bookseller, 17 Astor Place, New York. The ms. was item 1562 at the Rush C. Hawkins sale on March 21, 1887, in New York.

2

Psalter

1423-1456; parchment; 160 x 110 mm.; ff. 223; 1 col.; 18 lines; catchwords.

ff. 1-6ᵛ [DOMINICAN CALENDAR. Written by the same scribe who wrote all of the manuscript except ff. 220-223ᵛ; it contains such typical Dominican feasts as: Jan. 28]: Translatio sancti Thome. Totum duplex [in red letters; Feb. 4]: Anniversarium patrum et martyrum; [March 7]: Thome confessoris de ordine predicatorum. Totum duplex [in red letters; March 14]: Octava sancti Thome. Memoria; [April 29]: Petri martyris ordinis nostri. Totum duplex [in red letters; May 24]: Translatio beati Dominici. Totum duplex [in red letters; July 12]: Anniversarium in cymeteriis nostris sepultorum; [Aug. 5]: Dominici confessoris patris nostri. Totum duplex [in red letters; Aug. 12]: Octava sancti Dominici simplex; [Sept. 4]: Anniversarium familia et benefactorum ordinis nostri; [Oct. 10]: Anniversarium omnium fratrum et sororum ordinis nostri.

ff. 7-187. [PSALTER WITH HYMNS AND ANTIPHONS]. — f. 7. *Inc. Hymnus*: Venite exultemus domino . . . — f. 8. *Inc. Ps. I:* Beatus vir. . . — f. 187. *Expl. Ps. CL:* Spiritus laudet dominum.

ff. 187-210ᵛ. [CANTICA]. — f. 187ᵛ. Confitebor tibi; — f. 187ᵛ. Ego dixi; — f. 188ᵛ. Exaltavit; — f. 189ᵛ. Cantemus domino; — f. 191. Domine audivi; — f. 193. Audite celi; — f. 196ᵛ. Benedicite omnia opera; — f. 197ᵛ. Te deum laudamus; — f. 198ᵛ. Benedictus dominus deus; — f. 199. Magnificat; — f. 199ᵛ. Nunc dimittis; — f. 199ᵛ. [Athanasian Symbol] Quicumque vult; — f. 201ᵛ. Deus in adjutorium.

ff. 202-206. [LITANIA]. . . . Omnes sancti martyres: s. Sylvester, s. Hylari, s. Martine, s. Augustine, s. Ambrose, s. Gregori, s. Nicolae, s. Dominice, s. Dominice, s. Thoma, s. Francisci, s. Jeronime, s. Benedicte, s. Bernharde, s. Anthoni. Omnes sancti confessores: s. Maria Magdalena, s. Martha, s. Felicitas, s. Perpetua, s. Agatha, s. Lucia, s. Agnes, s. Cecilia, s. Katerina, s. Katerina, s. Margaretha, s. Ursula cum sodalibus tuis, s. Kunegundis.

ff. 206-207. [PRECES]. — f. 206. Protege Domine; Concede quesumus [in honor of St. Dominic]; Preces quas [in honor of St. Peter Martyr]; Deus qui [in honor of St. Thomas]; — f. 206^v. Ineffabilem misericordiam; Pretende Domine; Ecclesie tue; Deus a quo.

ff. 207-219^v. [HYMNS, with musical notation unless otherwise indicated. — f. 207. In adventu ymnus; Verbum supernum [without music]; — f. 207^v. In i° nocturno: Scientes quia [without music]; — f. 207^v. In ii° nocturno; Hora est iam; — f. 208^v. Ymnus: Vox clara ecce [without music]; — f. 209. Ad prima antiphona: Veni libera nos deus; — f. 209^v. Ymnus: Summi largitor premii [without music]; — f. 210. Iam Christi sol [without music]; — 210^v. Ad prima antiphona: Vivo ego dicit; — f. 211^v. Dominica in passione domini: In i° nocturno: Quid molesti estis; — f. 212. Ad prima antiphona: Anime impiorum; — f. 212^v. Ad vi^a antiphona: Popule meus quid; — f. 213. Dominica in tempore resurrectionis. Antiphona. Surrexit Christus; — f. 214-217^v. Beatus vir [first verse of Ps I, first verse of the Magnificat and Luke I, 68]; Benedictus dominus deus. [These three verses are repeated six times]; — f. 218. Pange linqua [without music]; — f. 218^v. Lustra sex [without music]; — f. 219. Aurora lucis [without music]; — f. 219^v. Sermone blando [without music].

ff. 202-223^v. [Various short prayers in a separate gathering in another hand.]

For bibliography, cf. *supra*, p. 1.

The script and an occasional German phrase clearly indicate the Germanic origin of this manuscript. One finds in the lower margin of f. 1, "Wo du in diser zal die sich an hebt Anthonii videstu die gulden zal des iars so ist der nehst suntag darnach setuagesima;" in the lower margin of f. 2, "Wo du in diser zal die sich an hebt Benedicti vindest die gulden zal des iars so ist der nehst suntag dar nach der Ostertag." On f. 220 the rubric is "die teglichen Memorie"; on f. 222, "So man IX lecten helt"; on f. 222^v, "Son man capitl helt". These indicate, like the script, a Germanic origin.

The calendar has the names of saints not normally found in Dominican calendars: Jan. 8, *Erhardi episcopi*, bishop of Regensburg; March 3, *Kunegundis virginis. Simplex*, the wife of Henry II (1002-1024); July 4, *Udalrici episcopi*, bishop of Augsburg; July 13, *Henrici imperatoris et confessor. Simplex*, i.e., Henry II; Aug. 19, *Sebaldi confessor. Simplex;* a hermit who died ca. 760 and whose relics are in the church of St. Sebald in Nuremburg; Sept. 9, *Translatio sancti Kunegundis. Simplex.* The list of holy virgins in the litany ends with St. Katherine mentioned twice, St. Margaret, St. Ursula and St. Kunegund — all associated with places in Southern Germany. The mention of St. Sebald leads to Nuremburg; the mention of St. Katherine twice among the holy virgins leads us to believe the psalter was used at the Dominican convent of St. Katherine in Nuremburg.

The dates of feasts in the calendar compared with those adopted by the General Chapters of the Order show that the manuscript was written after 1423, the year when the feast of *Barbare virginis et martyris III lectiones* was adopted. The calendar does not contain the feast of any saint adopted by the Dominicans after 1423 such as that of St. Vincent Ferrer in 1456. Nor does the name of St. Vincent Ferrer appear after that of St. Thomas in the litany, an insertion ordered by the General Chapter in 1456. The manuscript, then, was written between 1423 and 1456, and one is led to believe it to be one of the psalters mentioned in the 1455-1461 St. Katherine's catalogue (cf. Paul Ruf, *op. cit.*, pp. 602-603).

The initials of the verses of the psalms on ff. 8, 32, 37^v, 54^v, 68^v, 70^v, 86^v, 106^v, 125, 127, 144^v, 180 and 187 are large and blue with red scroll background encased in a yellowish framework with festoons and purple dots. Grotesque animals in white are frequently found within the thickness of the strokes of the initials. The initials of the verses accompanied by musical notation are in red and outlined in black. The decorated letters, while carefully done, are not particularly beautiful.

Bound in brown calf on wooden boards stamped with floriation and ancient Roman heads; two brass clasps are on the front cover but the leather straps have been torn off.

Inside the front cover there is the label of George A. Leavitt and Company, Auctioneers, New York, and the label of D. G. Francis, Bookseller, 17 Astor Place, New York. This manuscript was item number 1568 at the Rush C. Hawkins sale on March 21, 1887, in New York.

3

*Works of Peregrinus of Oppeln, O.P.
Jacques de Nouvion; Thomas Ebendorfer of Haselbach
and Nicholas of Dinkelsbuhl*

15th c.; paper; 290 x 210 mm.; ff. 282; 1 col. except ff. 1-12ᵛ which have 2 cols.; 32-39 lines; catchwords and signatures.

ff. 1-12ᵛ. [DISCOURSE ON THE PASSION OF CHRIST]

f. 1. *Inc:* Ecce morior cum nihil. . . testificantur. Dan. .xiii°.[:43]. Licet originaliter hec verba dixerit sancta Suzanna . . .

f. 12ᵛ. *Expl.:* post hanc vitam eterne vite videbimur esse ascripti. Quod nobis concedat dominus noster ihesus christus maria. Amen. 6 grossis pro solario.

In MS. Melk 1926 the sermon is attributed to Narcissus Herz de Berching (d. 1442); at least one other MS. attributes it to Nicolaus von Dinkelsbuhl. See Alois Madre, "Nikolaus von Dinkelsbuhl: Leben und Schriften," *Beitrage zur Geschichte der Philosophie und Theologie des Mittelalters*, 40, n. 4 (Munster, 1965), pp. 308-309. The text is in a hand different from those of the rest of this ms. and is written on a separate gathering. The author cites Cancellarius Parisiensis, Bernardus, Bonaventure, doctor subtilis, Henry de Gandavia, Alexander Nequaquam.

ff. 13-112ᵛ. [SERMONES DE TEMPORE of Peregrinus of Oppeln, O.P., †1332].

¹ff. 13-14. Dominica prima in adventu. *Ecce rex tuus venit tibi. . .* Mt. 21:[5]. In hys verbis consolatur propheta sanctos patres. . . adamantem et delevit peccatum, etc. (2).

On Peregrinus of Oppeln, cf. G. Meerseman, "Notice bio-bibliographique sur deux frères prêcheurs silesiens du XIVe siècle nommés Peregrinus," in *Archivum fratrum predicatorum* (1949), pp. 266-270; and Johannes Baptist Schneyer, "Repertorium des lateinischen Sermones des Mittelalters fur die Zeit von 1150-1350," in *Beitrage zur Geschichte des Philosophie und Theologie des Mittelalters,* Band XLIII, Heft 4, vol. 43 (1972), pp. 548-576. I list in parentheses after each sermon, where relevant, the number of the sermon as given in Schneyer. For editions of the sermons, see Hain, 12580-12586; Coppinger, 467. See also J. Wolney, M. Markowski and Z. Kuksewicz, *Polonica w sredniowiecznych rekopesach bibliotek monachijskich* (Warsaw, 1969), pp. 175-184; and J. Wolny, "Łacinski zbior kazan Peregrina z Opola i ich zwiazek z tzw. 'Kazaniami Gnieznienskimi'," in *Sredniowiecze: studia o kulturze,* vol. 1 (1961), pp. 171-218. [French summary, p. 264: "Recueil latin de sermons de Peregrinus d'Opole et leur rapport avec les denommés Sermons de Gniezno"].

[2]ff. 14-15. [Dominica secunda]: *Erant signa in sole et luna...* [Luc 21-25]. Sanctus luc scribit nobis hodie mira et terribilia... signo crucis introivit. (3).

[3]ff. 15-16. Dominica tercia: *Cum audisset johannes in vinculis...* [Mt. 11:2]. In hoc ewangelio tria nobis sunt consideranda primum... in corde ipsius. (5). [The text in this MS. is 27 words longer than that cited by Schneyer.].

[4]ff. 16-17. Dominica quarta: *Dirigite viam domini...* [Jo 1:23]. Notare possumus quod in sacra scriptura invenimus... in coniugium instauratum. (7). [The text here is 2 lines longer than that in Schneyer.]

[5]ff. 17-18. In vigilia nativitatis: *Sanctificamini cras enim faciet dominus...* Jose .iii. [:.5]. In verbis istis instruimur a domino... dic exemplum quemcumque velis. (8).

[6]ff. 18[r-v]. In die sancto: *Novum fecit dominus super terra...* Jer. [31:22]. Legitur in libro romanorum inter alias solempnitates tres... aperta est ianua celi, etc. (13).

[7]ff. 18^v-19^v. Dominica infra octavas domini: *Positus est in signum hic.* . . Luc .iii°. [2:34-40]. Non solum christus positus est in ruinam multorum. . . nisi ostensa cruce. (14).

[8]ff. 19^v-21. In octava domini: *Ecce nova facio omnia.* . . Apoc. [21:5]. Beatus johannes qui audivit et vidit secreta multa. . . in paradisum celi per nomen domini iesu christi feliciter pervenit. Quod enim pater. (?) [The sermon ends ex abrupto before Schneyer's explicit.]

[9]ff. 21-22^v. De epyphania domini. *Ecce gentem quam nesciebas.* . . [Isaias 55:5]. Filius Dei qui natus est ad hoc ut salvaret. . .'ad manifestandum diem verum et solem iustitie et ihesum christum ad quod nos perducat qui sine vivit et regnat. (17).

[10]ff. 22^v-24. Dominica prima post phyphaniam: *Post triduum invenerunt eum.* . . Luc. ii°. [:46]. Dictum expositores fuisse consuetudinem aput iudeos. . . dominus ibi assumpsit in celum. (20). [Schneyer omits the explicit.]

[11]ff. 24-26. Dominica secunda: *Nupcie facte sunt in chana galilee.* . . [John 2:1]. Nota quod triplex est matrimonium; scilicet carnale. . . fatuas virgines clausa fuit. (21).

[12]ff. 26-27. Dominica tercia: *Ecce leprosus veniens adorabat.* . . Mt. viii.[:2]. In hoc evangelio duo notantur: primo dei magna. . . et confiteatur et mundabitur. Rogemus ergo. (22).

[13]ff. 27-28^v. Dominica quarta: *Ascendente iesu in naviculam.* . . Mt. viii. [:23]. In hoc evangelio duo notare possumus: primo timorem nobis. . . hic manentem civitatem, sed futuram inquiremus.

[14]ff. 28^v-29^v. [Dominica quinta]: *Simile est regnum celorum.* . . Mt. xiii. [:24]. In hoc evangelio notantur duo bonitas christi. . . maria magdalena et alii peccatores. Quod ipse prestare. (24).

[15]ff. 29^v-32. Dominica in 1xx^a: *Simile est regnum celi homini.* . . Mt. xx [:1]. In hoc ewangelio christus presentat ecclesia. . . perducat et tribuat. (25).

[16]ff. 32-34. In LX[a]: *Exit qui seminat semen*... Luc .viii. [?]. In hoc ewangelio duo notare possumus primo quis sit que exit seminare. . . cruce devicti sunt, etc. (26).

[17]ff. 34-35[v]. In quinquagesima: *Ecce ascendimus ierosolimam et consummabuntur omnia*. . . Luc .xviii°. [:31]. In hoc ewangelio quinquagesime duo nobis manifestantur: primo passio domini. . . de peccatis doleas, etc. (27).

[18]ff. 35[v]-37[v]. In XL[ma]: *Ductus est iesus in desertum*. . . Mt. iiii°. [:1]. In hoc ewangelio tria nobis exprimuntur: primo est quod ihesus ductus est. . . statim multa super aliam. Rogemus ergo. (29).

[19]ff. 37[v]-39[v]. Dominica secunda in x1[a]: *Mulier chananea a finibus illis egressa*. . . Mt. xv. [:22] Dominica esta representat tempus quod fuit a david. . . habere debemus quod nobis concedat rogemus, etc. (30). [This is not the same explicit as in Schneyer.]

[20]ff. 39[v]-41. Dominica tertia in x1[ma]: *Erat iesus eiciens demonum et illud erat mutum*. . .[Luc 11:14]. In hoc ewangelio tria notare possumus: scilicet diabolicam nequiciam. . . iuda et in caym vide in genesem. Rogemus dominum, etc. (31).

[21]ff. 41-42. Dominica in medio x1[e]: *Est puer unus hic qui habet*. . . Jo. vi. [:9]. Conswetudo est summy pontificis in civitate romana. . . duo pisces sunt oratio et elymosina. Rogemus, etc. (32). [This is not the same explicit as in Schneyer.]

[22]ff. 42-43[v]. Dominica in passione: *Tulerunt lapides iudei ut iacerent in eum*. . . Jo. viii. [:59]. Hodie mater ecclesia incipit agere. . . convertatur et vivat. Rogemus ergo dominum [ut nobis sit propitius misericordiam impendendo. (Schneyer)]. (34).

[23]ff. 43[v]-44. In cena domini: *Exemplum dedi vobis*. . . Jo. xiii. [:15]. Salvator noster duplex exemplum. . . habet vitam eternam, etc. Rogemus ergo. (41).

[24]ff. 44[v]-46. Feria secunda pasce: *Mane nobiscum domine*. . . Luc [24:29] *ultime*.˙. . Heri recepistis bonum hospitem videlicet

salvatorem nostrum. Beati qui eum. . . ignis et sulfur succendit. Rogamus. (46).

[25]ff. 46-47. Dominica quarta: *Vado ad eum qui misit me*. . . Jo. xvi. [:5]. Solent homines peregrinari et predicare familie. . . ab omnibus peccatis suis. Rogemus ergo. (57).

[26]ff. 47-48^v. Dominica quinta pasce: *Usquequo non petistis quidquam in nomine meo*. . . Jo. xvi. [:24]. Quia christus modus iturus est ad celestem curiam. . . per orationem vel et auxilium impetrabis. Rogamus ergo. (59).

[27]ff. 48^v-49^v. Dominica quarta post pasce: *Sit autem omnis homo velox ad audiendum*. . . [Jac. 1:19]. In hys verbis beatus iacobus ordinat hominem quo ad deum cum dicit. . . ieiunium et elemosinam. (60).

[28]ff. 50-51^v. [DE DIFFICULTATIBUS IN MISSA CONTINGENTIBUS.]

f. 50. *Inc.*: Nota si musca vel aranea ante consecrationem in calicem ceciderit vel etiam venenum in calicem missum. . . quia ab ea que frequentius accidunt leges aptantur.

This small pastoral tract was lifted from John of Freiburg's *Summa Confessorum* (1297-1298), Lib. 3, tit. 24 (De eucharistia). The tract selects and abbreviates starting with cc. 107-108 and ending with cc. 75-76. In the Paris edition (1518) of the *Summa* the passages will be found at f. 225^v et ss. On John of Freiburg, cf. Leonard E. Boyle, O.P., "The Summa Confessorum of John of Freiburg. . . ," in A. A. Maurer, *St. Thomas Aquinas Commemorative Studies* (Toronto, 1974), II, pp. 245-268.

[29]f. 52. [In large heavy script]: *In illo tempore recumbentibus undecim discipulis. . . sequentibus signis.* [Mc. 16:14-20].

[30]ff. 52-53^v. De ascensione: *Ascendit deus in iubilo* [Ps. 46:6]. Ista verba dicit hodie sancta mater ecclesia annuncians. . . nullus erat labor, nullus defectus erit ad quam nos perducat ihesus christus. Amen. (64).

[31]f. 53^v. *In illo tempore dicit deus: Cum venerit paraclitus. . . quia ego dixi vobis.* [Jo. 15:26, 16:4].

[32]ff. 53ᵛ-55. Dominica infra ascensionem et penthecosten: *Cum venerit paraclitus quem ego mittam vobis*... Jo. .xv. [:26]. In hoc ewangelio agitur de missione spiritus sancti. . . gratia dei descendunt. [Followed by the *Veni sancte spiritus*.]

[33]ff. 55ᵛ-57. *Emitte spiritum tuum*... [Ps. 103:30]. In verbis istis david in persona ecclesie monet christum de promisso... a conspectu concilii gaudentes. (68).

[34]ff. 57ᵛ-58. *[A]scendit ignis de petra et carnes et panes consumpsit*... Judit. [Judges] vi. [:21]. Per istam petram intelligitur christus iuxta illud apostoli... quam propinabit spiritus sanctus. (71).

[35]ff. 58ᵛ-59ᵛ. *Nolite contristare spiritum sanctum*... Eph. iiii. [:30]. Vere nobilibus signis nobilis ille spiritus... ad fossam infernalem ne cadamus quod ipse prestare dignetur. (72).

[36]ff. 59ᵛ-60ᵛ. [Dominica trinitatis]. *Benedicat nos deus, deus noster; benedicat nos deus*... [Ps. 66:7-8]. In hys verbis instruimur quid credere quid operare debeamus... hodie agitur dies trinitatis... benedictus in domo. (74).

[37]ff. 60ᵛ-62ᵛ. Dominica prima post Pentecosten: *Fili recordare quia recepisti*... Luc .xvi. [:25]. Dicit beatus augustinus quod multi timent mala... ad quam perducat nos cristus. Amen. (77).

[38]ff. 62ᵛ-64ᵛ. Dominica .ii.: *Homo quidam fecit cenam*... Luc .xiiii. [:16]. In verbis istis possunt duo notari .i°. dei largitas... et in futuro et patet rusticitas illorum. (81). [This explicit is different from Schneyer's.]

[39]ff. 64ᵛ-66. Dominica tertia: *Erant appropinquantes ad ihesum publicani*... Luc .xv. [:1]. In hoc ewangelio tria tanguntur primo ad ihesum peccatorum appropinquatio... vincebas tuos et meos hostes. Rogemus. (82).

[40]ff. 66-68. Dominica quarta: *Estote misericordes quia*... Luc .vi. [:36]. Homo qui sedet ad iudicium tale in quo si caderet... Estote ergo misericordes. (83).

[41]ff. 68-70. Dominica quinta: *Cum turbe irruerunt ad ihesum...* Luc .ii. [5:11]. In hoc ewangelio tria possunt notari primo devotio ipsius populi... coronam accepit eternam ad quam nos, etc. (84).

[42]ff. 70-72. Dominica sexta: *Omnis qui irascitur fratri...* Mt. v. [:22]. In hoc ewangelio duo possunt notari primo motus ire prohibetur... infidelitas dyaboli et societas eius. (85).

[43]ff. 72-73[v]. Dominica septima: *Misereor super turba quia iam triduo sustinent me...* Mc .xv. [8:2]. In hys verbis notari possunt duo cum dicit: misereor... secundum misericordiam et sic... patet totum. (86).

[44]ff. 73[v]-74[v]. Dominica VIII: *Omnis arbor bona fructum...* Mt. [7:17]. In hoc ewangelio dominus duo facit: primo bonam arborem... ad utilitatem hominis ut sit ips[a] dignitas. (87). [The explicit is different from Schneyer's.]

[45]ff. 74[v]-76. Dominica nona: *Facite vobis amicos de mamona...* Luc .xv. [:9]. In hys verbis beatus Lucas docet sicut dilectus pater... facite vobis amicos de mamona iniquitatis. (88).

[46]ff. 76-77[v]. Dominica decima: *Cum appropinquaret dominus ierusalem flevit super illam...* Luc .xx. [19:41]. In hoc notare possimus primo christi bonitatem... exsp[i]ravit et sic patet totum. (89).

[47]ff. 77[v]-78. Dominica undecima: *Duo homines ascenderunt in templum ut orarent...* Luc .xviii.[:10]. Isti duo homines ponuntur nobis in exemplum... leprosus et peccator iustificatus est. (90).

[48]ff. 78-79[v]. Dominica duodecima: *Adducunt ei surdum...* Mc .vii[o]. [:32]. Quando aliquis efficitur peregrinus vel vult ire... infernum in memoria mortis haberet. (91).

[49]ff. 79[v]-80. Dominus tredecima: *Beati oculi que vident...* Luc. [10:23]. In hoc ewangelio dominus dicit illos beatos qui eum viderunt... que pius est et misericors. (92). [This MS. adds 7 lines to explicit of Schneyer.]

⁵⁰ff. 80ᵛ-82. Dominica .xiiii.: *Occurrerunt ei .x. viri leprosi.* . . . Luc .xvii. [:12]. In hoc ewangelio duo possunt notari primo istorum virorum. . . nisi bonum propositum. (93).

⁵¹ff. 82-83ᵛ. Dominica quindecima: *Nemo potest duobus dominis servire.* . . Mt. .vi. [:24]. In hoc ewangelio duo possunt notare primo diversitas dominorum. . . confertur sicut pueris baptizatis, etc. (94). [This MS. does not have Schneyer's explicit.]

⁵²ff. 83ᵛ-84ᵛ. Dominica sedecima: *Ibat ihesus in civitatem Naym.* . . Luc .vii. [:11]. In hoc ewangelio tria possunt notari primo quid per hunc mortuum. . . ad quam nos ducere digne filius virginis. (96).

⁵³ff. 84ᵛ-86. Dominica .xvii.: *Cum intrasset ihesus in domum.* . . [Luc 14:1]. In hoc ewangelio tria notantur sew notari possunt primo quod ihesus intravit. . . congregasti cuius erunt. Rogemus dominum. (96). [This is not Schneyer's explicit.]

⁵⁴ff. 86-87. Dominica .xviiiª.: *Diliges dominum deum tuum.* . . Mt. .xxiiº. [:37]. In hoc ewangelio ammonet nos dominus ut eum diligamus. . . datorem diligit Deus. (97).

⁵⁵ff. 87-88. Dominica xviiii: *Ecce offerebant ei paraliticum.* . . Mt. .ix [:2]. In hoc ewangelio notare possumus quid per hunc paraliticum. . . nos dominus ducere dignetur. Amen. (98). [Schneyer's MS. lacks the last 5 lines of this sermon.]

⁵⁶ff. 88-89. Dominica vicesima: *Simile est regnum celorum.* . . Mt. .xxii. [:2]. In hoc ewangelio notare possumus primo dei magnam largitatem. . . ad illas nuptias meremur venire, etc. (99).

⁵⁷ff. 89-90. Dominica vicesima prima: *Erat quidam regulus cuius filius infirmabatur.* . . Jo .iiiiº [:46]. In hoc ewangelio tria notare possumus primo qui per hunc regulum significetur. . . placabitur ut patet in isto filio reguli. (100).

⁵⁸ff. 90-91. [Dominica] Vicesima secunda: *Redde quod debes.* . . Mt .xviii. [:28]. In hoc ewangelio duo possunt notari primo

dei magna misericordia... ut evaderet istud grave verbum suum. Ite maledicti, etc. (101).

[59]ff. 91[v]-92. Dominica vicesima tercia: *Ostendite michi numisma census...* Mt. .xxii. [:19]. In hoc ewangelio et in hoc verbo debet considerare quid ostendere debeat. Debet autem ostendere... autem in vitam eternam. (102). [This sermon does not have Schneyer's explicit.]

[60]ff. 92-94. Dominica 24[a]: *Domine filia mea defuncta est...* Mt .ix. [:18]. In hoc ewangelio duo possunt notari primo quid per istam defunctam... bonum finem nobis conferatur pater et filius et spiritus sanctus (103).

[61]ff. 94-95[v]. Dominica 25[a]: Ewangelium hoc require in medio XL[a]. *Cum sublevasset oculos iesus...* Jo .vi. [:5]. In multis locis legimus de sublevatione oculorum jhesu... ad montem dei oreb quod patrare nobis dignetur pater et filius et spiritus sanctus. Amen. (104)

[62]ff. 95[v]-96[v]. In die palmarum: *Risus dolore miscebitur et extrema gaudy luctus occupat...* Prov. xiiii. [:13]. In hys verbis convenienter notari potest hodierna solempnitas... hoc facere meramur vivet nos christus marie filius. Amen. (35). [This is not the same explicit as Schneyer's.]

[63]ff. 97[v-r]. De passione: *O vos omnes...* Lam. I. [:12]. Verbum istud competit... si bene egistis cum jeroboal, etc. [Not listed by Schneyer.]

[64]ff. 97[v]-98. De passione domini: *O vos omnes qui...* Lam. I. [:12]. Multa sunt que ad dolorem... vane fortitudinem meam consumpsi, etc. [Not listed by Schneyer.]

[65]f. 98. Sermo in paraszaven: *Stabat iuxta crucem iesu...* Jo .xix. [:25]. Nota quod beata virgo stetit in cruce et iuxta crucem.. per eam in celum ascendimus. Gen. xxviii. [:12]. *Vidit iacob scalam.* [Not listed by Schneyer.]

[66]ff. 98-99. Ad idem: *Inclinato capite emisit spiritum...* John [19:30]. Nota quod christus .iiii[or]. fecit in cruce primum

quod locutus est... ante passionem dixit vide fac quod facis citius. [Not listed by Schneyer.]

[67]f. 99[r-v]. Feria 2[a] de resurrectione sermo vel dicatur in sancto: *Surrexit dominus vere et apparuit symoni.* Luc ultimo. [:34]. Bone matres habent hic in consuetudine quod... quia panis est immundissimus. (45). [Not the same explicit as in Schneyer.]

[68]ff. 98[v]-101. Feria tertia de resurrectione: *Stetit iesus in medio discipulorum suorum et dixit eis pax vobis...* Jo [20:19-20]. In hys verbis tria notari primo quod christus post resurrectionem... ea ceperis numquam pacem habebis, etc. (48).

[69]ff. 101-102[v]. In octava pasce: *Cum esset sero die illa.* Jo .xx. [:20]. In hoc ewangelio tanguntur primum est futura corporum... nisi laborantibus in hac vinea. (52).

[70]ff. 102[v]-103[v]. Dominica secunda post pasca: *Ego sum pastor bonus...* John .x. [:11]. In hys verbis duo notantur primo bonitas christi qua se pastorem nominat... qui in christo sunt resurgent primi. Rogemus ergo dominum. (52). [Schneyer's does not seem to be very close to this sermon.]

[71]ff. 103[v]-105. Dominica tertia: *Modicum et non videbitis me...* Jo .xvi. [:16]. In hoc ewangelio .iiii[or]. tanguntur primo est vite nostre brevitas ut ibi... *nec auris audivit nec in cor hominis ascendit...* [I Cor. 2:9]. Rogemus ergo. (55). Explicit Peregrinus. A Age B Bene cole, deum egenti fac gratiam humilitatem iustitiam karitatem legem meditare nobilis olave pacem quere rege sapienter tene veritatem christum yhesum zela.

[72]ff. 105-106. Dominica quarta: *Vado ad eum qui misit me...* Joh. [16:5]. Conswevit dominus quando facturus ad opus... hec laudatio est divine gracie collatio sive argumentatio. Rogemus ergo. [Not listed in Schneyer.]

[73]ff. 106-107. Dominica quinta: *Amen, amen dico vobis si quid petieritis...* [John 16:23]. Reges solent in die coronationis sue... quia est omni laude dignissimus. Rogemus, etc. [Not listed in Schneyer.]

[74]ff. 107-108. Dominica infra ascensionis. *Cum venerit paraclitus quod mittam vobis*. . . [Joh. 15:26]. Johannes in sequenti dominica. . . in futuro nisi peniteant et a peccato custodant. [Not listed in Schneyer.]

[75]ff. 108[v]-110. In die sancto: *Si quis diligit me*. . . Joh .ix. [14:23]. Hodie mater ecclesia celebrat adventum spiritus sancti in discipulos. . . exhibeamus devotam obedientiam per quam perveniet ad gratiam. Rogamus. [Not listed in Schneyer.]

[76]ff. 110-111[v]. In octava pentecosten: *Erat homo ex pharizeis nycodemus nomine*. . . Joh .iii°. [:1]. Hodie facimus festum sancte trinitatis hoc est. . . acerbitas dominice passionis cogitetur. [Not listed in Schneyer.]

[77]ff. 111[v]-112[v]. Dominica prima post trinitatis [sic]: *Homo quidem erat dives*. . . [Luc 16:19]. Cum dominus quadam vice predicabat. . . quos numquam viderat in hac vita. Sequitur: *Et clamans dixit pater abraham* [Luc 16:24] patrem eum vocavit. [Not listed in Schneyer.]

  f. 113[r]. [REGISTRUM SUPER PEREGRINUM DE SANCTIS.] [List of saints with folio references to the sermons for their feasts.]

  f. 113[v]. blank.

ff. 114-175[v]. [INCIPIT PEREGRINUS DE SANCTIS.]

[1]f. 114[r-v]. [Sermo sancti Andree]. *Vestigia illius secutus est pes meus*. . . Job xxiii. [:11]. Dominus vocans petrum et andream dicens venite [Mt. 4:1; Mc 1:16-17]. . . cum hereditatem consecutus est. (106).

[2]ff. 114[v]-115[v]. Sermo sancti Nicolai. *Ecce sacerdos magnus*. . . [Eccli. 44:16]. Sancta mater ecclesia frequentans legitima in hoc verbo duo nobis exprimit. . . cum letitia et laudibus receperint, etc. (107).

[3]ff. 115[v]-116[v]. Sermo de sancta Lucia. *Mulierem quis invenit fortem*. . . Proverbiorum .xxxi. [:10]. Licet Salomon tempore suo nullam fortem mulierem poterat invenire. . . possidet vitam eternam cum christo sponso suo. (108).

4ff. 116ᵛ-117ᵛ. De sancto Thomas apostolo sermo. *Qui manet in me et ego.* . . Joh .xv. [:5]. Quamvis hec verba dicta fuerunt apostolis et dicantur omnibus fidelibus. . . *fert fructum multum* [John 15:5]. (110).

5ff. 117ᵛ-118ᵛ. De nativitate domini. *Puer natus est nobis.* . . [Is. 9:6]. Hodie dicuntur nobis rumores hys qui christum expectaverunt. . . consolatorem se esse monstraret exemplum de heremita. . . pro ipso veniret. (11).

6ff. 118ᵛ-120. De sancto Stephano. *Stephanus autem plenus gratia.* . . Actum via. [:8]. Cum aliquid castrum fortem inpugnatur non est multum laudabilis. . . quia nos iuvare potest in omnibus et ideo rogemus beatum stephanum ut oret pro nobis, etc. (111). [The incipit is different but the explicit is the same as in Schneyer.]

7ff. 120-122. De sancto Johanne. *Dilectus meus mihi et ego illi.* . . Canticorum .ii°. [:16]. Ista vox potest esse christi loquentis . . . cum sanctissimo suo advocato. Rogemus igitur dominum. (113).

8f. 122ʳ⁻ᵛ. De innocentibus. *Vidi super montem agnum.* . . Apoc [14:1]. Conswetudo est dominum quando visitant remotas partes. . . secuntur agnum quocumque ierit etc Apoc. [14:4]. (114).

9ff. 122ᵛ-123. De sancto Thoma Conturiensi [sic]. *Sacerdos magnus qui unctus est.* . . [Lev. 4:3]. Preceptum erat in lege ut in morte summi sacerdotes fieret reconciliatio. . . et sic deo martir consecratur etc. (115).

10ff. 123-124. De sancto Silvestre. *Honora medicum propter necessitatem.* . . Eccli. 38. [:1]. Cum in multas necessitates constantinus imperator incidisset et nullum. . . dona recepit et a christo vitam eternam ad quem nos perducat qui vivit et regnat. (116).

11ff. 124-125. De sancto Sebastiano et Fabiano. *Sancti per fidem vicerunt regna operati sunt.* . . [Heb. 11:33]. In hys verbis apostolus ad Hebreos 2° ostendit sanctos martyros. . . adepti sunt repromissionem. Mt. xv: *Venite benedicte patris,* etc. (118).

[12]ff. 125-126. De beata Agatha [i.e., Agnete]. *Mulierem fortem quis invenit.* . . [Prov. 31:10]. Inventum est in beata virgo Agnete quod salomon. . . annulus adhuc detur in mani eius apparemus. (119). [Schneyer has a different explicit.]

[13]ff. 126-127. De sancto Vincentio. *Vincenti dabo edere de ligno vite.* . . Apokl .ii. [:7]. Filius dei rex celi et terre volens milites suos. . . *ut terram promissionis haberent.* Judith iii. (120).

[14]ff. 127-128[v]. Sermo purificationis Marie. *Postquam impleti sunt.* . . Luc [2:22]. In isto ewangelio tria notantur circa quod versatur presens solempnitas. . . recipit vos me recipit, etc. Patet totum. (122). [Schneyer has a different explicit.]

[15]ff. 128[v]-129[v]. De sancta Agatha. *Gaudeamus quia venerunt nuptie agni.* . . Apokl. [19:7]. In verbis istis agitur de nupcys spiritualibus. . . ultra quod non processit et sic patet vita eius. (123). [Schneyer has a different explicit.]

[16]ff. 129[v]-130[v]. De kathedra sancti Petri. *Domine exaltasti super terram.* . . [Eccli. 51:13]. Ista verba bene potuit dicere beatus Petrus qui. . . poteris dicere miracula quotcumque poteris. (124). [The explicit of Schneyer is 6 lines before this one.]

[18]ff. 131[v]-132[v]. De sancto Mathia apostolo. *Tu domine nosti corda hominum.* . . Actum [1:24]. Hodie ecclesia agit de duobus scilicet de iuda qui de honore suo. . . conversi sunt ad christum. (125).

[19]ff. 132[v]-133[v]. De annunciatione Marie. *Ave gratia dominus tecum.* . . Lc [1:28]. Hoc verbum salutis continet nostre redemptionis exordium. . . in os eius qui te hoc formavit. Rogamus igitur dominum. (128). [Schneyer has a different explicit.]

[20]ff. 133[v]-134[v]. De sancto Gregorio. *Beatus vir qui inventus est sine macula.* . . [Eccli. 51:13]. Triplex est macula que privat hominem. . . ad quam nos perducat qui sine fine vivit et regnat. Amen. (126).

[21]ff. 134[v]-138[v]. De sancto Ambrosio. *Ecce servus meus exaltabitur* . . . [Isaias 52:13]. Quando aliquis vult habere aliquem que sibi serviat. . . que illuminat celum et terram, etc. (129).

[22]ff. 135^{v}-138^{v}. De passione domini. *Respice in faciem christi tui.* . .
[Ps. 83:10]. Conswetudo est quod pauperes mendici et esurientes nudi et infirmi. . . *christus pro nobis passus est.* [1 Pet. 2:21]. Rogemus igitur dominum. [Not listed by Schneyer.]

[23]ff. 138^{v}-140. De sancto Jeorio sermo. *Induite vos armatura dei.* . .
[Eph. 6:11]. Militem strenuum oportet primo esse armis indutum. . . et sic georius migravit ad dominum. Rogemus igitur. (130). [The explicit is different in Schneyer.]

[24]f. 140^{r-v}. De sancto Marco. *Placens deo factus dilectus.* . . [Sap. 4:10]. In hys verbis duo dicuntur de sancto Marco. . . multo gaudio obdormivit. Rogemus igitur. (132).

[25]f. 141^{r-v}. De sancto Philipo et Jacobo. *Stabunt iusti in magna constantia.* . . Sap. v^{to}. [:1]. Circa verba ista notare possumus quod secundum conswetudinem stare solent ministri. . . usque ad mortem stetit. (134). Sanctus autem jacobus stetit in ministerio cristi. . . *letabitur iustus* cum viderit vindictam. . . [Ps. 57:11]. (135).

[26]ff. 141^{v}-143. De inventione sancte crucis. *Ostendit eis lignum quod.* . . Ex. xv. [:25]. Legitur quod cum fily israel irent de egypto. . . et ecce signum vobis crucis quod cum ostendisset statim intromissus est. Rogemus igitur dominum. (136). [The explicit of Schneyer is different.]

[27]ff. 143-144. De sancto Johanne ewangelista. *Parasti in conspectu meo mensam.* . . [Ps. 22:52]. Licet beatus johannes ab hac vita migravit. . . sex genera hominum diligit. Rogamus igitur dominum ut nos. (137).

[28]ff. 144-145. Sermo de sancto Vito. *Iustorum autem anime in manu dei.* . . Sap. [3:1]. Multa sunt que hominem inpugnant. . . quia in mediate volaverunt ad gloriam celestem ad quam nos perducat qui in celo regnat et vivit. (141).

[29]ff. 145-146. De sancto Johanne Waptista [sic]. *Elyzabeth uxor tua pariet tibi.* . . Luc [1:13-15]. Ista verba sunt gabrielis archangeli ad zachariam. . . nativitatem sicut christi et matris eius solempnisat. (142).

[30]f. 146 [r-v]. De sancto Petro apostolo. *Tibi dabo claves regni celorum*. . . [Mt. 16:19]. Scut cuilibet notum est quod introitus regnum celorum per peccatum. . . securus eris de regno dei. (144).

[31]ff. 146 [v]-147 [v] De beato Paulo. *Dedi te in lucem gentium*. . . [Isaias 49:6]. Ista verba dicit dominus ad beatum Paulum in quibus tria possunt notari. . . sic omnes deum benedixerunt et sic caput pauli vertitur cognoverunt. (145).

[32]ff. 147 [v]-148. De sancta Margaretha. *Simile est regnum celorum thezauro abscondito*. . . [Mt. 13:44]. Per istum thezaurum signatur girginitas. . . coronam martirij accepit. Rogamus. (146). [The explicit differs from that in Schnyer.]

[33]ff. 148 [v]-149 [v]. De sancta Maria Magdalena. *Convertisti planctum meum in gaudium mihi concidisti*. . . [Ps. 29:12]. Hec verba psalmi beate marie magdalene possunt convenire. . . multas ecclesias fabricaverunt. Rogamus igitur. (147). [The explicit differs from that in Schneyer.]

[34]ff. 149 [v]-150. De sancto Jocobo sermo. *Jacob dilexi esaw odio habui*. . . [Rom. 9:13]. Ista verba leguntur de jacob et de esaw possunt tamen exponi. . . alys multis miraculis claruit in vita. Rogamus igitur. (148). [The explicit differs from that in Schneyer.]

[35]ff. 150-151. De advincula sancti Petri. *Disrupisti domine vincula mea*. . . [Ps. 115:16-17]. In verbis istis beatus petrus agit gratias deo. . . peccatum attrehet exemplum habemus de heremita quem quadraginta annis temptavit. Rogamus igitur beatum petrum. (149).

[36]ff. 151-152. De sancto Laurentio sermo. *Probasti domine cor meum*. . . [Ps. 16:3]. Ista verba bene potuit dicere beatus laurencius. . . unam aurem calicis fractam esse. Rogemus igitur. (150). [The explicit differs from that in Schneyer.]

[37]ff. 152-153. De assumptione beate virginis. *Que est ista que ascendit*. . . [Cant. 8:5]. Filius dei hodierna die matrem suam honorans. . . pro nobis peccatoribus intercedat apud

dominum. (151). [The explicit differs from that in Schneyer.]

[38]ff. 153-154. De sancto Bartholomeo. *Arcta est via que ducit...* Mt. xiii [7:14]. Beatus matheus videns hodie beatum bartholomeum ad vitam eternam ostendit nobis... ad quam nos perducat qui in celo vivit et regnat. (152). [The explicit differs from that in Schneyer.]

[39]ff. 154-155. De nativitate beate Marie. *Egredietur virga de radice yesse...* Ysaias [11:1]. Conswetudo erat quod antiqui reges... exulibus regressus ad patriam. (155).

[40]ff. 155-156[v]. De exaltatione sancte crucis. *Lignum forte et inputribule...* Isaias [40:20]. Per istum artifficem intelligitur christus... hora nona tamquam in lecto mortuus igitur curramus ad hoc. (156).

[41]ff. 156[v]-157[v]. De sancto Matheo apostolo. *Cum transieret ihesus vidit hominem...* [Mt. 9:9]. Verba ista leguntur in ewangelio hodierno ad honorem beati mathei... martiribus et heres regni celorum. (158).

[42]ff. 157[v]-158[v]. De sancte Michele. *Michael princeps magnus stat...* Daniel .xii. [:1]. Festum istud possumus notare quomodo vocetur... deputati sunt ad celum utque in lagaro et alys multis ista. (160).

[43]ff. 158[v]-159[v]. De sancta Luca. *Nimis honorati sunt amici tui deus...* [Ps. 138:17]. Verba ista dicit david propheta qui vident [sic] magnam gloriam quam modo sancti receperunt in celo... ad convivium celeste transtulerunt. Rogamus igitur. (162).

[44]ff. 159[v]-160. De undecim milium virginum. *Adducentur regi virgines post eam...* [Ps. 44:15]. David propheta spiritu sancto revelante... ut quis delicys ad delicias transeat. Rogamus igitur. (164). [The explicit differs from that in Schneyer.]

[45]ff. 160[r-v]. Simonis et Jude sermo. *Ego elegi vos de mundo...* Joh. xv. [:19]. Ista dixit dominus ad beatum symonem et judam... regni celestis ad quam nos perducat, etc. (165). [The explicit differs from that in Schneyer.]

[46]ff. 160^v-161^v. De omnibus sanctis sermo. *Mementote operum patrum*... Mach. ii. [:51]. Ista verba dixit mathathias sanctus homo... beati paciffici quoniam filii dei vocabuntur, etc. (167). [The explicit differs from that in Schneyer.]

[47]ff. 161^v-163. De animabus sermo. *Gaudete cum gaudentibus flete cum flentibus*... [Rom. 12:15]. Duo festa pariter agit ecclesia festum omnium sanctorum et festum omnia animarum... celum conscendentem gratias egit. Rogamus ergo dominum. (170). [The explicit differs from that in Schneyer.]

[48]f. 163^{r-v}. De sancto Martino. *Magnificavit eum in conspectu regum*... [Eccli. 45:3]. In verbis istis tria notare possumus primo quis magnificavit... et patet eius sanctitas. Rogamus igitur dominum. (174).

[49]ff. 163^v-164^v. De sancta Elizabeth. *Astitit regina ad* [sic] *dextris tuis*... [Ps. 44:10]. In verbis istis ostendit david statum dignitatem honorem... tamquam regina potestissima. Rogemus ergo dominum. (177).

[50]ff. 164^v-165^v. De sancta Cecilia. *Dominus omnium dilexit eam*... [Sap. 8:3]. In hys verbis tria notare possumus primo que sit persona diligens... per sanctos angelos est interdicta. Ad quam nos perducat. (181).

[51]ff. 165^v-166. De sancto Clemente. *In mari via tua et semite tue*... [Ps. 76:20]. David propheta videns quod beatus clemens... sustinuit et miraculis quam plurimis claruit. Rogemus. (185). [The explicit differs from that in Schneyer.]

[52]ff. 166-168. De sancta Katherina. *Erat enim formosa et incredibili*... Hester ii. [:15]. Verba ista leguntur de puella que nuncupatur hester... angelorum chorus interesse. Rogamus ergo dominum. (186). [The explicit differs from that in Schneyer.]

[53]f. 168^{r-v}. De sancto Augustino. *Iustum deduxit dominus per vias rectas*... [Sap. 10:10]. Quilibet peregrinus preciosum thesaurum secum portans... in oculo gaudio collocavit. Rogamus igitur sanctum Augustinum. (153). [The explicit differs from that in Schneyer.]

[54]ff. 168[v]-169. Sermo Johannis Waptiste [sic]. *Iustus in eternum non commevebitur.* . . Proverbiorum x. [:30]. In hys verbis hodierne epistole exprimitur sanctitas iohannis. . . infernus omnes absorbuit. Rogamus ergo dominus. (154).

[55]ff. 169-170. In circumcisione domini sermo. *In carne eius fecit stare testamentum.* Ecclesiastici xliiii. [:21]. Convenit in hec auctoritas puero ihesu in cuius carne. . . nos perducat qui sine fine vivit et regnat. [Not listed in Schneyer.]

[56]f. 170[v-r]. De eodem. *Vocatum est nomen eius.* . . Lc ii°. [:21]. Nomina ponuntur ad notificationem. . . qui confugerit salvabitur, etc. Igitur rogamus deum, etc. [Not listed in Schneyer.]

[57]f. 171[r-v]. De epiphania. *Ubi est qui natus est.* . . Mt. 11. [:2]. Vox ista vox magorum est et potest. . . legum conditiones iusta decernunt. [Not listed in Schneyer.]

[58]f. 172[r-v]. Epiphania. *Luce splendida fulgebis.* Tobias .xiii. [:13]. In verbis istis quatuor occurrunt notabilia. . . magi procidentes adoraverunt eum. [Not listed in Schneyer.]

[59]ff. 172[v]-173. De sancto Blasio. *Beatus servus quem cum venerit.* . . Lc .xii. [:37]. Consolatur autem dominus servos suos. . . habere gloriam cum christo. *Ro. ix. Si fuimus,* etc. [Not listed in Schneyer.]

[60]f. 173[r-v]. De sancto Udalrico. *Benediccio domini super caput.* . . [Prov. 10:6]. Verba ista diceri possunt de beato udalrico qui. . . de longinqua terra in bethleem. [Not listed in Schneyer.]

[61]f. 173[v]. De eodem. *Venite ascendamus ad montem domini.* . . Isaias ii°. [:3]. Duo tanguntur in verbis istis primum quid facere debeant. . . ut ad ipsos pervenire mereamur. [Not listed in Schneyer.]

[62]ff. 173[v]-174. De sancto Stephano. *Gloria et honore coronasti eum.* . . Ps. 8 [:6]. Dominus beatum stephanum dupliciter coronavit gloria. . . a ierusalem roman et ibi sepultum in sepulchro beati laurencii. Recipe legendam. [Not listed in Schneyer.]

[63]f. 174[r-v]. De sancto Stephano. *Quasi effodientes thesaurum vehementer.* . . Job iii. [:21]. In familia principum plus ceteri honorantur milites. . . tres tunc avariis, etc. Rogemus. [Not listed in Schneyer.]

[64]ff. 174[v]-175. De sancta Affra. *Raab meretricem fecit josue.* . . Josue vi. [:25]. Hodie karissimi agimus festum et diem que. . *Multum valet oratio iusti assidua.* Jac v. [:16]. [Not listed in Schneyer.]

[65]f. 175[r-v]. De sancto Egidio. *Vidi angelum dei ascendentem.* . . Apok. vii. [:2]. Sed possunt adtribui beato egidio cuius festum hodie colimus. . . quod a domino empetravit. Rogemus igitur, etc. [Not listed in Schneyer.]

ff. 176-198[v]. [DE RADICE PASSIONIS CHRISTI IN PRINCIPIO]. *Inc.: Cum appropinquaret ihesus.* . . Mt. xxi°. [:1]. Mons oliveti prope jherusalem decorus et plenus arboribus olivarum. . . et potest resuscitari per penitententiam et cetera sunt plana. Et sic est finis huius materia.

The title is taken from a table of contents written by a contemporary hand on the inside of the front cover. The text is a series of paragraphs each starting with a verse of Scripture followed by comment.

ff. 199-216[v]. [SERMON MATERIAL].

f. 199. *Inc.: Cum appropinquass et ihesus iherosolinis.* . . Mt. xxi° [:1]. Avicenna philosophus dicit quod lapis cadens in aquam quetuor efficit in ea et relinquit. . . ewangelium hodiernum dicit in illo tempore, etc., et sic est finis huius materie.

This text comments in the same order, but more briefly, most of the texts of scripture commented on in the previous work.

ff. 217-235[v]. [TRACTATULUS DE POENITENTIA ET CONFESSIONE, by Peter of Pirchenwart].

f. 217. *Inc.*: Circa illam particulam ut temptaretur a dyabolo illius ewangely *ductus est ihesus in desertum.* [Mt. 4:1]. Est notandum secundum magistrum sententiarum dist. 21 Lib. II. Temptatio est motus mentis. . . quia inhumanun est facere deteriorem, etc. Et sic sufficit. Amen. Et sic est finis huius tractatuli.

Cf. Alois Madre, "Nikolaus von Dinkelsbuhl Leben und Schriften," in *Beitrage zur Geschichte des Philosophie und Theologie des Mittelalters,* Band XL, Heft 4, 1965. Madre lists this work among the *opera dubia* of Nicholas of Dinkelsbuhl (pp. 285-288) and attributes it rather to Peter of Pirchenwart (+1436).

f. 236. **RATIONES DE QUATUOR TEMPORIBUS PER DOCTORES..**

f. 236. *Inc.*: Ieiunia quatuor temporum a Calixto papa institutas. . . quia tristes erant apostoli de nece eius donum, etc. Amen.

Cf. Schneyer, IV, no. 73, p. 553.

f. 236^v. **SIC NOTANTUR VIRTUTES MISSE.**

f. 236^v. *Inc.*: Unde Bernardus: Primus virtus est audire missam quantum spacium terre. . . homo tam salubriter salvatur.

The text lists ten virtues along with quotations from Bernard, Leo, Ambrose, Augustine, Bede, and Gregory.

ff. 237-245. **[SERMON ON THE EUCHARIST]**.

f. 237. *Inc.*: *Probet autem seipsum homo.* . . [I Cor. 11:28-29]. In hac epistola beatus paulus ostendit formam institutionis huius sacramenti. . . sub figura agni pascalis.

ff. 245-249^v. **[SERMON ON THE EUCHARIST]**.

f. 245. *Inc.*: [A]*ccipite et comedite hoc est corpus meum.* Mt. xxvi. [:26-27]. Karissime hodierna dies que nobis de bonitate et gratia dei... populo suo et decretale: omnis utriusque sexus, etc. Circa .vi^m. scilicet quare deus dedit nobis corpus suum velatum et non in forma manifesta. De hoc requere in precendenti sermone et in sermone: *angelorum esca nutrivisti populum tuum* [Sap. 16:20]. In ultimo membro. [Explicit ex abrupto.

The sermon was divided into six parts. It is the last part which is lacking in the MS. Cf. Munich, Bayer, Staatsbibl, Clm, 16164.]

ff. 250-260. **TRACTATULUS DE ARTE MORIENDI MAGISTRI NICOLAY DE DINKCHELSPUECHEL** [from colophon].

f. 250. *Inc. Pref.*: Cum de presentis exily miseria mortis transitus... agonisantes ab aliquo, etc.

f. 250. *Inc.*: Cum omni terribilium mors corporis sit... nos custodiat qui sine fine vivit et regnat... seculorum. Amen. Deo gratias. Et sic est finis huius tractatuli de arte moriendi compositi egregy viri magistri Nicolai de Dinkchelspuechel. [Followed by 22 lines of verse: "Ne sis dampnatus mori sis semper paratus... Teli namque domo clauditur omnis homo"].

Despite the attribution to Nicolaus von Dinkelsbuhl, the authorship of this treatise remains unestablished. See Mary Catherine O'Connor, *The Art of Dying Well: The Development of the Ars Moriendi* (New York, 1942); the present MS. is noted on p. 112. See also, Madre, *op. cit.*, 292-295, where the treatise is discussed among Nicolaus' *opera dubia*.

ff. 260^v-262^v. [**TREATISE ON THE PERIOD FROM SEPTUAGESIMA TO QUADRIGESIMA.**]

f. 260^v. *Inc.*: Septuagesima signat tempus deviationis, sexagesima tempus viduationis... nobis concedere dignetur qui sine fine vivit et regnat. Amen.

ff. 263-271ᵛ. [TRACTATUS JACOBI DE NOVIANO ET CONFACTUS CONTRA OBIECTIONES ET QUESTIONES FAUTORUM ET DISCIPULORUM DAMNATI HERESIARCHE WICLEFF from colophon.].

f. 263. *Inc.*: Utrum viris ecclesiasticis sew clericis liceat aliquid possidere. In hac questione respondet jacobi de noviano. . . post hanc vitam me benignissime salvator acgregare queso dignare. Amen. Explicit tractatus Jacobi de Monano [sic] et factus contra obiectiones et questiones fautorum et discipulorum damnati heresiarche Wicleff.

This treatise is based on disputation between the Parisian master Jacques de Nouvion and a group of Hussite masters at the University of Prague in 1408. The disputation is edited by Jan Sedlak in *Tractatus causam Mgri. Joannis Hus e parte catholica illustrantes*, I (Brno, 1914). See also, Paul de Vooght, *Hussiana* (Louvain, 1960), pp. 111-115; and A. Coville, "Un ami de Nicolas de Clamanges: Jacques de Nouvion (1372?-1411)," *Bibliotheque de l'Ecole des chartes*, 96 (1935), pp. 63-90.

ff. 272-274. [COPIA DE .XXIIII. SENIORIBUS QUI DICUNTUR SANCTI FICTI NICHIL IN RERUM NATURA EXISTENTES.]

f. 272. *Inc.*: Venerabili provido et sollicito viro domino N. in superiori styria archidyacono. . . pertinens aut aliud illicitum latere. Datum wienne iudicali [sic] collegio in nostra generali. . .MCCCC° vicesimo primo .xvii. die mensis octobris sub nostri sigilli appensione ad maiorem certitudinem prescriptorum.

Cf. A. Madre, *op. cit.*, pp. 260-263; Wieland Schmidt, "Die 24 Alten Ottos von Passau," in *Palaestra* 212 (Leipzig, 1938), pp. 354-363 (rpt. 1967); Rudolf Kink, *Geschichte des kaiserlichen Universität zu Wien*) (Vienna, 1854), I., 1, S. 167-170, I, 2, S. 21f, p. 168

ff. 275-280. SERMO MAGISTRI THOME [EBENDORFER] DE HASELBACH [from colophon].

f. 275. *Inc.*: *Egressus ihesus per ambulat jericho. . .* Luce 19 [:1]. Legimus in .3°. libro de gaudio et solempnitate populi judaici in dedicatione templi salomonis. . . et ullulatu ecclesiam istam subvertit, etc. Sermo magistri Thome de Haselbach, etc.

On Thomas Ebendorfer (†1464), cf. Joseph Aschbach, *Geschichte der Wiener Universitat im ersten Jahrhunderte Ihres Bestehens* (Vienna, 1865), pp. 494-495, and Heinrich Schmidinger, "Begegnungen Thomas Ebendorfers auf dem Konzil von Basel," in *Festschrift Oskar Vasella* (Freiburg, Switzerland, 1964), pp. 171-197; Alphons Lhotsky, *Thomas Ebendorfer: ein osterreichischer Geschichtschreiber, Theologe und Diplomat des 15 Jahrhunderts,* Schriften der MGH, 15 (Stuttgart, 1957), p. 78.

The MS. has red rubrics and capitals in red ink. Ff. 113-175 were numbered I, 1-61 in 15th c. arabic numerals. The binding is of stamped brown morocco on wooden boards with metal clasps and five metal bosses on front and back covers. There is paneling with ornamental borders, lines and fleurons. The inside cover contains the bookplate of the donor: "Rev. A. A. Lambing, no. 438. Books should be read and studied but not abused. April 1874. Hic sunt nectarei fontes et flumina viva Ambrosiae hic Diae dona beata fluunt."
There is also his autograph: "A. A. Lambing, 58 Penn St., [Pittsburgh] April 7, 1874."

4

Book of Hours

Ca. 1470; ff. i-v, 237-241 paper, ff. 1-236 parchment; 90 x 65 mm.; 1 col.; 17 lines.

f. i[r-v]. blank

f. ii[r-v]. [Notes on the manuscript by Robert Biddulph Phillips.]

f. iii. [Table of contents of this Book of Hours in a 19th c. hand.]

ff. iii[v]-v[v]. blank.

ff. 1-12[v]. [LITURGICAL CALENDAR. Besides the traditional feasts normally found in liturgical calendars this manuscript lists]: *Edwardi regis* (March 21); *Riti episcopi* (April 3 and 18) [Richard, Bishop of Chicester]; *Alphegi episcopi* (April 21) [Bishop of Canterbury]; *Dustani episcopi* (May 19) Bishop of Canterbury; *Adelini episcopi* (May 27) [Bishop of Sherborne]: *Translatio sancti Edwardi* (June 21); *Swichini martyris* (July 20); *Cutberge virginis* (Aug. 31); *Egidii abbatis* (Sept. 1); [Giles]; *Translatio Cutbergi* (Oct. 15); *Lamberti episcopi* (Sept. 17); *Wulfranni episcopi* (Oct. 15); *Hugonis martyris* (Nov. 18) [Bishop of Lincoln]; *S. Thome Ponthifex* (Dec. 29).

f. 13. blank.

f. 13[v]. [Christ standing under cone-shaped canopy with right hand raised. An angel kneels to the right of Christ. Salvator mundi is written on the border of the canopy. The figures of Christ and the angel are badly defaced.].

ff. 14-22[v]. INCIPIUNT QUINDECIM ORATIONES SECUNDUM PASSIONEM CHRISTI CRUCIS.

ff. 14-15[v]. O domine ihesu christe eterna dulcedo. . . peccatorum meorum remissionem. Amen.

32

ff. 15ᵛ-16. O ihesu mundi fabricator. . . timorem et amorem tuum. Amen

f. 16ʳ⁻ᵛ. O ihesu celestis medice. . . meorum plena remissio. Amen. Pater noster.

17ʳ⁻ᵛ. O ihesu vera libertas. . . salutis eterne invenire. Amen.

ff. 17ᵛ-18. O ihesu speculum claritatis. . . nora mortis mee. Amen.

f. 18ᵛ⁻ʳ. O ihesu rex amabilis. . . omni tribulationis tempore. Amen.

18ᵛ-19. O ihesu fons inexauste. . . refrigera et extingue. Amen. Pater noster.

f. 19. O ihesu dulcedo cordium. . . animarum nostrarum. Amen.

f. 19ᵛ. O ihesu regalis virtus. . . derelinquas me domine deus noster. Amen. Pater noster.

f. 19ᵛ-20. O ihesu alpha et omega. . . peccatis nimis dimersum. Amen. Pater noster.

f. 20ʳ⁻ᵛ. O ihesu abissus profundissime. . . furor tuus domine. Amen;

ff. 20ᵛ-21. O ihesu veritatis speculum. . . mee iugiter perseverem. Amen.

f. 21ʳ⁻ᵛ. O ihesu leo fortissime. . . spiritus meus conturbatus. Amen. Pater.

ff. 21ᵛ-22. O ihesu unigeniti. . . exulem et peregrinum. Amen.

f. 22ʳ⁻ᵛ. O ihesu vitis vera. . . mee ita laudabiliter.

On these fifteen prayers of St. Bridget, cf. Leroquais, *Les livres d'heures manuscrits de la Bibliothéque nationale* (Paris, 1927), II, p. 98; also a fifteenth century Book of Hours; V. Leroquais, *Les breviaires manuscrits des bibliothéques publiques de France* (Paris, 1934), III, 390 (f. 212ᵛ).

f. 23. blank.

f. 23ᵛ. [God the Father holding the arms of the cross with crucified Christ standing on floor. A dove hovers over the head of Christ.]

ff. 24-25ᵛ. AD HONOREM SANCTE TRINITATIS.

f. 24 *Inc.:* Domine deus omnipotens pater et filius. . . quid faciat michi homo. Deus in nomine tuo. *Ps.* Deus misereatur nostri. *Ps.* De profundis clamavi. *Oratio:* Libera me domine ihesus christe. . . libera me domine qui vivis. . . seculorum amen.

Cf. version in Leroquais, *Livres d'heures*, I, p. 323, f. 26.

f. 26. blank

f. 26ᵛ. [John the Baptist standing with book in left hand, looking and pointing to haloed lamb with right hand.]

f. 27ʳ⁻ᵛ. AD HONOREM SANCTI IOHANNIS BAPTISTE.

f. 27. *Inc.* Gaude iohannes baptista. . . precursoris precibus iohannis baptiste. *Versus:* Ora pro nobis beate iohannis baptista ut digni efficiamur promissione christi. Oremus. *Oratio:* Beate iohannes baptista christi precursor. . . perducas per christum dominum.

Cf. Chevalier, U. *Repertorium hymnologicum*, n. 26987; Dreves, *Analecta hymnica medii aevi*, xxix, 107; Leroquais, *Livre d'heures*, II, 164, f. 89.

f. 28. blank

f. 28ᵛ. [John the Evangelist standing in open doorway. The figure is defaced.]

f. 29ʳ⁻ᵛ. AD HONOREM SANCTI IOHANNIS EUVANGELISTE.

f. 29ʳ. *Inc.* Gaude pater via morum. . . rex supernus tui patroci[ni]o. *Versus.* Valde honorandus est beatus iohannes. . .

in cena recubuit. Oremus. Ecclesiam tuam quesumus. . . per christum dominum nostrum. Amen.

f. 30. blank

f. 30ᵛ. [St. Christopher carrying a child across river].

f. 31ʳ⁻ᵛ. **AD HONOREM SANCTI CHRISTOFORIS MARTYRIS.**

f. 31ᵛ *Inc.* O sancte christofore. . . mite sit omnibus. Amen. Versus. Gloria et honore coronasti. . . manuarum tuarum. Oremus. Concede quesumus omnipotens deus ut. . . in humeris suis portare.

>Chevalier, *Repertorium*. . . n. 39618; Dreves, *op. cit.*, XLVI, 249; Leroquais, *Livre d'heures,* II, p. 165.

f. 32ᵛ. St. George in gray armor on brown horse killing light green dragon with lance. Defaced.

f. 33ʳ⁻ᵛ. **AD HONOREM SANCTI GEORGI MARTYRIS.** [St. George of Cappacocia].

f. 33. *Inc.* Georgi martir inclite. . . christo cum gracia. Amen. Versiculus (f. 33ᵛ). Ora pro nobis beate martir georgi. . . Oremus. Omnipotens sempiterne deus qui. . . digneris per christum dominum nostrum. Amen.

>Cf. Chevalier, n. 7242; Morel, *Latein. Hymnen d. Mittel.* (1866-1888), 236; Mone, *Latein. Hymnen d. Mittel.* III, 317; Leroquais, *Livres d'heures,* II, p. 165.

f. 34. blank

f. 34ᵛ. [Thomas Becket about to be slain at the altar by two knights with swords upraised].

ff. 35-36ᵛ. **AD HONOREM BEATI THOME.**

f. 35. *Inc.:* Gaude lux londoniarum. . . summi dei serie. Versus. Ora pro nobis. . . Oremus. Deus qui beatum thomamx. . . (f. 36ᵛ) possimus pervenire per christum dominum nostrum. Amen.

    Chevalier, n. 26999; Dreves, xxix, 86; Lhuillier, *St. Thomas de Canterbury*, 579.

f. 37. blank

f. 37ᵛ. [St. Anne seated. The figure is badly defaced.].

f. 38ʳ⁻ᵛ.   **AN HONOREM SANCTE ANNE.**

f. 38. *Inc.:* Gaude felix anna. . . celorum regine. Versus. Ora pro nobis sancta anna. . . Oremus. Domine ihesus christe. . . ad gaudia celorum perducas per dominum nostrum ihesum christum. Amen.

    On prayers to St. Anne cf. A. Wilmart, *Auteurs spirituels et textes devots du moyen age latin* (Paris, 1932), pp. 46-55, 202-216; Chevalier, n. 6773; Mone, III, 198.

f. 39. blank

f. 39ᵛ. [St. Mary Magdelena standing holding mirror. The face is partially smeared].

ff. 40-41. **AD HONOREM BEATE MARIE MAGDALENE.**

f. 40. *Inc.:* Gaude pia magdalena. . . sorciamur gaudia. Versus. Ora pro nobis beata Maria Magdalena. . . Oremus. Deus qui beate marie magdalene. . . sentiamus per christum dominum nostrum. Amen.

    Cf. Leroquais, *Livres d'heures*, II, p. 165; Chevalier, n. 6895; Dreves, ix, 216; Mone, III, 421.

ff. 41ᵛ-42. blank

f. 42ᵛ. [St. Catherine of Alexandria standing holding mirror in left hand and sword in right. A king is crouched on the floor behind the sword. Slightly defaced].

ff. 43-44. **AD HONOREM BEATE KATHERINE.**

f. 43. *Inc.* Gaude virgo Katherina... in supremo culmine. Antiphona. Facque tibi presentamus laudes ut post guadeamus. In celesti lumine. Amen. Versus. Ora pro nobis beata katherina... Oremus. Deus qui beatam katherinam... (f. 44) proficiamus exemplo per christum dominum nostrum. Amen.

> Cf. Leroquais, *Livres*, II, p. 165; Chevalier, n. 6991; Gautier, *Adam de St. Victor,* 1881; Dreves, xxix, 110.

ff. 44^v-45. blank

f. 45. [St. Barbara, standing, looking out of doorway].

f. 46^{r-v}. **AD HONOREM BEATE BARBARA VIRGINIS.**

f. 46. Inc.: Gaude barbara regina... finito exilio. Versus. Ora pro nobis... Omnipotens sempiterne deus trina et una... apte promeruit specialiter impetrare. Per christum.

> Cf. Chevalier, n. 6712; Morel, 205; Dreves, xxix, 97.

f. 47. blank

f. 47^v. [St. Margaret, seated on back of a lion or tiger, looking out of window. Badly defaced].

f. 48^{r-v}. **AD HONOREM BEATE MARGARETE.** [St. Margaret of Antioch.]

f. 48. *Inc.:* Gaude virgo gloriosa... cives regni glorie. Amen. Versus. Diffusa est gracia in labiis tuis... Oremus. Oratio. Indulgencian nobis domine beata margareta virgo... tue professione virtutum. Per christum dominum nostrum. Amen.

> Cf. Chevalier, n. 7002; Mone, III, 409-410; Dreves, xxviii, III; Daniel, *Thesaurus hymnologicus* (1841-1856), V, 81; Kehrein, *Lateinische Sequenzen* (1873), 562.

f. 49. blank

f. 49ᵛ. [Christ praying to God the Father visible in Heaven while Apostles sleep on the ground. Partially defaced].

ff. 50-105ᵛ. **INCIPIUNT HORE BEATE MARIE SECUNDUM USUM SARUM.**

ff. 50-58ᵛ. Ad matutinum.

f. 59. blank

f. 59ᵛ. [The kiss of Judas].

ff. 60-76ᵛ. Ad laudes.

f. 77. blank

f. 77ᵛ. [Christ before Pilate].

ff. 78-82ᵛ. Ad primam.

f. 83. blank

f. 83ᵛ. [Christ, stripped of his clothing, standing with feet tied to pillar, being whipped by two soldiers].

ff. 84-86ᵛ. Ad tertiam.

f. 87. blank

f. 87ᵛ. [Christ carrying the Cross].

ff. 88-90ᵛ. Ad sextam.

f. 91. blank

f. 91ᵛ. [Christ on the Cross].

ff. 92-94ᵛ. Ad nonam.

f. 95. blank

f. 95ᵛ. [The descent from the Cross].

ff. 96-98ᵛ. Ad vesperas.

f. 99. blank

f. 99ᵛ. [Christ is laid in the tomb].

ff. 100-105. Ad completorium.

f. 106. blank

f. 106ᵛ. [Virgin holding infant Jesus while young girl, kneeling, looks on].

ff. 107-112ᵛ. HAS VIDEAS LAUDES QUI SACRA VIRGINE GAUDES ET VENERANDO VIAM STUDEAS LAUDARE MARIAM, VIRGINIS INTACTE DUM VENERIS ANTE FIGURAM, PRETEREUNDO CAVE NE TACEATUR AVE, INVENIAM SIC SALUTANDO MARIAM. SALVE.

f. 107. *Inc.:* Salve virgo virginum stella matutina. . . collocare in secula seculorum. Amen. Versus. Ora pro nobis. . . Oremus. Oratio. Deus qui de beate marie virginis utero. . . adiuvemur per eundem christum.

Ed. Daniel, II, 323-326; Ragey, *Hymnarium Quotidianum*, 137-138, attributes it to St. Bonaventure; British Museum, Sloane 2683; f. 54 has the same prefatory rubric.

ff. 112ᵛ-115. ALIA ORATIO DE EADEM.

f. 112ᵛ. *Inc.:* O intemerata et in eternum benedicta. . . paraclitus qui cum patre vivis. . . seculorum. Amen.

For the history of this French Cistercian prayer which dates from the middle of the twelfth century, cf. Dom Wilmart, *Auteurs spirituels. . .* , 474-504. Our version follows closely the one given by Wilmart, pp. 488-490. Cf. *La vie spirituelle: Supplement*, VIII (1923), pp. 165-192, X (1924), pp. 240-251; Leroquais, *Livres d'heures*, II, 336-337; PL 158. 959-960; Leroquais, *Breviaires*, I, 18 (f. 177ᵛ), etc.

ff. 115-118ᵛ. [OBSECRO TE].

f. 115. *Inc.:* Obsecro te domina mea. . . (f. 117) et michi famulo tuo impetres a dilecto filio complementum omni. . . (f. 118ᵛ) exaudi me dulcissima maria mater dei misericordie. Amen.

Our version follows closely that printed in Leroquais, *Livres d'heures*, II, pp. 346-347.

f. 119. blank

f. 119ᵛ. [Pope Clement, wearing mitre, standing at top of stairway while young girl kneels on steps before him].

ff. 120-123ᵛ. QUICUMQUE HEC SEPTEM GAUDIA IN HONORE BEATE MARIE VIRGINIS SEMEL IN DIE DIXERIT CENTUM DIES INDULGEN-TIARUM OBTINEBIT A DOMINO PAPA CLEMENTE QUI HEC SEPTEM GAUDIA PROPRIO STILO COMPOSUIT.

f. 120. *Inc.:* Virgo templum trinitatis. . . paradisi gloria.

On this poem of the chancellor Philip of Greves (d. 1236), cf. Dom Wilmart, *Auteurs spirituels...*, p. 329, n. 1. Cf Chevalier, n. 21899; Mone, II, 165-166; Leroquais, *Livres d'heures,* I, 46, 248; ibid., *Breviaires,* II, 324 (f. 19ᵛ).

f. 124. blank

f. 124ᵛ. [Adam and Eve with apple, standing before tree around the trunk of which green serpent winds. Christ on Cross which emerges from top of the trunk of the tree].

ff. 125-129. [DE CHRISTO IN CRUCE.]

f. 125. Ad salutandum ymaginem Christi.

f. 125. *Inc.:* Omnibus consideratis. . . gemit amantissime.

f. 125. [AD LIGNUM SANCTE CRUCIS.]

f. 125. *Inc.:* Triumphale lignum crucis. . .signans infernalia.

f. 125ᵛ. [AD CAPUT CHRISTI CORONATUM.]

f. 125ᵛ. *Inc.:* Ave caput inclinatum. . . declinans in vicium.

f. 126. [AD VULNUS DEXTRE MANUS ORATIO.]

f. 126. *Inc.:* Salve vulnus destre manus. . . numquam sum deficiens.

f. 126. [AD VULNUS SINISTRE MANUS.]

f. 126. *Inc.:* Ave tu sinistra. . . in die novissimo.

f. 126ᵛ.   [AD VULNUS LATERIS CHRISTI.]

f. 126ᵛ. *Inc.:*   O fons ave paradisi. . . medicina populi.

f. 127.   [AD VULNUS DEXTRI PEDIS.] Antiphona.

f. 127. *Inc.:*   Salve vulnus dextri pedis. . . mors adest flebilis.

f. 127.   [AD VULNUS SINSITRI PEDIS.]

f. 127. *Inc.:*   Levi pedis perforati. . . qui spiritus habuit.

f. 127ᵛ.   [AD VIRGINAM MARIAM.]

f. 127ᵛ. *Inc.:*   O Maria plasma nati. . . emendetur quia carni paruit.

f. 128.   [AD SANCTAM IOHANNEM EUWANGELISTAM.]

f. 128. *Inc.:*   O Iohannes Euwangelistam. . . quem christus eripuit. Amen. Kyrie. . . Oremus. Omnipotens sempiterne Deus qui. . . adiuvemur per eundem.

This is a poem by John of Limoges, a monk of Clairvaux (late 13th c.). Cf. Wilmart, *Auteurs spirituels*. . . , p. 584. Published by Ch. Blume, *Analecta Hymnica*, LII, p. 133. Cf. Leroquais, *Livres d'heures*, I, pp. 247, 321.

ff. 129-131.   [ORACIO DE SEPTEM VERBIS CHRISTI.]

f. 129. *Inc.:*   Domine ihesu christe qui septem verba. . . commorari per infinita secula seculorum. Amen.

Text printed in Leroquais, *Livres d'heures*, II, p. 342; cf. *ibid.*, I, 111. Cf. Leroquais, *Breviaires*, I, 198 (f. 155ᵛ) where the prayer is attributed to the Venerable Bede and II, 2 (f. 185) where it is attributed to St. Gregory.

f. 131-132.   ALIA ORATIO DE EODEM.

f. 131. *Inc.:*   Precor te piissime domine ihesu. . . michi tribuere digneris. Amen.

Cf. Wilmart, *Auteurs*. . . , p. 378, n. 12; Leroquais, *Livres d'heures*, II, 100, f. 78.

ff. 132-134. SALUTACIÓNES AD SANCTAM SACRAMENTUM.

f. 132. *Inc.:* Ave domine ihesu christe verbum... laudem te insecula seculorum. Amen.

   Cf. Leroquais, *Livres d'heures,* I, pp. 31, 40, 83, 111, 122, 153, 204, 248, 258, 317, 354, etc.; Wilmart, p. 377, n. 2; *ibid.,* p. 497; Chevalier, n. 1778.

f. 134 r-v. Cuilibet dicenti hanc orationem inter elevationem corporis Christi et tercium agnus Dei, dominus papa Bonifacius sextus concessit duo milia annorum indulgentiarum ad supplicationem Philippi regis Francie.

f. 134. *Inc.:* Domine ihesus christe qui sacratissimam carnem... ab universis malis nunc et in eternum. Amen.

   Cf. Leroquais, *Livres d'heures,* II, p. 100 (f. 78 v); Wilmart, p. 378, n. 10.

f. 135. blank

f. 135 v. [David, dressed as a lord, bareheaded and kneeling in prayer. God the Father visible in Heaven].

ff. 136-146. Incipiunt septem psalmi penitentiales [Ps. 6, 31, 37, 50, 101, 129, 142].

ff. 146 v-149. INCIPIUNT CANTICUM GRADUUM.

f. 146 v. *Inc.:* Ad dominum tribularer clamavi... fecit celum et terram. Gloria patri. Antiphona. Parce domine parce... (f. 149) eternum irascaris nobis.

   These are psalms 119-133. Only the first words of Psalms 119-130 are given; the text of the last three is given in full. Leroquais, *Livres d'heures...*, I, xxviii; Leroquais, *Breviaires,* I, 267 (f. 119), III, 434, (f. 146); Mone, I, 393-394, n. 287.

ff. 149-157 v. INCIPIUNT LETANIE OMNIUM SANCTORUM.

f. 149. *Inc.:* Kirie eleyson. . . (f. 151) s. Cedda, s. Egidi, s. Eligi, s. Ghildarde, s. Medarde, s. Albine, s. Swichine, s. Urine. . . . . .s. Editha, s. Affra. . .

f. 158. blank

f. 158ᵛ. [Lazarus rising from the tomb at the call of Christ].

ff. 159-188ᵛ. Incipiunt vigilie mortuorum. Antiphona. Placebo. *Psalmus* David. Dilexi quoniam. . .

f. 189. blank.

f. 189ᵛ. [Two angels carrying souls of two children to Heaven while God watches from Heaven].

ff. 190-207ᵛ. INCIPIUNT COMENDATIONES ANIMARUM.

f. 190. *Inc.:* Beati immaculati in via. . . (Ps. 118) . . .non sum oblitus. Requiem eternam. Kirie eleyson. . . Pater noster. Domine probasti me. . . (Ps. 138). . . (f. 206) deduc me in via eterna. Requiem. A porta inferni. . . *Oratio.* Oremus. Tibi domine, commendamus animam famuli tui N. et animas famulorum. . . (f. 206ᵛ) pietatis absterge per christum dominum nostrum. Misericordiam tuam, domine sancte, pater omnipotens sempiterne deus. . . (f. 207ᵛ) resuscitare gloria manifeste contemplacionis tue perpetuo sacientur per dominum. Requiscant in pace. Amen.

This is composed primarily of Ps. 118 and 138. Cf. Leroquais, *Livres d'heures,* I, 155, 157, 210; II, 52.

f. 208. blank

f. 208ᵛ [Christ rising from the tomb. Defaced].

ff. 209-215ᵛ. INCIPIUNT PSALMI DE PASSIONE

f. 209. *Inc.:* Deus deus meus respice in me. Quare me reliquisti. . . redemisti me dominus deus veritatis [Ps. 30.6]. Gloria patri et filio et spiritui sancto.

This contains Ps. 21, 25-30. Ps 26 and 29 have only the first words.

ff. 215ᵛ-216ᵛ. Beatus vero iheronimus in hoc modo psalterium istud disposuit sicut angelus domini docuit eum per spiritum sanctum. Porro propter hoc abbreviatum est quod hii qui sollitudinem huius seculi habent, vel homines qui in infirmitatibus iacent, aut qui inter longinquum agunt, seu qui naufragio navigant, aut qui bellum commisuri sunt contra hostes, seu qui militant contra invidiam diabolorum, aut quod votum voveat deo cantare integrum psaltherium et non possunt, vel qui ieiunant et ieiunio fortiter debilitantur, et qui festa vel sollempnia non custodiunt et minime possunt cantare magnum psalterium et qui animas suas salvas volunt facere secundum misericordiam dei et vitam eternam volunt habere assidue cantent hoc psaltherium et possidebunt regnum eternum. Amen.

f. 215ᵛ. *Inc.:* Suscipere digneris domine deus omnipotens istos psalmos consecratos quos ego indignus decantare cupio. . . omnium peccatorum nostroum.

Cf. Leroquais, *Breviaires,* II, 466.

f. 217. blank

f. 217ᵛ. [St. Jerome writing at his desk].

ff. 218-234ᵛ. **INCIPIT PSALTHERIUM SANCTI IHERONIMI.**

f. 218. *Inc.:* Verba mea auribus percipe domine. . . delicta nostra vel parentum. . . Oremus. Omnipotens sempiterne deus clementiam tuam suppliciter deprecor ut me famulum tuum N. tibi fideliter. . . defunctis proficiat sempiterna. Amen.

The psalter of St. Jerome is a collection of verses chosen from the Psalms. These are the verses: Ps. 5:1-3; 6:1-5; 7:1-3; 12:4-5; 16:5-8; 18:13; 21:20-23; 24:4-8, 11, 18, 20; 25:2, 9; 26:7, 9, 11-13; 27:1-3, 9; 30:1-3, 6, 16-18; 32:21; 33:1-4; 34:1, 22-24: 35:11-12; 37:22-23; 38:13-14; 39:12-14, 18; 40:5, 24, 26; 50:3, 12-14, 17; 53:3-7; 54:2, 55:11-12; 56:2;

44

58:2-4; 68:14-19; 69:2,6; 70:1-3, 7-9, 12, 14-15; 73:19-20; 102:10; 78:8-9; 79:3-5; 84:5-8; 85:1-4, 15-17; 87:2-3; 88:50-51; 89:17; 101:2-3, 25-26; 108:21-23, 26; 118:17-19, 29-30, 35-38, 66, 68, 76-77, 80, 107-109, 116-117, 124, 125, 132-135, 153-154, 169-170, 173-176; 122:3; 124:4; 125:4; 129:1-2; 137:3; 140:3-4; 141:7-8; 142:1-3, 7-12.

f. 235-241.   blank

    The letters KL (kalendas) in the calendar are in gold, in alternating mauve and blue borders, and blue and mauve backgrounds. The manuscript contains 28 miniatures — always on the verso sides of the folios — in grisailles, each set in a border of pearled leaves, fleurettes, raspberries and almonds. Variant forms of the same style of border in gray and gold surround the next facing the miniatures. The initial letters opening each new division of the text are set in large squares having gold leaf and small flowers in backgrounds. Succeeding capital letters are done in gold leaf with alternating blue and mauve backgrounds.
    This Book of Hours is one of the rare copies to state specifically that it is of Salisbury;[1] the rubric on folio 50 is: Incipiunt hore beate Marie secundum usum Sarum. It is also of special interest because the illuminations of the Hours portray the Passion cycle rather than the cycle of the childhood of Christ which became the more commonly used cycle.
    On f. II[r-v] one of the paper fly leaves in the front of the manuscript, Robert Biddulph Phillipps, Esq., of Longworth County, Hereford, a nineteenth century owner, has written this note: "This is a Flemish Ms. of the 15th century (circa 1470). The illuminations and paintings were probably the work of the Ladies of the court of Margaret of Burgundy, wife of Charles the Bold and sister of K. Edward IV with whom the Illumination of Missals was a fashionable employment. *Vide* a letter from Thomas Windsor to William Wircestre in Fenn Paston Letters[2] in which it is stated that the Illumination of Missals was a favorite employment of the

Ladies of that period and was as much a fashion as worsted work in later times. The binding is English of the time of Charles I circa 1640.
Ex inform. Jac. Bohn.
Bibliop. London 1845."

Bohn is probably right in dating the manuscript about 1470. The calendar, written in the same hand as the rest of the manuscript, mentions the feast of St. Bernardine of Siena who was canonized in 1450. He is the most recently canonized saint mentioned in the calendar. The script and illuminations suggest, however, that Bohn's affirmation of a Flemish origin is too categorical. Dr. Edwin Panofsky, who was kind enough to examine photostats of two illuminations and the script facing them, believes it can best be designated as Anglo-Flemish [3]

On the inside of the back cover Robert Biddulph Phillipps has pasted an additional sheet of paper on which he has written his explanation of the defacing of several of the miniatures: "The wilful Mutilations of the Paints, I presume, was the work of some ardent Protestant, who with a zeal worthy of Will Dorosing [?] himself, conceived he was doing God service by endeavoring as far as his puny efforts would go, to eradicate even the traces of Popery. It reminds me of a remark of the sexton of the Church of the Cordeliers at Nancy who, when pointing out to me the removal of the fleur-de-lys quartered with the Arms on the Tombs of the princes of Lorraine, which had been erased by the authorities in 1830 at the time of that most absurd Crusade against those unhappy ensigns of the House of Bourbon, observed sensibly enough: 'Mais on ne peut pas effacer l'Histoire'. So I thus surmise the efforts of this zealot, except for mischief, to be equally innocuous. To myself, as the possessor of the Ms., the chief injury has been done its value being reduced from some L30 or L40, which it would have been worth if perfect, to perhaps scarcely one quarter of that amount. R.B.P."

The 17th c. binding is of brown calfskin with full gilt spine and gilt borders on both covers. The center panel has floriated scroll border with fleurons on inside and outside corners and gilt border on inside margin of covers.

Inside the front cover is the coat of arms of Robert Biddulph Phillipps with the legend: "Electi sed non frangi." An unattached bookplate says: "From the library of Walter L. Darling."

[1] On the Salisbury use, cf. Edgar Hoskins, *Horae Beatae Mariae Virginis or Sarum and York Primers with Kindred Books and Primers of the Reformed Roman Use,* New York, 1901; Leroquais, *Livres d'heures,* I, Introduction.

[2] Neither the modern edition of the Paston Letters of James Gairdner nor that of Norman Davis mention this letter.

[3] In a letter to the author Dr. Panofsky wrote that Anglo-Flemish means "that it may have been produced either in England by a Flemish or Flemish-trained artist or on the Continent (either in Flanders itself or in one of the adjacent territories such as the diocese of Therouanne) for English consumption. Even the script holds a curiously intermediary position between a strictly English and a strictly Continental style of writing." Cf. James A. Corbett, "A Fifteenth Century Book of Hours of Salisbury," *Ephemerides Liturgicae,* 1957, pp. 293-307.

5

Aurora Petri Rigae

13 c.; vellum; 163 x 110 mm.; ff. 178; 1 col.; 39 lines; catchwords.

ff. 1-178ᵛ. [AURORA PETRI RIGAE BIBLIA VERSIFICATA]

f. 1ʳ⁻ᵛ. *Inc. prol.:* Omnis scriptura divinitus inspirata. . . diaboli a christo.

> This prologue is attributed to Albert of Reims in two mss. Cf. Paul E. Beichner, C.S.C., ed., *Aurora Petri Rigae Biblia Versificata: A Verse Commentary on the Bible* (Publications in Medieval Studies, vol. XIX), University of Notre Dame Press, 2 vols., 1965, p. 4. He says (vol. 1, p. lii) that this manuscript, one of some 250 mss. of this work, "may represent a stage between the second and third editions of the *Aurora*, or it may be an unfinished copy of the third edition. In any case it contains all of the books written in distichs, plus the Actus Apostolorum. This ms. was carefully written in a very small hand and its text approaches the quality of R (Oxford, Bodleian Library, Ms. Rawlison C. 189) which represents the author's final version of the books written in distichs." About 240 mss. are listed by F. Stegmuller, *Repertorium biblicum medii aevi*, IV (Madrid, 1950), nos. 6823-6825. Eight other mss. are listed by Seymour de Ricci, *Census* and the *Supplement to the Census*, ed. by W. H. Bond (New York, 1962).

ff. 1ᵛ-2. Inc. prol. in pentateuco: Frequens sodalium meorum petitio. . . fulgor patenter illuxit. This is the third preface. Cf. Beichner, I, pp. 7-8.

ff. 2-22ᵛ. DE OPERIBUS SEPTEM DIERUM. [Liber Genesis]. Primo facta die duo. . . ille remittit eis.

ff. 23-40ᵛ. **INCIPIT EXODUS**: Hec duodena patrum sunt nomina. . . nos super astra levet.

ff. 40ᵛ-41. **INCIPIT PROLOGUS SUPER LEVITICUS**: Vox autem domini moysen vocat. . . ut mea vela regat.

ff. 41-51 **INCIPIT LEVITICUS**: Vox autem domini moysen vocat. . . non habet ille fruit.

ff. 51-59ᵛ. **INCIPIT LIBER NUMERI**: Alloquitur moysen deus et iubet. . . nectare terra fluens.

ff. 59ᵛ-60. **PROLOGUE SUPER DEUTERONOMIUM**: Hec sunt verba quibus moyses. . . venena latent.

f. 60-63. [**LIBER DEUTERONOMII**]: Ex toto corde. . . sine fine manet.

ff. 63-66ᵛ. **INCIPIT IOSUE**: Post moysen iosue populo dominatur. . . dignus honore suos.

ff. 66ᵛ-70ᵛ. **INCIPIT LIBER IUDICUM**: Post iosue de iudicibus. . . sathanam cum legione sua.

ff. 70ᵛ-71ᵛ. **INCIPIT LIBER RUTH**: Ad ruth festinat petri. . . fit pater iste david.

f. 71ᵛ **PROLOGUS IN LIBRIS REGUM**: Post librum de iudicibus. . . rex novus iste tulit.

ff. 71ᵛ-79. **INCIPIT PRIMUS LIBER REGUM**: Monte manens effraym civis. . . perdunt corda superba bonum.

ff. 79-84. **INCIPIT SECUNDUS** [Liber regum]: Post ionathe mortem patrisque. . . placas conciliasque deum.

ff. 84-88ᵛ. [**INCIPIT TERTIUS LIBER REGUM**]: Rexque david senuit frigescere. . . dimisso patre ministrat ei.

ff. 88ᵛ-91. [**INCIPIT QUARTUS LIBER REGUM**:] Rex ocozias qui regnabit. . . ad sua templa deus.

ff. 91-97ᵛ **INCIPIT LIBER THOBIE**: Qui legis historiam thobie. . . anna propheta fidelis.

ff. 97ᵛ-108. **INCIPIT LIBER DANIELIS**: Postquam subiectos si rex. . . malum cum periere mali.

ff. 108-110ᵛ. **INCIPIT LIBER JUDITH**: Eustochio pauleque favens ieronimus. . . iudith libera facta fuit.

ff. 110ᵛ-114. **INCIPIT LIBER HESTER RAGINE**: Donec ad ethiopium terras. . . regia iussa moram.

f. 114. **INCIPIT PROLOGUS MACHABEORUM**: Magnus alexander quo primum gracia. . . adhuc nescia fama mori.

ff. 114-120. [**INCIPIT LIBER MACHABEORUM**]: Post hec mortem iuvenes. . . facturi cesar in aure tua.

f. 120ʳ⁻ᵛ. **INCIPIT PROLOGUS SUPER .iiii**ᵒʳ. **evangelia:** Post legem veterem respira. . . littera more suo.

ff. 120ᵛ-159. [**INCIPIT EVANGELIUM SECUNDUM LUCAM**]: Claruit herode ius regis. . . fuit et ipse suum.

ff. 159-165. **INCIPIUNT RECAPITULATIONES TOCIUS LIBRI VERSUS SINE A**: Principio rerum post quinque dies homo. . . et titus hii docuere fidem.

ff. 165-178ᵛ. **INCIPIUNT ACTUS APOSTOLORUM**: Tybarii nono decimo regnantis. . . dux cruce petrum. Explicit liber actuum apostolorum. Cf. infra, n° 8.

Initial letters are in blue and red alternating without decoration except for O on f. 1 and P on f. 2. Most running titles have been trimmed off. The 17th c. brown calf leather binding with blind fillet border lines on covers and back has been repaired. This note is on f. 2: Dono datus collegio Aginnensi societatis Jesu a Bernardo Carles bibliopola Tolos. 1599. The archivist of Toulouse in 1964 was unable to identify Bernard Carles. Cf. letter in the ms from O. de Saint Blanquat to Charles Samaran, Nov. 23, 1964.

6

Facetus of John the Cistercian

15th c.; parchment; 120 x 150 mm.; ff. 11; 1 col.; 14-20 lines.

f. 1[r-v]. blank

ff. 2-10. Facetus

f. 2 *Inc.:* Cum nichil utilius humane credo saluti
Quam morum novisse modos et moribus uti

f. 10 *Expl.:* Quam subeas tu sis que loquitur et ad hostia stato
Raro breves humiles vidi rufos que fideles.
Albos audaces miror magnos sapientes. Explicit facetus
Deo gratias.

The last two lines of the poem are not in the edited text. Cf. J. Morawski, *Le facet en francoys. Edition critique des cinq traductions des deux Facetus latins* (Societé scientifique de Poznan. Travaux de la commission philologique. Tome II, fasc. 1 Poznan 1923), pp. 3-11; A. L. Gabriel, *Student Life in Ave Maria College, Medieval Paris: History and Chartulary of the College* (Publications in Medieval Studies, Notre Dame, Indiana, 1955), pp. 185, 188, 191-193; Carl Schroder, *Der deutsche Facetus* (Palaestra, LXXXVI, Berlin 1911). The Erfurt ms Ampl. 4° 287 (14th c.) attributes the text to John the Cistercian, a French magister in Paris. Only 226 of the 265 lines of this popular textbook are common to the three versions of it.

f. 11.   John 1:1-10.

f. 11. *Inc.:   In principio erat verbum. . . per ipsum factus est.*

f. 11ᵛ.   Ten lines of script largely effaced by water stains.

    The binding is of brown velvet. The ms was obtained from Bernard M. Rosenthal, New York.

7

Bible

1417 (f. 706^v); vellum; 184 x 140 mm.; ff. 714; 1 col.; 43-47 lines. Gothic script.

- f. 1. [In modern calligraphic hand]: BIBLIA SACRA LATINA MSS DOCENTE FOLIO OPERIS HUIUS A FINE QUINTO, FAC. B. ANNO DOMINI MCCCCXVII MENSE DECEMBRI ADEOQUE QUINQUE FERE LUSTRIS ANTE INVENTAM ARTEM TYPOGRAPHICAM SCRIBENDO ABSOLUTA.

- f. 1^v. blank

- ff. 2-4. [An anonymous introduction explaining the divisions of the bible].

- ff. 2-4. *Inc.*: Secundum augustinum in primo libro super genesim ad literam, capitulo primo [cf. PL 34.246ss] sacra scriptura canonis biblie habet duas partes. . .

- f. 4. *[Expl.* ex abrupto]: ducuntur fideles ad eterne beatitudinis participandum. Ad

- ff. 4^v-9. [LIBER EZRAE QUARTUS]

- f. 4^v. *Inc.*: Liber ezrae prophete tertius filii zarie. . .

- f. 9. *Expl. ex abrupto:* de sex pennacula [cap. 11.24]

- ff. 9^v-10^v. blank

- ff. 11-506^v. [VETUS TESTAMENTUM]:

- ff. 11-13^v. Incipit epistola sancti jeronimi ad paulinum presbyterum. Frater ambrosius (PL 22.540-549; CSEL 54.442-465, ep. 53).

- ff. 13^v-14^v. Epistola sancti ieronimi ad desiderium episcopum (PL 28.147-152; Weber I, 3-4).

ff. 14ᵛ-40. Liber genesis.

ff. 40-59ᵛ. Liber exodi.

ff. 59ᵛ-73. Liber leviticus.

ff. 73-92ᵛ. Liber numeri.

ff. 92ᵛ-110. Liber deuteronimii.

f. 110ʳ⁻ᵛ. Prologus hieronymi in libro josue [PL 28.461-464; Weber, I 285-286]. After the normal explicit of this proloque: aure transire the ms. adds: ihesus filius nave in typum domini non solum in gestis persone et in nomine transiordanem hostium regna subvertit dividit terram victori proprio per singulas urbes viculos montes flumina montes atque confinia ecclesie celestis quia ierusalem spiritualia regna describit.

ff. 110ᵛ-122ᵛ. Liber iosue.

ff. 122ᵛ-135ᵛ. Liber judicum.

ff. 135ᵛ-137ᵛ. Liber ruth.

ff. 137ᵛ-138ᵛ. Prologus [hieronymi] in libro regum [PL 28.547-558; Weber I, 364-366].

ff. 138ᵛ-156. [Primus liber regum].

ff. 156-170. [Secundus liber regum].

ff. 170-187. Liber regum tertius.

ff. 187-204ᵛ. Liber quartus regum.

ff. 204ᵛ-205. Prologus [hieronymi] in libris paralippomenon [PL 28.1323-1328; Weber I, 546-547].

ff. 205-220ᵛ. Liber primus paralippomenon.

ff. 220ᵛ-239. Liber secundus paralippomenon [and Oratio manasse].

ff. 239-240. [Prologus hieronymi in primo libro esdre] [PL 28.1401-1406; Weber I, 638-639].

ff. 240-245. Primus liber esdre.

ff. 245-252. Liber neemie.

ff. 252ᵛ-260ᵛ. Liber secundus [tertius] esdre.

f. 260ᵛ. Prologus [hieronymi] in libro thobie [PL 29.23-26; Weber I, 676].

f. 260ᵛ-265ᵛ. Liber tobie.

f. 265ᵛ. Prologus [hieronymi] in libro judith (PL 29.37-40; Weber I, 691]

ff. 262-272ᵛ. Liber judith.

ff. 272ᵛ-273. Prologus [hieronymi] in libro hester [cf. PL 28. 1433-1436; Weber I, 712] This ms adds: Rufino in libro hester alphabetum. . . editione maluimus [cf. PL 28.1435, note a; and Weber I, 712, critical apparatus].

ff. 273-279ᵛ. Liber hester.

ff. 279ᵛ-280. Prologue [hieronymi] in libro parabolarum salomonis [PL 28.1241-1422; Weber II, 957].

ff. 280-292. Liber parabolarum salomonis.

ff. 292-296. Liber ecclesiastes.

ff. 296-298. Liber canticorum.

ff. 298-307. Liber sapientie.

f. 307ʳ⁻ᵛ. Prologus in libro ecclesiastici [cf. PL 29. 421-422].

ff. 307ᵛ-332ᵛ. Liber ecclesiasticus.

ff. 332ᵛ-333. Prologus [hieronymi] in libro job (PL 28.1079-1084; Weber I, 731-732].

ff. 333ᵛ-348ᵛ. Liber job.

ff. 348ᵛ-349. Prologus [hieronymi] in isaiam prophetam [PL 28.771-774; Weber II, 1096].

ff. 349-378. Liber isaie.

f. 378. Prologus [hieronymi] in ieremiam prophetam [PL 28.847-850; Weber II, 1166].

ff. 378-409. Liber ieremie.

ff. 409ᵛ-412. Lamentationes ieremie prophete.

ff. 412-415ᵛ. Liber baruch.

ff. 415ᵛ-416. Prologus sancti ieronimi presbyteri in ezechielem prophetam [PL 28.937-940; Weber II, 1266].

ff. 416-443. Liber ezechielis prophete.

ff. 443-444. Prologus sancti ieronymi in danielem prophetam [PL 28.1291-1294; Weber II, 1341-1342].

ff. 444-445. [Liber danielis].

f. 455ᵛ. Prologus [hieronymi] duodecim prophetarum [PL 28.1013-1016; Weber II, 1374].

ff. 455-459. [Liber] osee prophete.

f. 459ʳ⁻ᵛ. Prologus [liber johel]: johel filius fatuel descripsit terram. xii. tribum... incipit prophetare [Gl. ord. IV, 1902].

ff. 459ᵛ-460ᵛ. [Liber johelis].

f. 461. Prologus in amos prophetam: amos pastor et rusticus et ruborem mora distringens... sitim aque sed audiendi verbum domini [*ibid.*, 1937-1938.].

ff. 461-464. Liber amos.

f. 464. Prologus in abdiam: abdias qui interpretatur servus dei pertonans [*ibid.*, 1905-1906].

f. 464ʳ⁻ᵛ. [Liber abdias propheta].

f. 464ᵛ. Prologus in yonam prophetam: ionas interpretatur columba naufragio [*ibid.*, 1919-1920].

ff. 464ᵛ-465ᵛ. [Liber yonas prophetam].

f. 465ᵛ. Prologus in micheas: micheas de morastim coheres christi vastationem annuntiat filie latronis et obsidionem posuit contra eam quia maxillam percusserit iudicis israel [*ibid.*, 2041-2042].

ff. 465ᵛ-468. Liber michee.

f. 468. Prologus in naum prophetam: naum consolator orbis interpretatur [*ibid.*, 2017-2018].

ff. 468-469. Liber naum.

f. 469. Prologus in abacuk: Abacuk luctator fortis. . . est fortitudo eius [*ibid.*, 2041-2042; PL 28.175, 14-16].

ff. 469-470. Liber abacuk.

f. 470. Prologus sophonias: sophonias speculator. . . erant argento [*ibid.*, 2077-2078].

ff. 470-471. Liber sophonias.

f. 471. [Prologus aggeus]: aggeus festivus et letus. . . desideratus cunctis gentibus [*ibid.*, 2167-2168].

ff. 471-472. [Liber aggeus].

f. 172. Prologus [zacharias]: zaccharias memor domini sui. . . filium asine subiugalis [*ibid.*, 2185-2186].

ff. 472-476ᵛ. [Liber zacarias].

f. 476ᵛ. Prologus in malachias: malachias latine interpretatur angelus domini. . . babilone quando et aggeus.

ff. 476ᵛ-477ᵛ. Liber malachias.

ff. 477ᵛ-495. Liber machabeorum primus.

ff. 495-506ᵛ. [Liber secundus machabeorum].

ff. 506ᵛ-653ᵛ. **NOVUM TESTAMENTUM.**

ff. 506ᵛ-507. Prologus super matheum: matheus ex iudea sicut. . . tacere (Sedulius Scoti argumentum in Matheum), [cf. PL 103. 273-274; Wordsworth-White, *Novum Testamentum,* Oxonii, I, 1889-1898, pp. 15-17].

f. 507. Matheus cum primo. . . divinitatis sacramentum [GL. ord. V, 25-28; PL 114. 63-65].

ff. 507-524. Liber mathei.

f. 524 r-v. Prologus super marco: marcus evangelista dei electus. . . [Wordsworth-White, I, pp. 171-173; PL 103. 279-280].

ff. 524 v-535 v. Liber marci.

ff. 535 v-536. Prologus in lucam: Lucas syrus natione anthiocensis arte medicus. . . prodidisse [PL 103.285-286: argumentum in Lucam; Wordsworth-White, I, 269-271].

ff. 536-555. Liber luce.

f. 555 r-v. [Prologus iohannis]: hic est iohannes ewangelista. . . doctrine servetur [Wordsworth-White, I, 485-487].

ff. 555 v-571. Liber Johannis.

f. 571. Prologus in epistolam pauli ad romanos: romani sunt in partes italie [PL 114. 469; Thomasii, *Opera omnia*, I, p. 388].

ff. 571-579. Epistola pauli ad romanos.

f. 579. Prologus in epistolam primam ad corinthios: Corinthii sunt. . . discipulum suum [Thomasii I, 395; Pl 114.519].

ff. 579-586 v. Ad corinthios I.

f. 586 v. Prologus [ad corinthios secunda epistola]: Post actum ab eis. . . ostendens [Thomasii I, 399; PL 114.551].

ff. 586 v-591. Ad corinthios secunda epistola.

f. 591. Prologus in epistolam ad galathas: Galathe sunt grece. . . ab efeso [Thomasii 402; PL 114.570].

ff. 591-593 v. [Ad galatas].

f. 593 v. Prologus [ad ephesios] [Thomasii I, p. 404; PL 114.587].

ff. 593 v-596. Ad ephesios.

f. 596. Prologus [ad philipenses]: filipenses sunt macedones. . . [Thomasii I, p. 405].

58

ff. 596-598. [Ad Philipenses].

f. 598. Prologus and colocenses: colosenses et hii. . . ab urbe roma [Thomasii I, 406].

ff. 598-599ᵛ. Ad colocenses.

f. 599ᵛ. Prologus [ad thesalonicenses primam]: Thessalonienses sunt macedones [*ibid.*, p. 407].

ff. 599ᵛ-601. [Ad thessalonicenses].

f. 601ʳ⁻ᵛ. Prologus [ad thessalonicenses secundam: ad thessalonicenses secundum scribit epistolam. . . acolitum] [*ibid.*, p. 409].

ff. 601ᵛ-602. [Epistola secunda ad thessalonicenses].

f. 602. Prologus in epistolam [primam] ad thymotheum: Timotheum. . .ab urbe roma [*ibid.*, 409].

ff. 602-604. [Ad timotheum].

f. 604. Prologus in secundam: item thimotheus. . . ab urbe roma [*ibid.*, p. 410].

ff. 604ᵛ-605ᵛ. [Ad thimotheum secunda epistola].

f. 605ᵛ. Prologus in epistolam ad titum: thitum commone facit et instruit. . . scribens ei a nicopoli [*ibid.*, 411; PL 114.638].

ff. 605ᵛ-606ᵛ. Ad titum.

f. 606ᵛ. Prologus in epistolam ad philomenon: filimoni familiares litteras facit. . . supradictum onesimum [Thomasii, 412; PL 114.641].

ff. 606ᵛ-607. [Ad philemonem].

f. 607. Prologus in epistolam ad hebreos: in primis dicendum est cur. . . greco sermone composuit [Thomasii, I, 412; PL 114.643].

ff. 607-613. [Ad hebreos].

f. 613. Prologus in actus apostolorum: lucas anthiocensis natione syrus. . . eius proficeret medicina [Wordsworth-White, II, p. 1; PL 103.285-286].

ff. 613-634. [Actus apostolorum].

f. 634 r-v. Prologus in canonicam jacobi: non ita est ordo. . . poscentibus denegabo [PL 29.821-832].

ff. 634 v-636 v. [Canonica jacobi].

f. 636 v. Prologus in prima canonica petri: simon petrus iohannis filius. . . tota solicitudine exhortatur [PL 114.679.].

ff. 636 v-638 v. [Canonica prima petri].

ff. 638 v-640. [Secunda canonica petri].

ff. 640-642. [Prima canonica johannis].

f. 642. Prologus [II johannis]: apostolus adeo ad sanctam feminam. . . testimonium perhibet [PL 114.703]. The ms. adds to this: Quidam autem hanc et sequentem epistolam putant non esse johannis apostoli, sed cuiusdam johannis presbyteri cuius sepulca usque hodie monstratur in effeso, sed nunc generalis ecclesie consensus habet quod has epistolas johannes apostolus scripserit quod inde licet multam sollicitudinem cum prima eius epistola ostendunt et simili zelo detestatur hereticos. Finitor prologus.

f. 642 v. Epistola II a johannis.

f. 642 v. Prologus in tertia [johannis]: gayum pietatis causa extollit. . . fratribus universis [PL 114.705].

ff. 642 v-643. [III epistola johannis].

f. 643 r-v. [Canonica jude].

ff. 643 v-644. Prologus in apocalipsim: omnes qui pie volunt vivere. . . parabole salomonis hec sunt. [Gl. ord. VI, 1447-1452, attributes this prologue to Gilbert of Poitiers].

ff. 644-653 v. Apocalipsis.

ff. 653ᵛ-688. PSALMI. [The scribe wrote in the margin the time when David wrote each psalm in terms of events, e.g.: "Psalmi david primus: iste psalmus est compositus quando david constitutus fuit rex in bettlem."]

ff. 688-706ᵛ. [Dictionary of Biblical Hebraic names and their Latin meanings by Pseudo-Remigius Autissiodorensis].

f. 688. *Inc.:* Aaz apprehens vel apprehensio. Aad testificans vel testimonium. . . Zuzim consilientes eos vel consiliatores eorum. Finis interpretationum anno domini MCCCCXVII die sabbati proxima ante Victorini in Blatena [or: Blathna]. [Blatena is now Platten in the Rhineland.]

Cf. F. Stegmuller, V, nᵒˢ 7192-7708; Beda, *Opera* (Kohn 1688), III, c. 371-480.

ff. 710ᵛ-714ᵛ. [*Lectionary* with references to book and chapter.]

f. 710ᵛ. *Inc.:* Epistola romanorum 13.11-14: scientes quia hora est. . . in divinum dominum ihesum christum. F. 714ᵛ *expl.:* Lc xi. dicebat in turbis judeorum. . . *de ore eius ut accusarent eum* [Lc 11.54].

On f. 11 there is a beautifully painted initial F in mauve with blue background all contained in a vertical oblong. A mauve and green stem descends almost to the bottom line of the text. On f. 409ᵛ there is a pink initial Q with gold leaf background and pink and green floral elongation of the Q's tail into the lower margin. The initials of the books of the bible are in blue with red background or vice versa. The 16th c. binding is of vellum over thin boards. The inside of the front cover bears the "ex libris William Davignon". The manuscript was given to the University by the Rev. Urban de Hasque of Oklahoma City, Oklahoma in 1962.

8

Aurora Petri Rigae; Aegidius of Paris

Second half of the 13th c.; parchment; 240 x 145 mm.; ff. 225; 1 col.: ff. 1-177, 39-41 lines, 2 cols.; ff. 178-225^v, 34-37 lines; catchwords.

ff. 1-225. [AURORA PETRI RIGAE BIBLIA VERSIFICATA]

f. 1^{r-v}. [INCIPIT PREFATIUM PETRI RIGAE]: Frequens sodalium meorum. . . fulgur potenter illuxit. This is the third preface of the work.

> Cf. Beichner, I, pp. 7-8.

f. 1^v. Incipit biblioteca metrice composita a· magistro petro remense quam intitulatum aurora de operibus .vii. dierum.

ff. 1^v-22^v. [LIBER GENESIS.] Primo facto die duo. . . ille remittit eis.

ff. 22^v-41^v. INCIPIT EXODUS: Hec duodena patrum sunt. . . nos super astra levet.

f. 41^v. INCIPIT PROLOGUS SUPER LEVITICUM: Vox autem domini moysen. . . ut mea vela regat.

ff. 42-52^v. INCIPIT LEVITICUS. Vox autem domini moysen. . . habet ille frui.

ff. 52^v-61. INCIPIT LIBER NUMERI. Alloquitur dominus moysen iubet ut. . . nectare terra fluens.

f. 61^{r-v}. INCIPIT PROLOGUS SUPER DEUTRONOMIUM. Hec sunt verba quibus. . . melle venena latent.

ff. 61^v-64^v. [INCIPIT LIBER DEUTERONOMII]: Ex toto corde. . . sine fine manet.

ff. 65-68. **INCIPIT IOSUE.** Post moysen iosue populo. . . dignus honore suos.

ff. 68-72^v. **INCIPIT LIBER IUDICUM.** Post iosue de iudicibus. . . cum legione sua.

ff. 72^v-73. **INCIPIT LIBER RUTH.** Ad ruth festinat petri. . . pater ille davit.

f. 73^v. [**INCIPIT PROLOGUS PRIMI REGUM.**] Post librum de iudicibus. . . rex novus iste tulit.

ff. 73^v-81. **PRIMUS LIBER REGUM SIC INCIPIT.** Monte manens efray. . . corda superba bonum.

ff. 81-84^v. [**INCIPIT SECUNDUS REGUM.**] Post ionathe mortem patris. . . concilias que deum.

ff. 85-89. [**INCIPIT TERTIUS REGUM.**] Rex david senuit. . . patre ministrat ei.

ff. 89-92. [**INCIPIT LIBER QUARTUS REGUM.**] Rex ocozias qui regnabat super omnem. . . ad sua templa deus.

ff. 92-98^v. **INCIPIT LIBER THOBIE.** Qui legis hystoriam thobie. . . anna propheta fidelis.

ff. 98^v-109. **INCIPIT LIBER DANIELIS.** Postquam subiectos sibi rex. . . cum perire mali.

ff. 109^v-111^v. **INCIPIT HISTORIA DE JUDIT.** Eustochio pauleque favens. . . libera facta fuit.

ff. 112-115. **INCIPIT HESTER.** Donec ad ethiopum terras. . . regia iussa moram.

f. 115^{r-v}. **INCIPIT PROLOGUS IN LIBRUM MACHEBEORUM.** Magnus alexander quo primum. . . nescia fama mori.

ff. 115^v-121. [**INCIPIT LIBER MACHABEORUM.** Post eius mortem iuvenes . . . cesar in aure tua.

f. 121^{r-v}. [**INCIPIT PROLOGUS.**] In terra salomon sapiente paricior omni. . . ultimus ut placuit hic recitandus erit.

This anonymous prologue is an unidentified interpolation omitted from Beichner's edition.

ff. 121ᵛ-122. INCIPIT PROLOGUS SUPER CANTICA CANTICORUM. Doctus origines cum doctos. . . acquirere magna favorem.

This is not the normal prologue but that given as a variant prologue in Beichner, II, 760-761.

ff. 122-141ᵛ. [INCIPIT CANTICA.] Omni plena bono salomonis. . de germine natus.

f. 142. INCIPIT PROLOGUS SUPER LAMENTATIONES IHEREMIE. Sunt cantica canticorum sunt lamentationes. . . ymnus des in syon, etc.

ff. 142-147ᵛ. INCIPIT LAMENTATIONES IHEREMIE PROPHETE. Aleph doctrinam notat. . . alpha fit .O. que vocetur.

Beichner, I, p. 25, believes that this section on Lamentations was not written by Peter Riga or Aegidius of Paris. He has not been able to identify the author and has omitted it from his edition of the Aurora.

f. 147ᵛ. INCIPIT PROLOGUS IN LIBRUM IOB. Librum iob moysi quidam. . . multis pauca loquentes

ff. 148-158. [INCIPIT JOB.] Vir erat in terra hus. . . complevit fine decenti.

ff. 158-168. [Misterium de agno pascali secundum magistrum aegidium parisiensem.] Quod plures plage quam decem [Incipit]: Tu legis egiptum dominus percussit. . . etiam sese prebeat illa michi.

This long poem of over 700 lines by Aegidius of Paris was inserted by the author in his second redaction of the Aurora. Not being by Peter Riga, Beichner did not include it in his edition. It remains unpublished. Cf. Beichner, I, pp. LIV, 15 and 7.

ff. 168-174ᵛ.* INCIPIUNT RECAPITULATIONS VETERIS TESTAMENTI VERSUS SINE A: Principio rerum post .v. dies. . . tytus hii docuere fidem.

ff. 174ᵛ-175. INCIPIT NOVUM TESTAMENTUM PROLOGUS SUPER iiiiᵒʳ. EVANGELIA. Post legem veterem respira. . . hystorie litera more suo.

ff. 175-218ᶜ. [INCIPIT EVANGELIUM] SECUNDUM LUCAM Claruit herode ius regis a gente. . . petrus finit et ipse suum.

f. 218ᵛ. INCIPIT PROLOGUS IN ACTUS APOSTOLORUM. Tyberii nono decimo regnantis. . . oculis apparet eorum.

ff. 218ᵛ-225. INCIPIUNT ACTUS APOSTOLORUM. Theophilo scribens ubi christo. . . hic finit liber et consumat linea metrum. Explicit Aurora. Deo gratias.

Cf. supra n° 5.

The initial letter F (f. 1 and f. 65) is in red and blue with column length decoration; elsewhere other capitals in red and blue alternating; running titles in red. The binding is of limp parchment. The Ms belonged at one time to the English poet and artist William Morris (1834-1896), Kelmscott House, Hammersmith.

9

Sermons of Philip the Chancellor

13th c.; parchment; 145 x 205 mm.; ff. 65; 1 col.; ff. 1-60; 34 lines, ff. 61-65^v: 40 lines; signatures and catchwords.

ff. 1-60^v [SERMONS OF PHILIP THE CHANCELLOR ON THE PSALMS.]

f. 1^{r-v}. *Iocundum psalterium et cithara* [Ps 56.9]. Prov. xi [27]: *Bene consurget diluculo qui inquirit bona.* Que sunt hec bona intelligere quid. . . nominari a digniori nominatur.

    Cf. Johannes Baptist Schneyer, "Repertorium der lateinischen Sermones des Mittelalters fur die Zeit von 1150-1350," in *Beitrage zur Geschichte der Philosophie und Theologie des Mittelalters. Texte und Untersuchungen:* Band XLIII, Heft 4, Munster, Westfallen, 1972), p. 848, n° 392.

    For bibliography on Philip the Chancellor, cf. Schneyer, p. 818. References to the sermons known to Schneyer are hereafter listed in parentheses after each explicit.

ff. 1^v-2. *Beatus vir*, etc. [Ps 1.1]. Johannes in fine huius scripta sunt ut credatis et credentes. . . confirma precedentia per auctores. [Not listed in Schneyer].

f. 2^{r-v}. *Et erit tamquam lignum*, etc. [Ps 1.3]. Hoc lignum quod sic plantatur. . . [Lc 13.6]: *maledixit in qua fructus non invenit* Lc iii (393).

f. 2^v-3^v. *Novit dominus viam iustorum*, etc. [Ps 1.6]. Via hec via est viri iusti. . . Sap. v^{to} [7] *via perditionis et iniquitatis* (394).

f. 3^v. *Quare fremuerunt gentes* [Ps 2.1]: Quatuor hic increpantur a propheta que. . . in redemptorem delinquimus (395).

ff. 3^v-4^v. *Disrumpamus vincula eorum* [Ps 2.3]. Videamus primo que sint vincula. . . Mc.x [50] *exiliens venit ad eum* (396).

ff. 4ᵛ-5ᵛ. *Apprehendite disciplinam* [Ps 2.12]. Flagellum domini quia disciplina adversitas sui. . . in temporalem commutatur (398).

ff. 5ᵛ-6. *Servite domino in timore* [Ps 2.11]. Timor domini bonus et servus anima enim hominis est domus. . . cito curruet domus tua (397).

f. 6ʳ⁻ᵛ. *Ego dormivi et soporatus sum* [Ps 3.6]. Nota quod duplex est sompnus culpe. . . suscipitur per raptum (399).

ff. 6ᵛ-7ᵛ. *Filii hominum usquequo gravi corde* [Ps 4.3]. Duplex est gravitas bona et mala. . . locum habebunt inferiorem (400).

ff. 7ᵛ-8. *Mane astabo tibi* [Ps 5.4]. Notandum quod hic bis ponatur mane quia. . . per bonum exemplum illuminare (402).

f. 8ʳ⁻ᵛ. *Sepulcrum patens est guttur eorum* [Ps 5.11]. Est sepulcrum clausum. . . [Ps 31.1]. *Beati quorum remisse iniquitates,* etc. (403).

f. 8ᵛ-9. *Domine ne in furore tuo arguas,* etc. [Ps 6.2]. Quatuor hic notantur. . . nota contra sodomitas (404).

ff. 9-10. *Laboravi in gemitu meo* [Ps 6.7]. Loquitur de penitente ad modum. . . cur lactatus uberibus (405).

f. 10ʳ⁻ᵛ. *Si reddidi retribuentibus mihi mala* [Ps 7.5]. Tria sunt que nos obligant beneficia. . . factus sim sterilis et inanis (406).

ff. 10ᵛ-11. *Exurge domine in precepto* [Ps 7.7]. Licet iste versus in glosa exponatur de precepto. . . ideo volare non possunt (407).

f. 11ʳ⁻ᵛ. *•Convertetur dolor eius in caput* [Ps 7.17]. Potest istud convenienter legi de cupido. . . ad caritatem amplius inflammatur (408).

ff. 11ᵛ-12. *Quoniam videbo celos tuos* [Ps 8.4]. Astrologorum est contemplari celum et lunam. . . gaudium peccando excluserunt (409).

ff. 12-13. *Quid est homo quod memor* [Ps 8.5]. Quantum deus fecerit hominem preciosum. . . contumeliam fraudem circa depositum. Natale, Passio (410).

f. 13 ^{r-v}. *Quoniam fecisti iudicium meum* [Ps 9.5]. Plerumque contingit quod aliquis in causa. . . vincam contra diabolum (411).

f. 14 ^{r-v}. *Annuntiate inter gens studia eius* [Ps 9.12]. Tria domini studia possumus mirari primum. . . [Is 62.6] *tibi constitui custos* (412).

f. 14 ^v-15. *Cuius maledictione os plenum est* [Ps H9.7]. Hic notantur tria vicia lingue primum. . . detractore et adulatore (413).

f. 15 ^{r-v}. *Tibi derelictus est pauper orphano* [Ps H10.14]. Pauper dicitur dupliciter pauper spiritu qui. . . spiritus et varietatem virtutum (414).

ff. 15 ^v-16 ^v. De perseverantia. *In domino confido quomodo dicitis* [Ps 10.2]. Duo commendabilia in viro sancto. . . [Ps 21.30] qui descendunt in terram (416).

ff. 16 ^v-17 ^v. *Dominus in templo sancto suo* [Ps 10.5]. Anima templo comparatur quia. . . [Ps 10.5] igni sanctuarium tuum.

ff. 17 ^v-18. *Illumina oculos meos* [Ps 12.4]. Per hoc innuit david se habere oculos. . . sedechie de quibus supradictum est (419).

f. 18. *Eloquia domini eloquia casta* [Ps 11.7]. Castitas proprie est virtus coniugatorum. . . Prov xix [11] *doctrina viri patientiam noscitur* (418).

ff. 18-19. *Domine quis habitabit in tabernacula tuo* [Ps 14.1]. Per montem intelligimus templum quod factum. . . [Sap 4.11] *perverteret sensum illius*, etc. (421).

f. 19 ^{r-v}. *Dominus pars hereditatis mee* [Ps 15.5]. Duplex est hereditas spiritualium et mundanorum. . . Mt xxv. [36] *In carcere fui*, etc. (422).

ff. 19 ^v-21. *Igne me examinasti* [Ps 16.3]. Quedam in igne consummuntur ut palee. . . Lc xv. de filio prodigo (423).

f. 21 ʳ⁻ᵛ. *Preocupaverunt me laquei mortis* [Ps 17.6]. Laqueus mortis dicitur quicquid now trahit... sunt .vii. dona spiritus sancti (425).

ff. 21ᵛ-22. *Ascendit fumus in ira eius* [Ps 17.9]. Dupliciter est fumus in viro iusto... eternorum surgit speculationem (426).

ff. 22-23. *Eduxit me in latitudinem* [Ps 17.20]. Novus homo et vetus homo spiritus... eduxit me in latitudinem (427).

f. 23 ʳ⁻ᵛ. *Quoniam in te eripiar in tentatione* [Ps 17.30]. Per murum intelligitur congeries peccatorum murus fit... immitit totum consumit (428).

ff. 23ᵛ-24. *Et precinxisti me virtute ad bellum* [Ps 17.40]. Solet ita distingui succingimur ituri... [Is 62.10] *elevate signum ad populos* (429).

f. 24 ʳ⁻ᵛ. *Filii alieni mentiti sunt mihi* [Ps 17.46]. Hic reprobat tria genera filiorum... Mt viii x° [8] *mitti in gehennam ignis*.

ff. 24ᵛ-25. *Lex domini immaculata* [Ps 18.8]. Lex ista dupliciter est prima est servi esta non... scilicet angustiis infirmitatibus (431).

f. 25 ʳ⁻ᵛ. *Memor sit omnis sacrificii* [Ps 19.4]. Dominus christus obtulit se sacrificium in sartagine... Treno 1° [15] *vocavit adversum me tempus*. In natali.

ff. 25ᵛ-26. *Domine prevenisti eum in benedictionibus dulcedinis* [Ps 20.4]. His primo attendum est unum principium... [Eccli 39.27] *quasi fluvius inundabit* (434).

f. 26 ʳ⁻ᵛ. *Quoniam pones eos dorsum* [Ps 20.13]. Dominus ponit aliquos dorsum diversis modis... dominus faciet eis (435).

ff. 26ᵛ-27. *Ego sum vermis et non homo* [Ps 21.7]. Tria sunt genera vermium... bombex vermis ille.

f. 27 ʳ⁻ᵛ. *Edent pauperes et saturabuntur* [Ps 21.27]. Quatuor consideranda sunt circa mensam... aliis adorari volebat (438).

ff. 27ᵛ-28. *Parasti in conspectu meo mensam* [Ps 22.5]. Mensa est vita eterna cura quam tria... oculus non vidit, etc. (441).

f. 28 r-v. *Hec est generatio querentium* [Ps 23.6]. Quatuor sunt attendenda circa generationem. . . jo xi. [7]. *Eamus in iudeam iterum* (442).

f. 28 v. [*At*] *tallite portas principes vestras* [Ps 23.9]. Hoc quidam intelligunt de portis concupiscentie que a nobis tollende sunt. . . porte eius, id est, sensus ad terrena. This sermon has only 3 lines of text (443).

ff. 28 v-29 v. *Firmamentum est deus omnibus* [Ps 24.14]. Timor domini securitatem prestat et mentis. . . timet deum nihil negligit (445).

f. 29 v. *Odivi ecclesiam malignantium* [Ps 25.5]. Ecclesia ista fundamentum habet. . . [Is 10.1] *qui dicunt legis iniquas*, etc. (447).

f. 30 r-v. *Hec dominus illuminatio mea et salus* [Ps 26.1]. Dominus illuminat cecum sanat infirmum. . . luc 10.40. *Domine non est tibi cure*, etc. (447).

ff. 30-31. *Unam petii a domino*, etc. [Ps 26.4]. Unam id est beatitudine eternam unam. . . luc x. [42] *unum est necessarium* (448).

f. 31 r-v. *Ad te domine clamabo*, etc. [Ps 27.1]. Legitur in exod. xxv. [17]. *Facies propriatorium auro mundissimo*. . . se redire non potest (250).

f. 31 v. *Vox domini concutientis desertum*, etc. [Ps 28.8]. Desertum est malum desideria carnalia. . . jo 15.19 et inferius ut habetur iudicium ii (452).

ff. 31 v-32. *Vox domini preparantes cervos* [Ps 28.9]. Cervus est animal

f. 32. *Exaltabo te domine quoniam suscepisti* [Ps 29.2]. Tria sunt que nos revocare dicunt a peccato. . . *gaudium est in celo*, etc. (454).

f. 32 r-v. *Ego dixi in habundantia mea* [Ps 29.7-7]. Duo sunt que maxime subministrat occasiones. . . aliene incumbere fame (455).

f. 32ᵛ-33. *In manus tuas commendo spiritum meum* [Ps 30.6]. Iustorum anime in manu dei sunt. . . job 40. [16] *calami in locis humentibus* (458).

f. 33ʳ⁻ᵛ. *Odisti omnes observantes vanitates* [Ps 30.7]. Vanitas dicuntur omnia temporalia et mutabilia. . . timeant ergo divites (457).

ff. 33ᵛ-34. *Qui viderunt me foras fugerunt* [Ps 30.12]. Tria sunt que maxime interiori. . . naum iii. [7] *viderit te resiliet a te.*

f. 34ʳ⁻ᵛ. *Quam magna multitudo dulcedinis* [Ps 30.20]. Dulcedo ista duplex est gratie et glorie. . . [Ps 67.11] *dulcedine tua pauperi deus* (459).

ff. 34ᵛ-35. *Retribuet deus habundanter* [Ps 30.24]. Superbia singularis est in culpa. . . Osee v°. [5] *israel arrogantia sua* (460).

f. 35ʳ⁻ᵛ. *Dixi confitebor,* etc. [Ps 31.5]. Differentia est inter forum civile et penitentiale. . . Eccli [27.17] amici fidem perdit.

ff. 35ᵛ-36. *Nolite fieri sicut equus* [Ps 31.9]. Est equus fortitudinis de quo job. . . opus et nefandum abusum (462).

f. 36. *Congregans sicut in utre aquas* [Ps 32.7]. Aque maris sunt tribulationes quas deus. . . virtutum confessionem comitatur. (463).

ff. 36-37. *Beata gens cuius est deus eius* [Ps 32.12] et alibi *Beatus populus cuius* [Ps 143.15]. Hic populus triplex seculares ut laici. . . ortum domini extirpant (464).

f. 37. *Custodit dominus omnia ossa eorum* [Ps 33.21]. Habet homo interior sicut exterior. . . Eccli xxxv [28.21] lingue comminuit ossa.

ff. 37-38. *In domino laudabitur anima mea* [Ps 33.3]. Ad contemptum laudis humane consideranda. . . Os xii [1] *est monstrari digito ditior hic est* (465).

f. 38 r-v. *Gustate et videte quoniam suavis* [Ps 33.9] [Eccli 36.20]: *Est cibus cibo melior.* Spiritualis scilicet quam carnalis. . . Ps [16.15[apparuerit gloria tua (466).

ff. 38 v-39 v. *Fiant tamquam pulvis* [Ps 34.5]. Quattuor hic notatur hic circa malos. . . Trenis [4.18] lubricaverit vestigia nostra, etc. (468).

ff. 39 v-40. *Ego autem cum mihi molesti* [Ps 34.13]. In hoc instruimur quid facere debeamus. . . ieiunium et eleemosyna orationi sociantur.

ff. 40-41. [Quoniam] apud te est fons vite [Ps 35.10]. Scriptum est in Is [12.3]: Haurietis aquas in gaudio. . . pertinet ad intellectum.

ff. 41-42. *Custodi innocentiam vide* [Ps 36-37]. Duplex est mensa consolationis et tribulationis. . . homini pacifico (473).

ff. 42-43 v. *Quoniam iniquitates mee supregresse* [Ps 37.5]. Supergresse dicit quasi aquarum inundationes notandum. . . Gal. ultimo [6.17] *Stigmata domini,* etc. (474).

ff. 43 v-44. *Mutabitur peccator* [Ps 36.21]. Duo sunt creditores a quibus. . . Eccli [29.22] delinquiet liberantem se.

f. 45 r-v. *Cor meum conturbatum est* [Ps 37.11]. Tria genera temptationis denotat primum est. . . [Ps 37.11] non est mecum (475).

ff. 45 v-46. *Dixi custodiam vias meas* [Ps 38.2]. Prov. iiii. [23]. *Omni custodia serva cor tuum.* . . Omni dicit quia non sufficit. . . Is xxvi [20]. . . hostia tua super vias tuas id est sensus (476).

ff. 46-47. *Thesaurizat et ignorat* [Ps 38.7]. Considerandum de quibus faciendum est. . . Eccli xxv [7]. . . *veteranis sapientia* (477).

f. 47 r-v. *Inmisit in os meum canticum* [Ps 39.4]. Quatuor hic consideranda sunt quid. . . 1 Reg. xviii [.6] *ierusalem percusso philisteo.*

ff. 47ᵛ-48. *Ego autem mendicus sum* [Ps 39.18]. Multe cause sunt pro quibus necesse. . . Lc xii [32] *nolite timere pusillus grex* (479).

ff. 48-49ᵛ. *Homo pacis mee in quo speravi* [Ps 40.10]. Videtur deus conqueri de quocumque. . . Lc xxiii [22.21]. . . *mecum est in mensa.*

ff. 49ᵛ-50. *Fuerunt mihi lacrime mee* [Ps 41.4]. Ad hoc quod aliquis laute. . . Ps [41.5] confessionis sonus epulantis.

f. 80ʳ⁻ᵛ. *Effudi in me animam* [Ps 41.5]. Quidam effunduntur in malum extra. . .vas honoris et glorie (482).

ff. 50ᵛ-51ᵛ. *Introibo ad altare dei,* etc. Considerandum est qui significantur per. . . semper iuvenes sumus.

ff. 51ᵛ-53. *Quoniam propter te mortificamur* [Ps 43.22]. Dupliciter est mortificatio hominis propter diabolum. . . suscitationem non impetrant (486).

ff. 53-54. *Lingua mea calamus scribe* [Ps 44.2]. Dominus habet scribas suos et calamum. . . de cancellaria diaboli (486).

ff. 54-55. *Sedes tua deus in seculum* [Ps 44.7]. Primo considerandum que sit diversitas sedium. . . 1 Reg. iiii. [18] bene sedem regebat.

f. 55ʳ⁻ᵛ. *Astitit regina a dextris tuis* [Ps 44.10]. Regina virtutum est caritas. . . Eccli. x [11.13] *eum de humilitate* et sic nota de aliis virtutibus (488).

ff. 55ᵛ-56ᵛ. *Omnis gloria eius filie* [Ps 44.14]. Primo ostenditur quod non est glorificandum. . . Mt. xiii [23.5] dilatant phylacteria sua (489).

ff. 56ᵛ-57ᵛ. *Elegit nobis hereditatem suam* [Ps 46.5]. Ad speciem jacob pertinet prudentia. . . que semper prosperatur (491).

ff. 57ᵛ-58. *Ibi dolores ut parturiantis* [Ps 47.7]. Ibi id est in penitente primo videndum est. . . aliorum bursas emungunt (492).

f. 58 r-v. *Ponite corda vestra in virtute* [Ps 47.14]. Ponendum est cor nostrum in virtute domini... sur vite enormitatem (493).

ff. 58v-59v. *Tabernacula eorum in proienie* [Ps 48.23]. Mundus vult suos nommari in mundo... [Ps 48.18] *eo gloria domini eius.*

ff. 59v-60. [Quoniam] dives cum interierit non [Ps 48.18]. Carnalis et mundamus duplici morte... de divitiis clericorum (495).

f. 60 r-v. *Congregate illi sanctos eius* [Ps 49.5]. Dominus christus suum fecit testamentum in quo... *expl. ex abrupto:* ingressus ecclesie quia non intrant nisi (496).

ff. 61-65. [Table of terms or themes mentioned in the sermons.]

From the folio references given in the table, the ms. must have had at least 204 ff. of sermons. Schneyer took his incipits from the Paris 1523 edition which has 333 sermons. Only the second sermon on *Beatus vir* [Ps 1.1] (ff. v-2) is lacking in the 1523 edition. The ms. is not bound.

10

Liber Amicorum of Johannes Stadius

1611-1626; paper; 185 x 120 mm.; ff. 32; (some blank).

Most of the 22 signed entries in this album are dated between 1611 and 1614, while Johannes Stadius was a student at the University; the latest inscription is dated 1626. The inscriptions, classical quotations, and various other verses are mainly in Latin, with several in German, French, or Hebrew. The volume also contains 19 finely-executed water-colors of coats of arms and other emblematic or allegorical illustrations.

Stadius matriculated at the University in 1610; his name and most of the other names in the MS are recorded in Georg Mentz and Reinhold Jauernig, eds., *Die Matrikel der Universitat Jena, I: 1548 bis 1652* (Jena 1944).

The MS is bound in 17th c. quarter-calfskin, with embossed floral design on gold paper over boards.

Purchased from William Salloch in 1964.

11

Tracts of Jean Gerson, Pierre d'Ailly, et al.

15th c.; vellum; 170 x 120 mm.; ff. 100; 1 col.; 28/29 lines; catchwords.

ff. 1-9. TRACTATUS DE MEDITACIONE MORTIS A MAGISTRO JO-
HANNE JARSON PARISIENSI CANCELLARIO EDITUS.

f. 1. *Inc.:* Quacumque inpugnatione seu temptatione impugnaris... f. 9 *Expl.* et oremus pro invicem ut salvemur. Explicit tractatus de meditacione mortis a magistro Johanne Jarson Parisiensi cancellario editus.

This work is not included in Glorieux's *Jean Gerson Oeuvres completes,* 6 vols. (1960-1966). In Cambrai 143 (139) and 522 (481), both 15th c. mss. the text is entitled: Lamentatio anime agonizantis.

ff. 9-16[v]. INCIPIT TRACTATUS DE EXERCITACIONE MENTALI ABBREVIATUS EX DYALOGO DOMINI BONAVENTURE EXTRACTUS. [Petrus de Alliaco, Epilogus de quadruplici exercicio spirituali.]

f. 9. *Inc.:* Anima devota cupiens ad divinam contemplationem spiritualiter tria debet... f. 16 *Expl.* licet autem de hiis sancti doctores plura scripserint ex quorum dictis egregius doctor dominus bonaventura quemdam dyalogum utilem compilavit. Hec tamen pauca ex pluribus compendiose sub epilogo collecta sunt ad eruditionem et excercitationem simplicium a quibus pro qualicumque labore meo orationum suarum postulo suffragia ut sit tandem per hec exercicia spiritualia ad illius perducantur gaudia... seculorum secula. Amen. Explicit et frequenter legatur.

Hain, n. 850, Cambrai 55 and 531, Troyes 1635, ascribe the text to Peter of Alliaco, Vat. lat. Reginenses 261 to Anselm. It is a sharp condensation of the *Soliloquium de quatuor mentalibus exercitiis* in Bonaventura, *Opera omnia*, vol. 8 (1898), pp. 28-67.

ff. 17-18ᵛ. [SENTENTIE]

f. 17. Quicumque primatum desideravit in terra confusionem inveniet... *Expl.* resistere viribus communi nisi fugiat cito succumbet. Quotations from Chrysostom, Gregory I, Isidorus, Hieronimus, Bernard, Cyprianus, Ambrosius and Augustinus.

ff. 19-64ᵛ. INCIPIT LIBER QUATUOR NOVISSIMORUM QUI DICITUR CORDIALE.

f. 19. *Inc. liber I:* Memorare novissima tua et in eternum non peccabis. Eccl. 1 [7.40] Sicut dicit in libro suarum meditationum beatus augustinus: Plus vitanda est sola... *Expl.* mortis felicis eris cito fortis.

f. 31ᵛ. *Inc. liber II:* Secundum novissimorum cuius frequens recordatio... *Expl.* non immerito quemlibet a peccatis.

f. 42ᵛ. *Inc. liber III:* Tertium novissimorum cuius salubris... *Expl.* ab hiis numquam rediturus.

f. 50ᵛ. *Inc. liber IV:* Quartum novissimorum quod valde et precipue... *Expl.* intelligerent ac novissima providerent. Explicit tractatus de quatuor novissimis quid dicitur Cordiale.

Since the catchword on f. 40ᵛ is not on f. 41, at least one quire of book II of this work is missing. Cf. L. Polain, I, nᵒˢ 1165-1189. Mulders, in DS, v. 6, favors Gerard de Vliederhoven as the author.

ff. 64ᵛ-67. MEDITATIO BEATI ANSELMI AD CONCITANDUM TIMOREM DOMINI IN SE ET DE ULTIMO IUDICIO ET DE PENIS INFERNL.

f. 65. *Inc.:* Terret me vita mea namque diligenter discussa...
Expl. omnes qui diligunt nomen tuum qui cum patre...
secula. Amen. Explicit.

 Cf. Franciscus S. Schmitt, *S. Anselmi Cantuariensis archiepiscopi opera omnia,* III (1946), pp. 76-79; PL 158, 722-725.

f. 67ᵛ. *Inc.:* Sanctus timet est pauper regnat...

ff. 67ᵛ-74ᵛ. **TRACTATUS DE PASSIONE DOMINI NOSTRI IHESU CHRISTI A BEATO AUGUSTINO EDITUS VEL A BEATO ANSELMO.** [Stimulus ardoris Eckbert of Schonau, O.S.B. +1185.]

f. 67.ᵛ. *Inc.:* Ihesum nazarenum a iudeis innocenter condempnatum... *Expl.* nos faceret in celestibus. Amen. Explicit tractatus de passione domini a beato Anselmi editus.

 The explicit is the end of the section 12, c. 961 in PL 184 where the text is attributed to St. Bernard. In PL 158-748 it is attributed to Anselm. Cf. *Histoire literaire de la France,* IX, (1868), p. 431; P. Glorieux, *Pour revaloriser Migne,* (Lille 1952), pp. 62; 72; B. Heurtebize in DTC IV, c. 2081; Hurter, *Nomenclator,* 3ᵈ ed., 1906, II, c. 173.

ff. 74ᵛ-76ᵛ. **INCIPIT MANUALE SANCTI AUGUSTINI STUDIOSE ET DEVOTE EDITUM.** [Alcher of Clairvaux, 12 c.]

f. 74ᵛ. *Inc. Pref.:* Quoniam in medio laqueorum positi sumus... de quo omnia per quem omnia.

f. 75ᵛ. *Inc. cap. I:* Tu celum et terram imples... *explicit ex abrupto in cap. xv:* in gloria et sanctis eius possemus sociari nonne.

 The text ends abruptly because the following quire is missing. The text, attributed to Augustine and to Hugh of St.

Victor, was written by Alcher of Clairvaux, O. Cist. Cf. PL 40. 951-962; in PL 177. 171-178B it is book IV of the *De anima* of Hugh of St. Victor. Cf. Archer of Clairvaux in DHGE I, 270-271, and New Catholic Encyclopedia, I (1969).

ff. 77-81ᵛ. *Inc. ex abrupto:* esset dignum finem miserum tendant miseri non accedunt. . . per hoc eternum dampnacionem evadas et cum domino jhesu christo vitam eternam possideas. Quod tibi concedat qui est benedictus in secula. Amen.

The beginning of this text is missing because the preceding quire is lacking.

ff. 81ᵛ-82.   [EXCERPT ATTRIBUTED TO ST. JEROME.]

f. 81ᵛ. *Inc.:*   Inter vos numquam de vita disputetur alterius. . .

f. 82. *Expl.:* dignitatem unam habeat ex sponso. Hic idem Jeronimus.

This is a quotation, 17 lines of the ms., attributed to Jeronimus ad Eustachium virginem.

ff. 82-87ᵛ.   EXTRACTA DE EPISTOLA CIVILI DE MORTE SANCTI EUSEBII. [Eusebius de Cremona, †493].

f. 82. *Inc.:* Adveniente autem die quo venerabilis eusebius. . . ex hoc migraturus gloriam finis adipisci nesciam. . . omnipotens et misericors deus qui vivat, etc. Explicit.

Cf. *Cyrilli episcopi Jerosolymitani de miraculis Hieronymi ad sanctum Augustinum episcopum Hipponensem,* cap. III; PL 22.292-297A; PL 33.1128-1132A; Ferd. Cavallera, *Saint Jerome sa vie et son oeuvre,* (1922), II, p. 144.

f. 87ᵛ.   [Ten verses].

f. 87ᵛ. *Inc.:*   Ad quid venisti rogo te meditare frequenter. . . Te locus iste dei salvabit sufficienter.

ff. 87ᵛ-90.   **INCIPIT SPECULUM MONACHORUM A BEATO BERNARDO EDITUM.** [Arnoul de Boeriis, O. Cist].

f. 88. *Inc.:*   Si quis emendatioris vite desiderio tactus. . . bonis operibus et oratione se invictus animus non relaxat. Explicit breviarium sive speculum monachorum a beato bernardo editum. Nunc lege nunc ora nunc cum fervore labora.
Sic erit hora brevis et labor ipse levis.

The last 6 lines of the ms. differ from those in PL 184. 1178; Marcel Viller, "Le Speculum Monachorum et la Devotion moderne," in *Revue d'ascetique et de mystique,* (1922), pp. 45-56. On Arnoul de Boeriis, cf. J. M. Canivez, *Dict. de Spiritualité,* I (1932), c. 894. His dates are uncertain.

ff. 90-93.   **BONAVENTURA DE PERFECTA SIVE IPSIUS COGNITIONE.**

f. 90. *Inc.:*   Ad perfectioris vite fatigium famulo dei cupienti condescendere. . . quicquid agant alii sis memor ipse tui. Explicit tractatus de perfecta cognitione sui ipsius.

Bonaventura, *Opera omnia,* VIII (1898), *De perfectione vitae et sorores,* Cap. I, pp. 108-109.

ff. 93-100ᵛ.   [**MORAL PRECEPTS AND ADVICE IN VERSE FORM.**]

f. 93. *Inc.:*   Articuli fidei quod sit deus trinus et unus Christus homo factus natus passus que sepultus. . . Semper obedito te discute qualiter hora.

f. 100ᵛ.   [**EXCERPT ATTRIBUTED TO BEDE.**]

f. 100ᵛ. *Inc.:*   Qui dicit se in christo manere debet sicut ipse. . . valet secum ad superna erigere. Hoc Beda.

The initials and chapter headings are in red. The ms. has the original blind stamped brown calf binding. It is blind tooled and paneled with floriated columns in center panels.

12

De Vitiis of William Peraldi

14th c.; vellum; 180 x 130 mm.; ff. 408; 1 col.; 27 lines; catchwords.

ff. 1-8ᵛ. [Table of contents of the De vitiis Peraldi. The tractates, chapters and their subdivisions are numbered 1-451 in Arabic numerals].

ff. 9-399. [DE VITIIS GULIELMI PERALDI, O.P. +1271].

f. 9. *Inc.:* Dicturi se singulis vitiis cum opportunitas se. . .

f. 400ᵛ. *Expl.:* aliquando penituit tacere vero numquam. Explicit hic liber. Sit scriptor crimine liber christi solam [hole in vellum] dixerit. Amen.

This is the first half of the *Summa de vitiis et virtutibus* of Guilielmus Peraldus. There are many mss. of this popular work, 16 incunabula editions and 22 other editions published between 1500 and 1688. Cf. A. Dondaine, "Guillaume Peyraut: vie et oeuvres," in *Archivum Fratrum Predicatorum,* 18 (1948), 162-236. He lists the mss. on pp. 193-107.

The medieval numerotation of the folios starts on f. 9 and is in Arabic numbers except that from f. 100 on the Roman C is used to indicate hundreds and Arabic numbers for the following numbers: e.g., C3 equals 103, CC56 equals 256, etc. The numerator stopped numbering the folios at f. CCC30 (f. 338). I have followed the modern foliation.

Simple red and blue capitals alternating are used for the abbreviated running titles. The initial capitals of each tractate are decorated in red and blue alternating. The binding is in early 18th c. limp marbled covers. The ms. was sold at Sotheby's London sale, item, n° 595 on Dec. 4, 1896.

13

Historia Scholastica of Peter Comestor

13th c.; parchment; 160 x 235 mm.; ff. 116; 2 cols.; catchwords and signatures for the first three gatherings; occasionally thereafter; 46-53 lines.

ff. 1ª-54ᵇ, 57ª-116ᶜ. [HISTORIA SCHOLASTICA OF PETER COMESTOR.]

¹f.1ª. *Inc. Pref.:* Imperatorie maiestatis est tres in palacio . . . secunda acutior tertia suavior.

Cf. PL 198.1053-54, line 12. The scribe then skips to Additio 2 in PL 198, c. 1055-1056: A fundamento sumemus . . . est et principium.

f. 1ª. *Expl.:* est et principium.

²f. 1ª-27ᵈ. [LIBER GENESIS]: *Inc.:* In principio erat. . . sunt in sichem.

³f. 27ᵈ-41ª. EXPLANATIO EXODI. *Inc.:* Historia exodi non alia. . . ignis in nocte.

⁴f. 41ª-45ᶜ. LIBER LEVITICUS. Tertia disctinctio historie. . . eam dederat.

⁵f. 45ᶜ-51ᵈ. LIBERI NUMERI. *Inc.:* Quarta huius historie distinctio. . . domino separate sunt.

⁶ff. 51ᵈ-54ᵇ. EXPOSICIO LIBRI DEUTERONOMII. *Inc.:* Quinta et ultima huius historie. . . ferunt iosue apposuisse.

⁷f. 54ᵇ-d. [TREATISE ON THE FOUR SENSES OF SCRIPTURE]. *Inc.:* Archa in qua continebantur federa domini scilicet tabula testamenti. . . hoc attendens magister petrus liber sen-

tentiarum in .iiii. or volumina curavit distinguere. . . in .iiii. de sacramentis quod spectat ad allegoriam invenitur tractasse.

This and the five following texts which do not belong to the Historia Scholastica are written in a different hand from that of the Historia Scholastica.

[8]ff. 54 [d]-55 [a]. [ON THE DESTRUCTION OF JERUSALEM.]

f. 54 [d]. *Inc.:* Sciendum est ierusalem tribus vicibus fuisse destructam. . . ut quid deus repulisti in finem.

[9]f. 55 [a]. [SHORT TREATISE ON SIN].

f. 55 [a]. *Inc.:* Sciendum est quod tria sunt genera peccati peccatum voluntatis peccatum operis et peccatum consuetudinis. . . quantum amaritudine in confitendo.

[10]f. 55 [a-c]. [SERMON].

f. 55 [a]. *Inc.: Locutus est dominus ad moisen et aaron: mensis iste sit principium omnium.* . . Ex. 12.1-3,6. Sciendum est fratres karissimi, quod dum filii israel essent in egipto. . . comedere festinanter id est sine dubitatione.

[11]ff. 55 [c]-56 [c]. [DE ANTIPHONIS SANCTI GREGORII]

f. 55 [c]. *Inc.:* Nota est historia a beato gregorio octo antiphonas compositas quarum unaquaque abo incipit. . . hoc peracto assumunt de corpore sancto et ponit calice silendo.

There is a copy of this text in Bibl. nat. lat. 12312, f. 180.

[12]f. 56 [c-d]. [ON ERMOGENES AND FILETUS (PHYGELUS)]

f. 56 [c]. *Inc.:* Jacobus apostolus christi frater johannis euvangeliste predicavit omnem iudeam et samariam et dum predicabat ermogenes misit ad eum discipulum suum philetum. . . et hora cum apostolo martir effectus est.

On Ermogenes and Phygelus cf. II Tim. 1.15.

¹³f. 57ª. **INCIPIT LIBER JOSUE.** *Inc. pref.:* Liber josue a nomine. . historia non mutatur.

ff. 57ª-59ᵈ. *Inc.:* Factum est autem. . . regnavit post eum.

¹⁴ff. 59ᵈ-65ᵇ. **HISTORIA JUDICUM.** *Inc.:* Liber iudicum hebraice sophtim. . . utrumque factum fuerat.

¹⁵f. 65ᵇ⁻ᵈ. **DE RUTH.** *Inc.:* Post samsonem iudicavit. . . patris david.

¹⁶ff. 65ᵈ-73ᵇ. **DE PARENTIBUS SAMUHELIS.** *Inc. liber I regum:* Liber regum in .iiiiᵒʳ. voluminibus. . . olympiades inciperent.

¹⁷ff. 73ᵇ-79ᵇ. **DE PLANCTU DAVID SUPER SAUL ET IONATAN.** *Inc. liber II regum:* Factum est post mortem saulis. . . area populi.

¹⁸ff. 79ᵇ-88ᵈ. **DE UNCTIONE SALOMONIS IN REGEM.** *Inc. liber III regum:* Incipit secundum hebreos malachim. . . silvius agrippa.

¹⁹ff. 88ᵈ-98ᵈ. **DE OCCHOSIA REGE ISRAEL.** *Inc. liber IV regum:* Porro ochozias filius acab. . . sine rege fuerunt.

²⁰ff. 98ᵈ-101ª. **ISTORIA TOBIE.** *Inc.:* Historia tobie exordium. . . alterius ordiemur.

²¹ff. 101ª-101ᵈ. **DE EZECHIELE.** *Inc.:* Ezechiel propheta de terra. . . vitam restituit.

²²ff 102ª-107ᶜ. **DE DANIELE** *Inc.:* Prophetavit et in caldea. . . historia judith legitur.

²³ff. 107ᵛ-110ᵇ. **DE JUDITH.** *Inc.:* Hanc historiam transtulit. . . hester conscripta est.

²⁴ff. 110ᵇ-113ª. **DE HESTER.** *Inc.:* Liber hester transtulit. . . facere peticionem eorum.

²⁵ff. 113ª-116ᵇ. **DE MACABEIS.** *Inc.:* Tunc multi iudeorum. . . post patrem suum.

[26]f. 116 [b-c]. **[LIBER II MACHABEORUM]**. *Inc.:* Secundus liber machabeoum non. . . *expl. ex abrupto:* mulieres delate sunt natos suos circum [cidisse].

Cf. PL 198, c. 1522, line 37; Stegmuller, IV, 6543-6572; Hain, I, 5529-5540; Copinger, Part I, 5530-5540, Part II, vol. I, 1709.

Initials are all in red; no running titles. Bound in contemporary parchment on wooden boards.

14

History of the University of Edinburgh by Thomas Craufurd

18th c.; paper; part I: 185 x 248 mm.; pp. xii, 86; 1 col.; 35-38 lines; part II: 1747-1772, pp. 87-114; 105 x 205 mm.; 1 col.; part III: 185 x 248 mm.; pp. 115-150; 1 col.; lines 25-29

pp. i-xii. blank.

pp. 13-78. [THOMAS CRAUFURD'S HISTORY OF THE UNIVERSITY OF EDINBURGH, 1580-1646.]

p. 13. *Inc.*: After the reformation of religion was established in Scotland [p. 78 Expl.]. . . returning home from Newcastle.

Cf. Thomas Craufurd, *History of the University of Edinburgh from 1580 to 1646* (Edinburgh, 1808). The work is written in the form of annals since the author describes events year by year from 1580-1646. On Thomas Craufurd (+1662), a professor of philosophy and mathematics at the University, cf. DNB V, p. 61; Alexander Grant, *The Story of the University of Edinburgh during Its First Three Hundred Years*, 2 vols. (London, 1884), pp. vii-viii.

pp. 79-86. blank.

pp. 87-112. [Craufurd's mss. History of the College begins as follows]:

[1]pp. 87-89, 97, 112 contain a copy of the above work for the years 1580-1581 by a different hand.

[2]pp. 90-96 blank.

[3]pp. 97-112: [The history resumes ex abrupto, in a third hand, the account of the year 1625 (at the bottom of the printed

pp. 113-120. blank.

pp. 121-124. [Supplementary notes to Craufurd's History on donations, curriculum, faculty and administration.]

pp. 125-126. [CLASSES] GRADUATED IN THE COLLEGE OF EDINBURGH [listed by year and number from 1587-1646].

p. 125. *Inc.:* 1587 1st class educated under Rollock n° 48. each subscribed ye Covenant

pp. 127, 129-130. TIME OF THE ADMISSION OF YE PRINCIPALS, MASTERS, PROFESSORS AND REGENTS, 1583-1644.

pp. 128ᵛ. [The first draft of a talk on events from the Revolution to the "present time"].

pp. 131-135. "Title of the Mss. Book in folio in ye library is: Memoirs of the Institution, dotations, fabrik, progress, maisters and others appertaining to the University of Edinburgh and collected out of the manuscripts of Mr. Thomas Crawford being from ye foundation in ye year 1580 to the year 1646... Salarys of the professors, etc. 1590-1645" and various notes.

pp. 136-153. blank.

A note on p. 123 refers to Matthew Stewart as "present professor of mathematicks." Since Stewart taught from 1747-1772 this part of the ms. was written during these years. The ms. is bound in the three quarter red morocco and linen book cloth. Gold stamped binder's title on spine with gold line decoration.

15

Nicholaus of Byard, Humbert of Romans; Pseudo-Bernard, et al.

13th-14th c.; vellum; 120 x 170 mm.; ff. 239; 2 cols.; 34 lines; catchwords.

ff. 1-156. [NICHOLAUS OF BYARD (fl. ca. 1250). SUMMA DE ABSTINENTIA]. Sunt hec collecta libro vulgalia multa. Ex alphabeto distincte scripta teneto. Et positum titulo quodlibet est proprio.

f. 1. *Inc.:* Duplex est abstinentia detestabilis et laudabilis...

f. 156. *Expl.:* Electis suis ad que nos perducere dignetur qui vivit... seculorum. Amen. Explicit.

There are numerous mss, and editions from 1498 on, of this text which was published anonymously as the *Dictionarius Pauperum*. Cf. A. Teetaert in DTC XI, (931), c. 589-592. On Nicolaus of Byard (fl. 1250; cf. J. B. Schneyer, *Repertorium der lateinischen sermones des mittelalters fur die zeit von 1150-1350*, Bd. 43 (1972), pp. 228-229. Cf. Hain, *Repertorium*, n. 6153; Pellechet, *Catalogue*, n. 4236-4237; Panzer, *Annales typographici*, VI, n. 70, 424; VII, n. 569; IX, n. 766.

ff. 156^v-159^v]. Incipiunt adaptationes omnium sermonum in hoc libello contentorum prout competunt sabbatis dominicis et feriis tocius anni.

f. 156^v. *Inc.:* In sabbatis ad vesperas. *Benedictus dominus deus meus* [Ps 143.1]. capitulum: quare bendicendus est deus...

f. 159^v. *Expl.:* In dedicatione. *Domum tuam decet sanctitudo.* [Ps 92.5] capitulum de domo [xxvii]. Explicit de dominicis feriis et sabbatis.

ff. 159ᵛ-160. Incipit adaptatio prout competit martyribus virginibus et confessoribus.

f. 159ᵛ. *Inc.:* In festo sancti andree: *continuo relictis retibus* [Mt. 4.20]. . . Martini: milicia vel temptatio est vita hominis [Job 7.1] ca. de temptatione. Explicit commune sanctorum.

The most recently mentioned saints are St. Dominic and St. Francis of Assisi.

ff. 160ᵛ-161ᵛ. Capitula totius libri secundum ordinem alphabeti. *Inc.:* De abstinentia.1ᵐ. capitulum. . . De vita eterna [cap.] CXXXI

ff. 162-163ᵛ. blank.

ff. 164-226. **INCIPIT TRACTATUS DE HABUNDANCIA EXEMPLORUM IN SERMONIBUS AD OMNEM MATERIAM.** [DE DONO TIMORIS by Humbert of Romans, O.P., ✝1277].

f. 164. *Inc. Prol.:* Quoniam plus exempla quam verba movent secundum Gregorium et facilius intellectu capiuntur. . . presens tractatus dividitur in .vii. partes. . . prima pars de timore continet capitula .x. . . . decimum de timore diaboli .lxii. [capitula].

f. 165. *Inc.:* Species timoris icuntur esse septem scilicet timor mundanus, humanus. . .

f. 226. *Expl.:* nisi valde timeat eos omnis homo. Explicit expliceat ludere scriptor eat. Benedictus deus pater domini nostri ihesu christi qui cum deo patre vivit. . . seculorum. Amen.

This text, also called the *De dono timoris,* was written between 1263-1277. Cf. J. Th. Welter, *L'exemplum dans la literature religieuse et didactique du moyen age* (Paris, 1927), pp. 72-74, 224-228, who also lists over 40 mss. of the work which derives from the compilation of Stephen of Bourbon. Cf. Frederic C. Tubach, *Index Exemplorum: A Handbook of Medieval Religious Tales* (Helsinki, 1969).

ff. 226-237. INCIPIT LIBER MEDIATIONUM [PSEUDO] BEATI BERNARDI ABBATIS ET PRIMO DE INTERIORI HOMINE.

f. 226. *Inc.:* Multi multa sciunt et semetipsos nesciunt alios . . .

f. 237. *Expl.:* Perspiciens que unum eundem que domum glorie qui vivit. . . seculorum. Amen. Expliciunt meditationes beati Bernardi. . .

This corrected text of a pseudo-Bernard is published among the works of St. Bernard in PL 184. 485-507. Cf. Cavallera, *art.* St. Bernard in *Dictionnaire de spiritualitè,* (1935), c. 1500 says the text is also attributed to Hugh of St. Victor as does P. Glorieux, *Pour revaloriser Migne,* p. 71; Jean Leclercq, "Apercu de la tradition manuscrite de St. Bernard," in "Etudes sur St. Bernard et le texte de ses ecrits," in *Analecta sacri ordinis Cisterciensis,* 1935, p. 38

ff. 237ᵛ-240. blank.

Running titles in red on ff. 1-156 only; initials of each work in red and blue with some decoration the length of the inside column only; chapter titles in red. The binding is of parchment over cardboard. On f. 237ᵛ one reads the note: "Io fra Giovanbattista Marsu de Spoggiardo procuratorem del convento di san Paulo di Brindisi nell anno 1597 et 1598 nel guardi anatu di fra Domenico de la Sarte nell sua guardiania."

16

Foundation Charter of the College of Pisa 1594

1594 and early 17th c.; ff. i-iii, 1-27^v: parchment, ff. 28-30: paper; 204 x 280 mm.; 1 col.; 28 lines.

ff. i-ii^v. blank.

f. iii. [Title page in Roman capitals]: FONDATIONE ET CONSTITUTIONI DEL COLLEGIO FERDINANDO ERETTO IN PISA DAL SERENISSIMO GRAN DUCA FERDINANDO L'ANNO MDXCIII°.

f. iii^v. blank.

f. 1. Li Serenissimo Signor Don Ferdinando Medici Gran Duca di Toscana Terzo, Nostro Signore et per Sua Altezza Serenissima Li molto Magnifici et clarissimi signori Luogo Tenente et Consiglieri della Republica fiorentina.

f. 1. *Inc.:* Invigilando alli modi con li quali...

f. 7. *Expl.:* Non obstante, etc. Mandantes, etc. A di .xvii. di Dicembre MDXCIII.

ff. 7-19. Li Serenissimo Signore Don Ferdinando Medici Gran Duca di Toscano, Nostro Signore et per sua Altezza Serenissima I Clarissimi Signori Luogo Tenente et Consiglieri della Republica Fiorentina insieme adunati, etc.

ff. 7-8. *Inc. Pref.:* Avvertendo alla provisione et ordinatione fatta per il Magranto della Clarissime Signorie loro del mese passato sopra l'erettione del nuovo collegio... Mandantes, etc. I1 di .xviii. di Gennaio 1593.

f. 8^v. Capitolo primo della Institutione fondatione et dotatione del Collegio.

f. 8ᵛ. *Inc.:* Don Ferdinando Medici Gran Duca di Toscana IIIº di Fiorenza et di Siena quarto. . . Invigiliando noi continuamente al benefitio. . .

f. 19. *Expl. cap. .ix.:* quali statuti et ordini habbiamo fermato di nostra mano et con il nostro solito sigillo comandandone l'osservanza et che nell'officcio delle nostre riformagioni ducali se ne custodisca un originale autentico per registro. Data nella villa di Cafaggiuolo l'ultimo di settembre MDXCIIIIº. [Signed: "Don Fernando" and below the signature]: Al mandato del Serenissimo gran duca Jac[opo] Dani.

ff. 19ᵛ-22ᵛ. [Copies of four letters in Italian written by Benedetto Bellavite, chancellor, concerning the college from May 1596 to April 13, 1607].

f. 19ᵛ. [A Cavalier Rocco Galletti, head of the collegio, asks Don Fernando for 30 "scudi" for his dual jobs at the collegio as treasurer and buyer. The duke allows him only 18 "scudi" but does not want this to become the rule. Signed by Benedetto Bellavite cancelliere on the order of Monsignore Cappon Capponi "sopra intendente di ditto collegio." Pisa, May 30, 1596].

f. 20ʳ⁻ᵛ. [A letter by Donatello dell'Antella, a Florentine senator, to Ferdinand the Grand Duke of Tuscany concerning the request from a confraternity in Arezzo to add four more students to the college at Pisa. Dated : Aug. 22, 1597. An order follows to have copies made of the approval of the Grand Duke. Benedetto Bellavite writes that he had copied the above order in Pisa on March 30, 1605].

f. 21. [Benedetto Bellavita writes that on the order of the Grand Duke of Tuscany it will be unlawful, and therefore subject to punishment, for students to wear the ecclesiastical habit if they do not have orders; also if they wear colored socks instead of the required black socks! He says the orders have been carried out by Agostino del Sole, monitor of the school].

f. 22. [Copy of a letter dated April 12, 1606, at Pisa from the Grand Duke to Monsignor Ludovico Covo of Pisa asking him to correct the abuse whereby some students of the "collegeio della sapienza" are allowed to obtain the doctorate after only one year and sometimes only a few months of studies. Benedetto Bellavite says he copied the above order from the original on April 13, 1607, in Pisa].

ff. 23-27^v. blank.

ff. 28-30. [These are a loose insert containing on f. 28 notes on a vote taken in 1404 and recorded in the "libro di deliberationi"].

ff. 28^v-29^v. blank.

f. 30. [A letter of Benedictus Bellavitus, chancellor of the college, and dated Nov. 17, 1600, criticizing foolish expenditures of money on recreation in the college].

The binding is of limp parchment. On the front cover in black ink: "Capitoli del Collegio Ferdinando".

17

*Poetry of Serafino dei Ciminelli dall' Aquila;
Jacob Sannazaro, and Jacobi Corsi*

1525-1530; parchment; 190 x 125 mm. ff. i-ii; 1-19, modern foliation; 1 col.; 14 lines per page; humanistic script.

ff. i-ii. blank.

f. ii[v]. [Description of the manuscript by former owner G. Martini]: Manoscritto membranaceo mutilo della prima meta del sec. XVI e probabilmente scritto fra il 1525 e il 1530. Contiene 17 sonetti e un capitolo in terza rima, intitolato ad Somnum di Serafino Aquilano; l'elegia del Sannazaro in occasione della morte del Marchese di Pescara et un sonetto del medesimo e due sonetti di Jacopo Corso. La scrittura del codice e certamente anteriore all'anno 1540: Fernando Francesco d'Avalos, Marchese di Pescara, mori il 1525 e Jacopo Sannazaro, autore dell' elegia sopramentovata, il 1530 per cui la data del ms. puo ragionevolmente stabilirsi fra i detti due anni 1525 e 1530. La prima edizione dei Sonetti e Canzone del Sannazaro contenente pure la suddeta elegia vide la luce in Napoli di 30 di novembre del 1530 in 4[to].

ff. 1-7[v]. [17 sonetti di Serafino dei Ciminelli dall' Aquila, 1466-1500.]

f. 1. *Inc.*: Gran tempo amor mi de crudel impaccio.
   Cf. Mario Menghini, *Le Rime di Serafino dei Ciminelli dall Aquila* (Bologna, 1896), no. LXXX, p. 118.

f. 1[v]. *Inc.*: Se mai qui non compar donna si bella (*Ibid.*, no. LV, p. 93)

f. 2. *Inc.*: Hor non dir che'l mio amor sia currutto (*Ibid.*, no. LVII, p. 95)

f. 2ᵛ. *Inc.:* Quando ad amor penso, et la sua pena tanta (*Ibid.*, no. XXI, p. 59).

f. 3. *Inc.:* Chi'l crederia? Fra no Ly'dra di mora (*Ibid.*, no XV, p. 53).

f. 3ᵛ. *Inc.:* Quel cerchio d'oro ch'ogniun mi vede al braccio (*Ibid.*, no. XVI, p. 54).

f. 4. *Inc.:* Io giurerei che non effesi mai (*Ibid.*, no. LXXXV, p. 123).

f. 4ᵛ. *Inc.:* Se mai qui non compar donner si bella (*Ibid.*, no. LV, p. 93)

f. 5. *Inc.:* Se dal candido corpo sei disciolta (*Ibid.*, no. XXXII, p. 70).

f. 5ᵛ. *Inc.:* Como alma bramosa et poco acorta (*Ibid.*, no. XCVII, p. 135).

f. 6. *Inc.:* Ad che stimarce o gente humana indegna (*Ibid.*, no. p. 64).

f. 6ᵛ. *Inc.:* [A]d contrastar col ciet nullo sit metta (*Ibid.*, no. XCII, p. 130).

f. 7. *Inc.:* Duro che voi cum tante schiere armate (*Ibid.*, no. XXIV, p. 62)

f. 7ᵛ. *Inc.:* O cercho pur amar la mia Phoenice (*Ibid.*, no. XXV, p. 63).

ff. 8-13. Iacobi Sanazarii ad Laudem obitus Marchionis Piscariae

f. 8. *Inc.:* [S]corto dal mio pensier fra i saxi e l'onde

f. 13. *Expl.:* e lieto se nando nel paradiso

Cf. "Visione in la mõrte de 1'Ill. Don Alfonso d'Avalo Marchesedi Pescara," in A. Mauro, *Iacobo Sannazaro Opere Volgari* (Bari, 1961), pp. 212-216. (Scrittori D'Italia N. 220). Cf. also: Enrico Carrara, Jacopo Sennazaro: 1456-1530 (Turin, 1932).

The order of the lines in this manuscript is 1-45, 94-137; line 138 is replaced by: sol contento mirar l'alto edificio; 139-141, 46-93, 142-154.

f. 13ᵛ-14.   Iacobi Corsi, 1560-1604 (?)

f. 13ᵛ. *Inc.:*   [O] suegliati pensier o spiritu accesi
   O nocte eterne o fervido disio

f. 14 *Inc.:*   [D]al di chio nacqui prese ad balastrarme
   Fortuna ne me val fugaio diffesa.

Cf. Brussels, ms. 8450, Bibliotheque de la Conservatoire.

f. 14ᵛ.   Iacobi Sanazarii (1456-1530)

f. 14ᵛ. *Inc.:*   [M]illi pungenti chiodi et milli dumi El nocturno riposo del mio lecto

This sonnet is not in A. Mauro, *Iacobo Sannazaro Opere Volgari*, cited supra.

ff. 15-18.   Seraphini ad Somnum.

f. 15. *Inc.:* Placido somno hor che dal cielo in terra
   Descendi a tranquillar l'humane mente

f. 18. *Expl.:*   Et al partir da me con lei presente.

f. 18ᵛ. *Inc.:*   [I]usquin non dir che'l ciel sia crudo et empio
[Cf. Menghini, *Rime* no. LXXIV, p. 112.]

f. 19. *Inc.:*   [O] ritralto dal ver tu se pur divo [Cf. Menghini, no KLVII, p. 85.]

f. 19ᵛ. *Inc.:*   [D]he perche son da me tue luce tolte

Cf. Menghini, no. XIV, p. 52.

The inititals of verses and titles are in brown. The binding is of parchment on cardboard. On the spine of the binding, stamped in gold capitals, is: Seraphino Aquilano Sannazaro. M.S.S.

18

Letters of Catherine of Siena.
Ugo Panziera and Feo Belcari

15th c.; paper; 143 x 214 mm.; ff. 108; modern foliation, 1 col.; 25 lines; no catchwords or signatures.

ff. 1-35ᵛ, 55-103ᵛ. **LETTERS OF ST. CATHERINE OF SIENA**

ff. 1-2ᵛ. Questa é una pistola laquale manddó santa Chaterina da Siena a suora Bartolomea de llor Setta, monacha, nel munistero di Santo Stefano in Pisa. Cf. TM III, no. 188, pp. 134-136.

To identify the letters I have used these two editions: 1) Thommaseo-Mischiatelli, *Le lettere di S. Caterina da Siena*, 6 vols., (Firenze, 1940), herein referred to as TM. 2) E. D. Theseider, *Epistolario di Santa Caterina da Siena* (Roma, 1940). This is the best edition but only the first volume has appeared. It is hereafter referred to as ET. For the dates of the letters cf Robert Fawtier, *Sainte Catherine de Sienne. Essai de critique des sources. Les oeuvres de Sainte Catherine de Sienne* (Paris, 1930).

ff. 2ᵛ-4. A Bartolomeo et Jachopo, romiti in Canpo Santo di Pisa. TM II, no. 134, pp. 252-255.

ff. 4-6ᵛ. A Piero, marchese de' marchesi da Monte a Santa Maria mentre che esso era sanatore della citta di Siena. TM II, no. 148, pp. 294-297.

ff. 6ᵛ-9. A Piero di Giovanni e a Stefano di Churrado in Siena, essendella a Roma. . . Rome anni MCCCLXXVIIII [Jan. 1]. TM V, no. 332, pp. 92-95.

ff. 9-10^v. A Giovanni Perotti e a mona Lippa sua donna. TM III, no. 156, pp. 16-18.

ff. 10^v-12. Qui inchominca una pistola che mando santa Chaterina da Siena a uno giovane in Firenze el nome suo sichia maua Romolo Linaiolo e tratta della perseveranza di fare bene andando alla santa religione. TM II, no. 72. pp. 3-5.

ff. 12-13^v. A una donna napoletana ghrande colla reina a tempo che essa reina era ribella al papa Urbano sesto [Dec. 1378-Jan. 1379]. TM V, no. 361, pp. 235-237.

ff. 13^v-18. A suora Bartolomea della Setta monacha di Santo Stefano in Pisa. TM III, no. 221, pp. 276-281.

ff. 18^{r-v}. A Benincasa suo fratello essend'egli tribulato essend'egli a Firenze. ET, no. 16, pp. 59-61. TM I, no. 20, pp. 63-64.

ff. 18^v-22. A Matteo di Giovanni Colonboni da Siena. TM I, no. 48, pp. 184-188.

ff. 22-24. A mona Nera donna di Gherardo Ghanbachorti in Pisa. TM III, no. 155, pp. 14-16.

ff. 24-26. A mona Nera donna di Gherardo Ghanbachorti in Pisa. TM III, no. 224, pp. 288-290.

ff. 26-28^v. A mona Giovanna di Currado [Maconi] quando tornava da Vignione. TM IV, no. 247, pp. 55-58; ET, no. 86, pp. 348-351.

ff. 28^v-29^v. A cierte figliuole da Siena. TM I, no. 40, pp. 166-167.

ff. 29^v-31. [A una donna che non si nomina]. TM I, no. 9, pp. 31-33.

ff. 31-34^v. A una meritrice in Peruga apitione d'un suo fratello. TM IV, no. 276, pp. 182-186.

ff. 34^v-35^v. A maestro Jacopo medito in Narciano [Asciano]. TM III, no. 202, pp. 188-190.

ff. 36-41. [Trattato IV of Ugo Panziera].
Questa sie una spirituale epistola in volgare laquale si manda ad venerabile religiose e sante donne in loro exercitamento.
Inc.: Alle venerabili spirituali religiose sante donne. . . dilettandovi per infinita secula seculorum. Amenne.

This is the fourth of the Trattati spirituali which were printed in Florence 1492, Venice 1500, Genoa 1535. Cf. Hain, 12302-12303. On Ugo Panziera, O.S.F., cf. "Dionisio Pacetti, "Studi e ricerche intorno a Frate Ugo Panziera (ca. 1260-1330)" in *Studi Francescani,* vol. 57, pp. 215-253. Idem, "I trattati spirituali di Ugo Panziera" in *Studi Francescani,* vol. 63, no. 4, pp. 3-41; idem, "La traditione dei Trattati Spirituali di Ugo Panziera" in *Studi Francescani,* vol. 64 (1967), pp. 30-77.

ff. 41-43^v. Una epistola della amicitia al suo venerabile in cristo padre, frate. . . (?). Uno laico innutile creatura infra e poveri frati minori indignamente an numerato suo divotissimo figluolo si raccomanda.

This is the thirteenth of the Trattati spirituali of Ugo Panziera. Cf. Pacetti, *Studi.* . . (1967), p. 39.

ff. 43^v-49^v. Questa si é una divota epistola la quale fue mandata alli spirituali fratelli della compagnia del Ceppo di prato.
Inc.: A suoi in cristo dilettissimi ispirituali fratelli e quali nelle parti diponente. . . gloriosi ritenendo per infinita secula seculorum. Amen. Data nelle parti di Levante dove si congunge el mare maggiore d'Oriente col mare che viene dal Ponente. Anni domini MCCCXII°. Titolo della soprascritta epistola. Salvato o Lalberto o Jacopo, Mone procuratori de frati minori di Prato sia data. *Ibid.* (1967), p. 54. This is the fourteenth of the Trattati spirituali.

ff. 50-52ᵛ. blank.

f. 53ʳ⁻ᵛ. [Lauda di Santa Caterina da Siena. Feo Belcari (1410-1484)].

f. 53. *Inc.*: Vengha ciascuno divoto et umiliore a laldar chon fervore.

f. 53ᵛ. *Expl.*: or corri a pie di questa alta regina. Finita la lalda di Santa Caterina da Siena.

    Cf. Feo Belcari, *Laude spirituali di Feo Belcari, di Lorenzo de Medici, di Francesco D'Abbizzo, di Castellano Castellini e di altri* (Firenze 1863), pp. 28-29.

ff. 54-55. [Dei rimedi contra la tentazione].

f. 54. *Inc.*: I' son l'arcangel Raffel di Dio dottore in medicina

f. 55. *Expl.*: perche tua forze non vaglono un fio.
    Cf. Feo Belcari, *ibid.*, pp. 30-31.

ff. 55-59ᵛ. Una epistola di Santa Caterina da Siena al ghovernatore e Fratelli della Chompagnia della Diciprina della vergine Maria dello' Espedale di Siena. TM V, no. 321, pp. 61-66.

ff. 59ᵛ-64ᵛ. Una epistola al governatore et fratelli della Compagnia della vergine Maria da Siena. TM III, no. 184, pp. 114-122.

ff. 64ᵛ-67. Una epistola a Prigioni di Siena in Giovedi Sancto. TM IV, no. 260, pp. 109-112.

ff. 67ᵛ-71. A suora Eugenia sua nipote nel munistero di Sancta Angniesa di Montepucciano. TM I, no. 26, pp. 83-90.

ff. 71-77ᵛ. Mandata a uno religioso infermo del corpo e tentato della mente. The rubric in TM V, no. 335, pp. 103-110 is: A Don Christofano monaco di Certosa del monasterio di San Martino di Napoli..

ff. 77ᵛ-79. A mona Lapa sua madre prima che tornasse da Vignone. Cf. ET I, no. 83, p. 337; TM IV, no. 240, pp. 31-33.

ff. 79-82. A [Nanna] una figluola di Benincasa a Firenze, sua nipote verginella. TM I, no. 23, pp. 78-81.

ff. 82-83. A maestro Giovanni terzo maestro in sacra teologia dell' Ordine di sancto Aghostino. TM II, no. 80, pp. 35-40.

ff. 83-84. A frate Niccholo di Monte Alccino dell'Ordine de'Frati Predicatori in Monte Alcina. TM II, no. 74, pp. 70-73.

ff. 86-89ᵛ. A una donna sua devota essend'ella tribulata confortandola a patientia. The rubric in TM II, no. 151, pp. 306-309, is: A Monna Nella Donna che fu di Niccolo Buonconti da Pisa.

ff. 89ᵛ-90. Questa e una pistola che mando sancta Caterina da Siena a messere Samuelle da Rimine, dottore di leggie. The rubric in TM VI, no. 10, pp. 27-28, is: Sine titulo. This ms. seems to be the only one to identify the addressee as Samuel of Rimini.

ff. 90-92. Questa e una pistola che mando sancta Caterina da Siena a messere Samuello da Rimine dottore di leggie. La sopra iscritta diciev' a messere Samuello il quale desidero essere avvocato de poveregli. The rubric in TM VI, no. 11, pp. 28-30, is: Sine titulo. This ms. seems to be the only one to identify the addressee as Samuel of Rimini.

ff. 92-94ᵛ. Questa e una lettera la quale mando sancta Caterina da Siena a Sano di Marcho et a gli altri figluoli da Siena. TM IV, no. 294, pp. 235-239.

ff. 95-100ᵛ. Questa e una pistola la quale mando sancta Caterina da Siena alla reina Giovanna di Napoli a tempo che essa reina era ribella a papa Urbano sesto. TM V, no. 317, pp. 42-50.

ff. 100ᵛ. A Benincasa suo fratello charnale. TM I, no. 10, p. 33.

ff. 100ᵛ-103ᵛ. A Nicolo Soderini da Firenze poi ch'el furore del popolo gli arse la casa e rubollo. TM IV, no. 297, pp. 249-251.

ff. 104-109ᵛ. blank

The binding is of limp parchment. On inside of front cover: Ex libris Ioseph Martini Luc. Title on spine written in black and red ink: "Santa Caterina- Epistola — Mss. Volg. Sec. XV."

19

Treatises of Walter Burley

15th c.; paper; 230 x 330 mm.; ff. 107; 2 cols.; 29-41 lines.

ff. 1-24 c. [GUALTHERII BURLEI EXPOSITIO IN ARTEM VETEREM PORPHYRII].

ff. 1-5 a. *Inc. Pref.:* Quia de dictis in loica intendo quoddam compendium compilare videnda sunt primo tria. . . et sic utit proemium.

ff. 5 b-6 b. *Inc. prol.: Cum sit necessarium grisoroi.* Iste liber qui est primus in ordine doctrine inter libros loice continet prohemium et duos tractatus. . . a demonstratione abiciatur.

ff. 6 b-18 b. *Inc. tractatus I: Videtur autem nec genus nec species.* Finito prohemio sequitur tractatus primus qui est de quinque universalibus divisim et continet quinque capitula. . . ad omnia sequentia.

ff. 18 c-24 c. *Inc. tractatus II: Commune quidem cum omnibus.* Iste est secundus tractatus huius libry in quo conperat. .v. universalia. . . magis et minus, etc. Finis huius capituli. Expliciunt universalia Burley.

Cf. G. Burlaeus, *Super artem veterem* (Venedig, 1497), pp. 1-29. Reprint: Minerva, Frankfurt 1967.

ff. 24 d-107 d. [GUALTERII BURLAEI SUPER LIBRUM PREDICAMENTORUM ARISTOTELIS].

ff. 24 d-28 a *Inc. Prol.:* Circa librum predicamentorum est sciendum quod subiectum. . . dividendum extrema ad invicem. Explicit prologus burley. Incipit tractatus primus predicamentorum.

ff. 28 b-37 a. *Inc. tractatus I:* Equivoca dicuntur. Iste liber qui est de predicamentis ut eis insunt intentiones secunde continet tres tractatus. In primo ponunt quedam... in dyversis ordinibus.

ff. 37 b-91 b. *Inc. tractatus II: Substantia autem est que proprie et principaliter.* Hic est tractatus secundus in quo... dicitur in libro sex principiorum.

ff. 91 b-107 d *Quotiens autem solet.* Iste est tertius tractatus libri predicamentorum in quo determinatur...

f. 107 .*Expl. ex abrupto:* albedine et negredo sunt contraria sic motus ad nigredinem.

The ms. lacks 13 lines of the fourth chapter and all of the fifth chapter of the text as printed in the Venice edition of 1497. Cf. G. Burlaeus, *op. cit.,* pp. 29-86. On Walter Burleigh (1375-1445) cf. DNB III, 374-376; article: Gualterus de Burley (Burleaus) in Charles H. Lohr, S.J., "Medieval Latin Aristotle Commentaries: Authors G-I" in *Traditio* XXIV, 1968, pp. 171-187; James A. Weisheipl, O.P., "Repertorium Mertonense," in *Medieval Studies,* 31 (1969), pp. 174-224; S. F. Brown, "Walter Burley's Middle Commentary on Aristotle's Perihermeneias," in *Franciscan Studies,* 33 (1973), pp. 42-134.

20

Poem of Sebastiano Chiesa

1709; paper; 184 x 133 mm.; ff. I-VI, 326 plus three inserted after foliation; 1 col.; 26 lines.

ff. I-II^v. blank.

f. **III.** [Title page:] **IL CAPITOLO DE FRATI. POEMA BERNESCO IN OTTAVA RIMA DI SEBASTIANO CHIESA. (1678)**

f. III^v. blank.

f. IV^{r-v}. Al discreto lettore. Anonymous prefatory analysis.

f. V^{r-v}. blank.

f. VI. Argomento del primo canto: All luogo del cappitolo assegnato. . . il suo creduto errore.

f. VI^v. blank.

ff. 1-48. *Inc. lib. I:* Del poetico genio altri la vena. . . *Expl.:* Canto VIII, stanza 118: Come nol far di notte il gignitrello. Fine del libro primo.

ff. 148-151^v. blank.

f. 151. *Inc. Liber II:* Argomento del Canto Nono: Rifiuta Fra Scarpon un confessore. . . *Inc. Canto nono:* In tanto il general nostro gradire. . .

f. 283. *Expl.:* Canto XVI: a reverendi miei bon di bon anno. Fine Ottave 1575 (barred), 1622.

ff. 283^v-285^v. blank.

ff. 286-312^v Chiave del primo canto. for the 16 cantos.

f. 312^v. Fine 1709: 18 ianuarii.

ff. 313-316. blank.

105

On Chiesa, cf. C. Sommervogel, *Bibliotheca de la Cie de Jesus*, II, (Brussels, 1891), cc. 1124-1125, who says that a few passages of this poem have been published in *Scrittori Parmigiani*, V, pp. 111 and 174 and in *Lettere... al G. A. Rocca*, pp. 465-466.

The ms., bound in its original brown calf with floriated gilt back, was given to the University by friends of Mrs. Babette Beckman in her memory.

21

*Visitation of the Church and College
of St. Apollonaris*

1696; paper; 200 x 275 mm.; ff. V; 305; 1 col.; 26-32 lines; catchwords.

- f. **I** [Title page:] **VISITATIO APOSTOLICA ECCLESIE ET COLLEGII S. APOLLINARIS.** 1696.
- f. I^v. blank.
- ff. II-III. Index scripturarum in hoc volumine contentarum.
- f. III^v. blank.
- f. IV^{r-v}. Index capitulorum in relatione et decretis visitationis comprehensorum.
- f. V^{r-m}. blank.
- ff. 1-29. Relatio visitationis apostolice.
- ff. 29^v-30^v. blank.
- ff. 31-39^v. Decreta eiusdem visitationis.
- f. 40^{r-v}. blank.
- f. 41. Decretum super deputatione visitatoris.
- ff. 41^v-42^v. blank
- ff. 43-50. Catalogo delle persone tutte habitanti in collegio germanico e che servono fuori.
- f. 50^{r-v}. blank.
- ff. 51-71. Visita personali di tutti con li capi di querele e riposte.
- ff. 71^v-72^v. blank.

ff. 73-74. 1663: Relatione succincta della visita temporale del collegio germanico et hungarico.

f. 74. blank.

ff. 75-83ᵛ. Decreti della visita temporale e spirituale dell' 1663.

f. 84ʳ⁻ᵛ. blank.

f. 85. Effetti del collegio rimasti in essere dell 1685.

ff. 85ᵛ-86ᵛ. blank.

ff. 87-88ᵛ. 1695: Entrata et Uscita.

ff. 89-90ᵛ. blank.

f. 91. Sommario dello stato del collegio germanico a tutto l'anno 1695.

ff. 91ᵛ-92ᵛ. blank.

ff. 93-98ᵛ. Stato del collegio germanico a tutto l'anno 1695.

f. 98ᵛ. blank.

f. 99. Nota del numero degl' alunni dal' 1686 sino al 1695.

ff. 99ᵛ-100ᵛ. blank.

f. 101. Alunni del collegio germanico: venuti in collegio partiti in collegio 1686-1695.

ff. 101ᵛ-102ᵛ. blank.

f. 103ʳ⁻ᵛ. Conto del vitto e vestito per un alunno nel 1695.

f. 104ʳ⁻ᵛ. blank.

f. 105ʳ⁻ᵛ. Relatione succinta della visita temporale del collegio per anni dieci dal primo gennaro 1686 a tutto il 1695.

f. 106ʳ⁻ᵛ. blank.

ff. 107-114. Ristretto dell' entrata et uscita del collegio per tutti li stessi dieci anni.

f. 114ᵛ. blank.

ff. 115-116. Case e botteghe del collegio.

f. 115ᵛ. blank.

ff. 117-118. Canoni attivi del collegio germanico.

ff. 118ᵛ-120ᵛ. blank.

f. 121. Censi passivi del collegio germanico.

ff. 121ᵛ-122ᵛ. blank.

f. 123. Pensioni e canoni passivi del collegio.

ff. 123ᵛ-125. blank.

ff. 125ᵛ-126. Salariati del collegio.

f. 126ᵛ. blank.

f. 127ʳ⁻ᵛ. Depositi di alunni 1695.

f. 128ʳ⁻ᵛ. blank.

f. 129. Ristretto dell' entrate presente del collegio 1695.

ff. 129ᵛ-130ᵛ. blank.

ff. 131-132. Nota della versione delli denaro 50000 restituito da sigli. Barberini in somma di scudi 50000 per Castel Vecchio.

f. 132ᵛ. blank.

ff. 133-163. Nota e stato delle liti pendenti del collegio.

ff. 163ᵛ-164ᵛ. blank.

ff. 165-168. Lettera del cardinale visitatore all' arciprete di Fiano e sua riposta.

f. 168ᵛ-170. blank.

f. 171. Lettere scritte dal cardinale Spinola al P. Luigi Spinola rettore, 29 novembre, 1668.

f. 171ᵛ. blank.

f. 172. Biglietti del cardinale Giulio Spinola al rettore del collegio, 29 decembre 1668.

ff. 172ᵛ-174ᵛ. blank.

f. 175. Biglietto del cardinale visatatore al cardinale secretario de brevi, li 26 april 1696.

f. 175ᵛ. blank.

ff. 176-177. Brevi Alexander PP VII. [Nov 1660 on the faculties and jurisdiction of the cardinal protectors in visiting the college].

ff. 177ᵛ-178ᵛ. blank.

ff. 179-182ᵛ. Summarium constitutionum cmanatarum favore collegii, 1552-1696.

ff. 183-302. [LETTERS AND BULLS OF VARIOUS POPES].

The texts on these folios were all printed in Rome unless otherwise indicated. Their dates are indicated in parentheses after each text.

ff. 183-196. Brevi no. 6 d'Innocentius XII per le facolta delli visitatori. (1693).

ff. 197-198. Bulla *Dum sollicita* di Julii III de erectione collegii germanici urbis. (Aug. 31, 1552. Printed 1656).

ff. 199-201ᵛ. Bulla *Postquam deo* Gregorii XIII de nova erectione et fundatione collegii Germanici urbis. 8 idus augusti 1573. (printed 1656).

f. 202ʳ⁻ᵛ. blank.

ff. 203-204ᵛ. Bulla *Quoniam nos* Gregorii XIII assignationis et incorporationis palatii et aedium S. Appollinaris factae collegio Germanico urbis, etc. 5 idus januarii, 1574. (1656).

ff. 205-206. Bulla *Nuper collegio* Gregorii XIII extendit facultates et privilegia cardinalium protectorum collegii germanici urbis, decimo kalendas iunii III. (1658).

ff. 207-208ᵛ. Bulla *Ut caeteri* Gregorii XIII in qua eximit collegium germanicum urbis ab ipso fundatum ab omni opere gabella, datio etc idus iulii 1574. (1656).

ff. 209-210ᵛ. Bulla *Pro nostri* Gregorii XIII in qua deputat cardinalis protectores et iudices collegii germanici privative quo ad omnes, idus iulii 1574. (1656).

ff. 211-212ᵛ. Privilegium Philippi Hispaniarum regis pro collegio germanico urbis. Madrid Oct. 9, 1574. (1658).

ff. 213-214ᵛ. Bulla *Pio tenemur* Gregorii XIII unionis ecclesie sancti Apollinaris collegio germanico, Dec. 25, 1575 (s.d.).

ff. 215-216. Motus proprius Gregorii XIII in qua concedit facultatem collegio germanico extrahendi alias duas uncias aquae virginis perpetuas pro usu dicti collegii, 16 kalendas iulii, 1575. (1658).

ff. 217-218ᵛ. Bulla *Ne gratiae* Gregorii XIII dismembrationis dimidiae partis proventuum et omnium fractum abbatiae S. Petri Laudi Veteris et applicationis collegio germanico urbis liberae ob omni onere, Rome 1575. (s.d.).

ff. 219-220ᵛ. Bulla *Ad ea per qua* Gregorii XIII super officio capellani curati in ecclesia sancti Appollinaris, Dec. 1575. (1656).

ff. 221-224. Breve Gregorii XIII donationis vineae pariolae et Cannetorum factae collegio germanico urbis, March 13, 1577. (1656).

ff. 225-226ᵛ. Bulla *Apostolici muneris* Gregorii XIII fundationis collegii Hungarici urbis in qua assignat redditus pro collegio et eximit ab omni gabella et onere. March 1, 1578, (s.d.).

ff. 227-230. Bulla *Cum in iis* Gregorii XIII unionis abbatiae fontis Avellanae collegii Germanico urbis. June 17, 1581. (1656).

f. 230ᵛ. Breve Gregorii XIII in quo absolvit collegium germanicum a solutione pensionum decursarum ad favorem collegii Neophitorum ab anno 1578-1581. June 17, 1581. (1656).

ff. 231-232 ᵛ. Bulla *Frustra aedificiorum* Gregorii XIII de unione abbatiae seu monasterii S. Petri Lauden. Veteris facta a Gregorio XVI collegio germanico urbis. Dec. 1, 1578. (1656).

ff. 233-234 ᵛ. Bulla *Ita sunt* Gregorii XIII de unione collegii germanici cum collegio hungarico. April 15, 1580. (1656).

ff. 235-236 ᵛ. Bulla *Quanta maiora* Gregorii XIII de unione abbatiae S. Christinae de S. Christina nullium diocesis factae collegio germanico urbis June 14, 1581. (1656).

ff. 237-241 ᵛ. Bulla *Ex collegio* Gregorii XIII constitutionum collegii germanici et hungarici urbis. April 1, 1584. (1658).

f. 242. Regulae servandae ab alumnis collegii germanici ex decreto Clementis VIII. Nov. 1592. (1658).

f. 242 ᵛ. Decreta cardinalium protectorum in visitatione dicit collegii ex ordine Urbani VIII. Jan. 23, 1627.

ff. 243-244 ᵛ. Breve Clementis VIII quod confirmat omnes facultates, privilegia exemptiones collegii germanici et hungarici concessas a Julio III et Gregorio XIII. March 6, 1592. (1656).

ff. 245-248 ᵛ. Bulla *In supremo* Gregorii XV confirmat facultates et privilegia collegii germanici et hungarici de urbe concessa a pontificibus Julio III, Gregorio XIII, Clemente VIII et Gregorio XV Feb. 28, 1621. (1656).

ff. 249-256. Mandati diversi de observando del Camerlengo et decreta camerae Apostolicae et chirografa pontificum 1574-1630. (1658).

ff. 257-260 ᵛ. Decreta et precepta diversa cardinalium protectorum pro collegio germanico et hungarico urbis 1614-1657. (1658).

ff. 261-262 ᵛ. Chirographum Alexandri VII pro emptione collegii germanici urbis. July 15, 1574. (1658).

ff. 263-265. Breve *Ut collegii* Alexandri VII qui precepit

protectores collegii ut utantur facultatibus ac jurisdictione ad agendum de rebus ad collegium. Dec. 18, 1660.

ff. 265ᵛ-266ᵛ. blank.

ff. 267-270ᵛ. Motu proprio *Volentes collegio* Alexandri VII qui concessat titulo oneroso collegio germanico urbis frumentum etc. in bonis abbatiae Fontis Avellanse in statu urbini. (1685).

ff. 271-275ᵛ. Bulla *Ad pastorale* Clementis IX confirmat facultates et privilegia collegii germanici et hungarici de urbe. July 14, 1668. (1668).

ff. 276ʳ⁻ᵛ. blank.

ff. 277-278ᵛ. Exemptiones collegii germanici et hungarici urbi confirmate a Clemente X. Jan. 14, 1671.

ff. 279-284ᵛ. Bulla Clementis X *Licet ea* confirmat facultates et privilegia concessa collegio germanico et hungarico urbis ab Iulio III ad Clementem X. Nov. 3, 1674. (1684).

ff. 285-292ᵛ. Bulla *Militantis ecclesiae* Alexandri VIII confirmat facultates et privilegia concessa collegio germanico et hungarico ab Iulio III ad Alexandrum VIII. Jan. 5, 1691.

ff. 293-297. Bulla *Romanus Pontifex* Innocentii XII de suppressione tribunalium et iudicium urbis. Oct. 14, 1692.

ff. 297ᵛ-298ᵛ. blank.

ff. 299-302. Bulla *In supremo militantis* Innocentii XII super novatione et confirmatione bullae Alexandri VII circa congregationes a cardinalibus protectoribus collegii germanici et hungarici urbis. June 6, 1696. (1696).

f. 320ᵛ. blank.

f. 303. Biglietti del cardinale visitatore al P. Rettore del collegio del Apollinare. May 3, 1696, and June 3, 1696.

ff. 303ᵛ-305ᵛ. blank.

The visitation of 1696 was the German-Hungarian College's fourth, conducted by Cardinal Galeazzo Mareschotti with the *convisitatores* Gomez and Marefoschi for Pope Innocent XII. A number of the documents in this ms. relate to the previous visitation in 1663 and to the interim period. See, Andreas Steinhuber, *Geschichte des Collegium Germanicum Hungaricum in Rom,* 2 vols. (Freiburg in Breisgau, 1895), esp. II, pp. 32-38; and Giulio Cordara, *Collegii germanici et hungarici historia* (Venice, 1804).

The ms. is bound in 18th-c. parchment over boards, with gold-stamped fillet lines, corner dentelles, and spine title. It belonged to Frederick North, 5th Earl of Guilford (d. 1827), and was purchased by Sir Thomas Phillipps (his n. 7169) from Thomas Thorpe in 1833. Notre Dame purchased it from H. P. Kraus in 1967.

22

On the Ethics of Aristotle by John Buridan

15th c.; paper; 295 x 425 mm.; ff. VI, 258; 2 col.; 51-58 lines; catchwords.

ff. I^a-IV^b. TABULAE QUESTIONUM BRIDANI SUPER .X. LIBRIS ETHICORUM ARISTOTELIS [from colophon]

ff. IV^v-VI^v. blank.

ff. 1^a-258^b. QUESTIONES SUPER .x. LIBRIS ETHICORUM ARISTOTELIS SECUNDUM JOHANNEM BRIDANUM [from colophon].

f. 1^{a-c}. *Inc. pref.:* [D]ivinitatis et nobilitatis excellentiam philosophie moralis. . . ethicam et subalternatur utrique.

ff. 1^c-32^a. *Inc. lib. primus:* Ut ergo hunc ordinem observemus. . . a principio questionis adducte, etc.

ff. 32^a-48^d. *Inc. liber secundus:* Consequenter queritur primo super secundo. . . generative et firmative virtutis.

ff. 48^d-85^c. *Inc. liber tertius:* Queritur primo circha tertium librum. . . sicut dictum fuit, etc.

ff. 85-109^b. *Inc. liber quatuor:* Iterum expedito libro tertio queramus. . . nihil habet timere.

ff. 109^b-139^a. *Inc. liber quinque:* Demum primo querendum est et nunc. . . est in alia facultate, etc.

ff. 139^b-165^d. *Inc. liber sextus:* Ad explanationem huius libri queratur. . . est felicitas simpliciter, etc.

ff. 164^d-194^d. *Inc. liber septimus:* Nunc querendum erit supra librum septimum. . . ad delectationem et complacentiam. Ultimo deberet queri utrum delectatio sit qualitas sed ista questio non erat in exemplari quod habui ideo dimittatur.

ff. 194^d-230^b. *Inc. liber octavus:* Sequitur querere super octavum et nonum librum. . . quam aristotelis intendebat.

ff. 230^c-245^a. *Inc. liber nonus:* Primo querendum est super nonum librum. . . convivere diminutum ideo, etc.

ff. 245^a-258^b. *Inc. liber decimus:* Querenda sunt aliqua super decimo libro. . . scilicet sensus vel appetitus sensitivi. Ex hiis sic est finis questionum super .x. libris ethicorum aristotelis secundum johannem brindanum. Finis adest mete mercedum questio diete, quam nisi tu dederis cras minus actus eris. Amen. Amen Amen. Amen.

f. 246^v. blank.

For bibliographies of manuscripts, printed editions and secondary studies, cf. Edmond Faral, "Jean Buridan: notes sur les manuscrits, les editions et le contenu de ses ouvrages," *Archives d'histoire doctrinale et litteraire du moyen age* 15 (1946), 1-53, and Charles H. Lohr, "Medieval Latin Aristotle Commentaries: Johannes Buridanus," *Traditio,* 26 (1970), 161-183. See also, Faral's article on Buridan in *Histoire litteraire de la France,* 38 (1949), 462-605. The most accessible of the four printed editions is *Questiones Joannis Buridani super decem libros ethicorum Aristotelis ad Nicomachum* (Paris, 1513), reprinted by Minerva, Frankfurt am Main, 1968.

On f. 1 a large initial D in mauve, framed in a gold square, contains a profile of Buridan in dark red robes against a blue background. Across the bottom of the page are three large heraldic lozenges conjoined: 1) Vert, a serpent argent surmounted by an eagle proper; 2) vert, a shield quarterly, argent and gules, surcharged by a lion's head or and a sun radiant from the dexter chief; 3) vert, achievement of the arms in center lozenge. A contemporary foliation, from 1 to 258, begins on this folio but contains numerous faults (f. 12 is repeated, ff. 20-29 are omitted, etc); a modern foliation in pencil has been used in this description.

The MS is bound in 16th-century three-quarter brown morocco, blind-tooled, over wooden boards. Portions of all four leather-and-brass clasps remain. At the top of f. 1 is written, "Lud. podoc. cyp.," presumably a note of ownership of Ludovico Podocataro of Nicosia (ca. 1430-1504), learned cardinal-archbishop, papal secretary and physician, and bibliophile; see *Enciclopedia cattolica* IX, 1644-1645.

Purchased from H. P. Kraus in 1967.

23

Giuseppe Davanzati on Vampires

18th c.; paper; 200 x 278 mm.; ff. 127; 1 col.; 24 lines.

ff. 1-126. **DISSERTAZIONE IN ORDINE AD ALCUNE APPARIZIONI D'UOMINI MORTI VOLGARAMENTE CHIAMATI VAMPIRI** [Giuseppe Davanzati, 1655-1755].

f. 1. *Inc.:* Ritrovandomi anni sono in Roma in qualche confidenza appresso il signor cardinale de Scrottembac, vescovo d'olmiz...

f. 126. *Expl.:* sia sempre lo dato et benedetto per tutti secoli. Amen.

This treatise, written by Giuseppe Davanzati, archbishop of Trani, in 1739 or 1740, was first printed in Naples in 1744 with the title: *Dissertatione sopra i vampiri*. A second edition appeared in 1789. Cf. Montague Summers, *The Vampire: His Kith and Kin,* (1928), pp. 23-5.

The volume, bound in quarter brown calf with marble boards, came from the Earl of Guilford's Collection and was sold on Dec. 8, 1830, for £80. It bears the number: Phillipps Ms. 5485, c. 1740.

24

Letter of Jacobus Vaseus Petramellariensis

1515; paper; 145 x 215 mm.; 13 lines; traces of the red wax seal.

[Letter of "Jacobus Vaseus Petramellariensis patruus" to his nephew "Jacobus de Petramellariensis, doctor artium et medicinae in Bologna with news of the health of the family and of his change of address: "ego maneo in sancto Johanne ad carbonariam propter lecciones quas lego ibi et non amplius in sancto Augustino." The address on the outside of the letter is: "Artium et medicine doctori celeberrimo domino Jacobo de Petramellaria nepoti carissimo Bononie fideliter." The letter was received Feb. 24, 1515.]

Jacobus Petramellara (ca. 1474-1536) taught astronomy at Bologna from 1496 until his death and held or shared the chair of astronomy there for most of that period. See Giovannie Fantuzzi, *Notizie degli scrittori bolognesi* (Bologna, 1781-1794), VII, 14-16; Serafino Mazzetti, *Repertorio di tutti i professori. . . di Bologna* (Bologna, 1848), p. 244; Lynn Thorndike, *A History of Magic and Experimental Science* (New York, 1923-1958), V, pp. 237-240.

Purchased from Renzo Rizzi, Milan, in 1968.

25

Medieval English Statutes: 1225-1330

14th c. after 1316; parchment; 140 x 100 mm.; ff. 168; 1 col.; 19-24 lines.

f. 1. blank.

f. 1ᵛ. "Stat E 1, From Prinn Library"

ff. 2-9ᵛ. [CONFIRMATION OF MAGNA CHARTA BY EDWARD I, 1297].

f. 2. *Inc.:* Edwardus, dei gratia, rex anglie. . . Sciatis quod intuitu dei. . . bona voluntate dedimus, concessimus archiepiscopis. . . in regno nostro anglie in perpetuum. *Inc. cap. 1:* In primis concessimus. . . *expl. cap. 37:* pro nullo habeatur. Hiis testibus: M. Cantuariensi episcopo, Eustachio londoniensi. . . datum per manus (sic) venerabilis patris r[ichardi] Duulniensis episcopi apud sanctum paulum londonie .vi. die novembris. Anno regni regis nostri .iiº. *In a later hand:* Datum per manum meam apud westmonasterium .viii. die may anno regni nostri vicesimo octavo. *In the later hand:* Hic explicit Mangna (sic) carta facta anno henrici terti nono.

This is the charter of 1225 of Henry III as confirmed by Edward I in 1297. Cf. Danby Pickering, *Statutes at large from Magna Charta to 1761*, I, 1-15 for Magna Charta; confirmation by Edward I in Pickering, I, 273-277, who says it is Oct. 10, 1297 in London. Pickering gives only the French and English text. Cf. C. Bemont, *Chartes des libertés anglaises* (Paris, 1892), pp. 46-59; he gives the Latin text. *Statutes of the Realm*, I, 38-41.

ff. 10-14. CHARTA DE FORESTA.

f. 10. *Inc.:* Edwardus dei gratie rex anglie. . . Inspeximus cartam domini henrici condam rex anglie. . . Sciatis quod. . . bona voluntate nostra dedimus. . . libertates subscriptas tenendum. . . in perpetuum.

f. 10^v. *Inc. cap. I:* In primis omnes forestas. . . *expl. in cap. xvi:* in warreniis et aliis quam prius habuerunt, etc.

This ends after the first third of chapter 16. Cf. Stubbs, *Select Charters,* pp. 348-351; Pickering, I, 16-23.

ff. 14-17^v. [PROVISIO OF MERTON, 20 HENRY III 3, 1235-1236].

f. 14. *Inc.:* Provisum est in curia domini regis apud mertonensem, die mercurii in crastino sancti vincentii. . . coram archiepiscopo cantuariensi. . . quam ab ipso rege concessum est.

f. 14. *Inc. cap. I:* Primo de viduis. . . *expl. cap. x:* pro eo faciendo. Expliciunt statuta de mertoniensi. Chapter XI is lacking in this ms.

Statutes of the Realm, I, p. 4; Stubbs, p. 326; Pickering I, 24-31; F. M. Powicke, *The Thirteeneth Century* (Oxford, 1953), pp. 69-70; B. Wilkinson, *Constitutional History of England: 1216-1399,* v. III (London, 1958), p. 242. On the text of this statute, cf. F. M. Powicke, *King Henry III and the Lord Edward* (Oxford, 1947), II, pp. 768-771; Richardson and Sayles, "Early Statutes," Law Quarterly Review, (Apr. and Oct., 1934), 202-233, 540-570.

ff. 17^v-26^v. INCIPIUNT STATUTA DE MARLEBERGE [52 HENRY IIII, 3.1267].

f. 17^v. *Inc.:* Anno gratie millesimo CC^{mo}LX^{mo} septimo regni autem domini regis henricus. . . perpetuis observetur.

f. 18. *Inc. cap. I:* Cum igitur tempore tribulationis. . *expl. cap. 29:* per consilium regis providenda. Expliciunt statuta de marlberge.

Cf. *Statutes of the Realm* I, 22-24; Pickering I, 55-74.

ff. 27-33. INCIPIUNT STATUTA GLOUCESTRI [6 EDWARD I, AUG. 1, 1278].

f. 27. *Inc. cap I:* Pur les graunz meschefs damages et deshincesouns. . . que alienat dotem suam intelligatur post statutum etc. Datum apud Gloucestre die dominica acta post festum sancti petri ad vincula anno regni regis Edwardi .vi°. Explicit statuta Gloucestre et explanationes eiusdem.

The preamble is lacking is this ms. *Statutes of the Realm* I, 48; Pickering I, 119-129.

ff. 33-34. INCIPIT STATUTA DE RELIGIOSIS [7 EDWARD I, 2 NOV. 15, 1279].

f. 33. *Inc.:* Cum dumdum fuisset provisum quod viri religiosi. . . debitis et consuetudinibus. Explicit de religiosis.

Cf. Pickering I, 133-134; Stubbs, *Select Charters*, pp. 458-459. Cf. infra ff. 105 ᵛ-106 ᵛ.

ff. 34-35 ᵛ. ULTIMUM STATUTUM WESTMONASTERII [III] QUI EST DE EMPTIONIBUS TERRARUM ET TENEMENTUM [from colophon, 18 Edward I, 1290].

f. 34. *Inc.:* Pur ceo queles achatours des teres et des tenemens. . . a la fest seynt andreu procheyn suaunt. Explicit ultimum statutum westmonasterii quod est de emptionibus terrarum et tenementum.

Statutes of the Realm I, 106; Stubbs, *Select Charters*, pp. 478-479 (Latin text); Pickering I, 255-257 (Latin and English texts only).

ff. 35 ᵛ-54 ᵛ. INCIPIT STATUTUM WESTMONASTERII PRIMI [3 EDWARD I. APRIL 25, 1275].

f. 35ᵛ. *Inc. Pref.:* Ceux sount les etablicemenz le roy edward fitz le roy henry. . . convenables a tut soun realme.

f. 36. *Inc. cap. I:* En primes vult le roy et comaunde. . .

f. 54ᵛ. *Expl. cap. LI:* et ceo pri le roy as eveskes. Expliciunt statuta Westmonasterii primi.

Statutes of the Realm I, 96-98; Pickering I, pp. 74-107; Stubbs, pp. 464-469.

ff. 55-92. INCIPIUNT STATUTA WESTMONASTERII SECUNDI [13 EDWARD I, 1, 1285].

f. 55. *Inc. Pref.:* Cum nuper dominus rex in quindena sancti Johannis Baptiste anno regni sui sexto. . . edidit ut patebit in sequentibus.

f. 55. *Inc. cap. I:* In primis de tenementis que multociens dantur sub conditione. . .

f. 92. *Expl. cap XLIX:* a la volunte le roy ausi byen celique le purchacera cum celi que le fra.

Statutes of the Realm I, p. 71. Pickering I, 163-229, lacks chapter L.

ff. 92ᵛ-97. Chapter titles of "Magna Charta, Westmonasterii statuta primi, Westmonasterii secundi, provisionum de Mertone, de Marleberge, de Gloucestre."

ff. 97-100. INCIPIUNT STATUTA MERCATORIBUS [11 EDWARD I, 1283].
[The statute of Acton-Burnel].

f. 98. *Inc.:* Pur ce que marchaunz que avaunt ces houres. . . de lour eyn degre vendrunt ceste recouy saunce fere. Expliciunt statuta mercatoribus.

The ms. has on f. 97ʳ⁻ᵛ the first 18 lines of the statute as given in Pickering, then on ff. 98-100 the scribe repeats the statute but omits the last 18 lines of it as given in Pickering. Cf. *Statutes of the Realm* I, 53-54; Pickering I, 141-144; Stubbs, p. 469.

ff. 100-104ᵛ. **INCIPIUNT STATUTA WYNTONIE ET WYNCESTRI [13 EDWARD I 2, OCT. 8, 1285].**

f. 100. *Inc.*: Pur ceo que de jour en jour roberies, homycides. . . . pur le hounur de seynt eglise. Done a Wyncestre le utysme iour de octobre l'an de soun regne .xiii. Renouvele et en ceale a Overwyk l'an de soun regne vynt et utisme. Expliciunt statuta de Wyncestri et Wyntonie.

Pickering I, 230-235; Stubbs, 470-472.

ff. 104ᵛ-105ᵛ. **INCIPIT STATUTA DE RELIGIOSIS [STATUTE OF MORTMAIN].**

f. 104ᵛ. *Inc.*: Cum dudum provisum fuisset quod viri religiosi. . . debit et consueta. Explicit statutum religiosum.

This is not an exact copy of the same statute supra ff. 33-34.

ff. 105ᵛ-107. **INCIPIT STATUTUM WILLELMI BOTELYER [20 EDWARD I, 1293].**

f. 105ᵛ. *Inc.*: Willelmus le Boteler qui est infra etatem. . . de cetero faciat firmiter observari. Explicit statutum Willelmi le Botelyer.

Pickering I, pp. 263-264.

f. 107ʳ⁻ᵛ. **INCIPIT STATUTUM ACTUM APUD BEREWYK CHAUNPART [33 EDWARD I 3, SEPT. 18, 1305].**

f. 107. *Inc.*: Cum contenu soyt en nostre estatut que nul humme. . . le roy de .iiii. anns et nepurquaunt seyent roynz a la volute le roy. Explicit statutum chaunpart.

Pickering I, 308-309.

ff. 107ᵛ-108. INCIPIT STATUTUM DE CONSPIRATORIBUS [33 EDWARD I 2, 1305].

f. 107ᵛ. *Inc.:* Dominus rex mandavit nunciante gilberto de rowby... habeas ibi nomina plegiorum ter [?] me ipso etc. Explicit statutum de conspiratoribus.

Statutes of the Realm I, 145; Pickering I, 309.

f. 108ʳ⁻ᵛ. INCIPIT BREVE DE ANNO ET DIE [STATUTUM DE ANNO BISSEXTILI, WESTMINSTER, 21 HENRY III 1236].

f. 108. *Inc.:* Edwardus [sic] dei gratia rex anglie... iustitiariis suis de banco. Cum in regno nostro de anno et die... de cetero observari faciatis. Explicit breve de anno et die.

Pickering I, 32.

ff. 108ᵛ-114ᵛ. INCIPIT NOVI ARTICULI STATUTUM [28 EDWARD I 3, MARCH 6, 1300].

f. 108ᵛ. *Inc. cap. I:* Primes ordine est et plest a roy de ci en avaunt... *Expl. cap. XII:* celes choses serra grevement puniz. Expliciunt novi articuli statuta.

Statutes of the Realm I, 136-141; Pickering I, 289-302; Bemont, 99-108. The ms. lacks the preamble and chapters 13-20.

ff. 114ᵛ-115ᵛ. INCIPIT STATUTUM: NE QUIS PONATUR IN ASSISA [21 EDWARD I 1, 1293].

f. 114ᵛ. *Inc.:* Quia dominus rex per puplicam et frequentem querimoniam... preceptis fieri consuevit. Expliciunt statuta: ne quis ponatur in assisa.

Pickering I, 269-270.

f. 115ᵛ-118ᵛ. INCIPIT STATUTUM: DE QUO WARENTO IN BREVIBUS [6 EDWARD I, AUG. 1278].

f. 115ᵛ. *Inc.:* Anno domini mcclxxviii regni autem domini regis edwardi sexto apud gloucestrum. . . faciant ex parte nostra. Expliciunt statuta de quo warranto cum suis brevibus.

Pickering I, 129-132; Helen Cam, *Liberties and Communities in Medieval England* (London, 1963), pp. 173-182.

ff. 119-122. INCIPIT STATUTUM DE EXCESTRO [14 EDWARD I 1, 1286].

f. 119. *Inc.:* Purveu est que les enguereurs maundent les brefs. . . si les envoyent au rey per un des querours si en fra le roy ruge a sa volunte.

The ms. lacks the last five lines of the edition in Pickering I, 248-251. Cf. Helen Cam, *op. cit.*, 173-182.

ff. 122-127ᵛ. INCIPIT STATUTUM DE SACCARIO [51 HENRY III 5, 1266].

f. 122. *Inc.:* Le roy veut que totes maneres des baillifs. . .

f. 127ᵛ. *Expl.:* apres leyre fete. Expliciunt statuta de saccario.

Statutes of the Realm I, 197-198; Pickering I, 41-47.

ff. 128-131. INCIPIT STATUTUM: QUIA FINES [27 EDWARD I 1, APR. 2, 1299].

f. 128. *Inc. cap. I:* Quia fines in curia nostra levati. . .

f. 131. *Expl. cap. IV:* omnia et singula supradicta omnibus scire facimus indilate. Teste me ipso apud westmonasterium secundo die aprilis anno regni nostri vicesimo septimo.

The preamble is lacking. Cf. Pickering I, 277-283.

ff. 131ᵛ-133ᵛ. blank.

f. 134ʳ⁻ᵛ. [STATUTE: ASSISA PANIS ET CERVISIAE. 51 HENRY III 1, 1266].

f. 134. *Inc.:* Quando quarterium frumenti venditur pro .xii. denariis.

f. 134ᵛ. *Expl. cap. I:* tunc ponderabit .xi. s. iiii. d. qᵃ.

Chapters 2 and 3 are lacking in the ms. Pickering I, 34-35.

ff. 135-141. [CARTA MERCATORIA, 31 EDWARD I, FEB. 1, 1303]

f. 135. *Inc.:* Edwardus dei gratia. . . salutem. Circa bonum statum omnium mercatorum. . . contra formam expressam superius et concessam. Hiis testibus venerabilibus patribus Roberto [Winchesleo] Cantuariensi archiepiscopo totius Anglie primatus. Datum per manum nostram apud Wyndisorum primo die februari anno regni nostri tricesimo primo.

Cf. Fine Holl in N.C.B. Gras, *Early English Customs Systems,* (1918), pp. 259-264.

ff. 141-148. Dictum est de Magna Carta, statuta de Mertone, statutum de Marleburgo, Gloucestri primis et de ultimis statutibus Westmonasterii una cum capitulis nunc dicendum est de eorum notabilitatibus: dampna in triplo in vasto ut in statuto Gloucestri capitula .viº. . . . regia prohibitio si purgatur.

f. 148ᵛ. blank.

ff. 149-155. [STATUTES OF WESTMINSTER. 4 EDWARD III 1330]

f. 149. *Inc. Pref.:* Au parlement somons a westminster le lundy procheyn apres la feste de seynt katerine. . . mandez a publier et ferment garder.

f. 149. *Inc. cap I:* A de primes acorde est que la grande chartre. . .

155. *Expl. cap. XV:* punir ceux q'ils troveront fesauntz le contraire.

Pickering I, 430-438.

f. 155^v. blank.

ff. 156-157. [STATUTUM DE HEREDIBUS].

f. 156. *Inc.:* Edwardus dei gratia. . . mauro filio gerardi iustitiario. . . salutem. Milites de partibus vestris hibernie. . . proclamus apud turrim londonie .vi. die novembris anno regni nostri vicesimo.

Pickering I, 23-24.

ff. 157-159^v. COMPOSITIO FACTA DE ASSISA PANIS.

f. 157. *Inc. cap. I:* Assisa panis secundum quod continetur in scriptis de mareschaucie domini regis. . . quod subeat iudicium pillorie etc.

Pickering I, 390-394.

f. 160^{r-v}. STATUTUM DE FARINA AVENE.

f. 160. *Inc.:* Si quis autem vendere presumat farinam avene . . . fuerit possunt certiorari etc.

Pickering I, p. 394.

f. 106ᵛ. *Inc.:* Ceo fait assavoir que la ou relef sera done illeoque appent garde et econverso et ceux que tiegnent en seriauntye. . . demander le heir sans la terre.

ff. 161ᵛ-162ᵛ. INCIPIT TRACTATUS DE ANTIQUO DOMINICO CORONE.

f. 161ᵛ. *Inc.:* Licet in antiquo dominico corone non currat aliud breve nisi parvum breve de recto clausi. . . dote secundum consuetudinem manerii etc.

ff. 162ᵛ-165. MODUS DIVERSARUM SETTARUM ET DIVERSORUM PRESBYTORUM.

f. 162ᵛ. *Inc.:* En plee de terre adeprimes vue essoign et primes veue de terre. . . de iour en iour taunt que il viegne etc.

ff. 165-167. VISUS FRANCIPLEGI.

f. 165. *Inc.:* Primes vous nous dirrez par le serment que vous nous avez fait a tous. . . domini et infra octo die pasch et pentecost.

Pickering I, 387-389.

f. 167ʳ⁻ᵛ. STATUTUM DE GAVELKYNDE [STATUTE OF GAVELET, LONDON 10 EDW. II 1316].

f. 167. *Inc.:* Provisum est per regem et iustitiarios suos et a civibus londonie concessum. . . non possint inde satisfacere secundum quod predictum est.

Pickering I, 350-351.

f. 168. The name "Henry Faryingdun" is written in 15th c. script. The initials are decorated; the binding is of white pigskin on boards. On f. 1ᵛ: "Stat E. i. From Prinn Library

26

Storia dei Cicisbei of Vincenzo Martinelli

ca. 1750; paper; 240 x 188 mm.; 20 ff.; 1 col.; 24 lines; catchwords.

f. 1 [r-v]. blank

f. 2. [Title] Istoria dei Cicisbei scritta da Vincenzio Martinelli All' Onorando Signor Tommaso Hollis Gentiluomo Inglese.

f. 3. *Inc.:* Correva l'anno 1710, quando essendo i Francesi all' assedio di Turino, sotto la condotta del Duca della Fogliada.
. .

f. 19. *Expl.:* . . . e che il Cicisbeo, e la Cicisbea non abbiano comodo di trovarsi mai soli.

f. 20. blank.

Luigi Valmaggi's definitive study, *I cicisbei* (Turin, 1927), does not mention this work; nor does it appear in Martinelli's *Lettere familiari e critiche* (London, 1758) or in his other published writings which have been consulted. On Martinelli (1702-1774), see *DNB* IX, 1070-1071.

The ms is written on the recto sides only, in a neat, calligraphic script appropriate for a presentation copy. On the verso of the first blank leaf, the reverse impression of a former insert is partially visible: "Due lettere scritte da Vincenzio Martinelli, Toscano, a Cassio Timolbonte, Inglese, in Londra nella stamperia di [illegible] l'anno MDCCLXX." The ms is bound in contemporary cardboard.

Sir Thomas Phillipps bought the ms in London at the Evans auction of the Richard Heber library on February 10, 1836. It remained in the Phillipps collection (n. 8183) until 1966, when it was sold by Sotheby's to Alan G. Thomas, London. Notre Dame purchased the ms from Thomas in 1968.

27

Scriptum super quatuor evangelia of Nicholas of Pelhrimov

1435; paper; 152 x 214 mm.; ff. 240; 1 col.; 41-45 lines.

ff. 1-214 ᵛ. [SCRIPTUM SUPER QUATUOR EVANGELIA of Nicholas of Pelhrimov].

f. 1. *Inc. Pref:* Lex seu doctrina ewangelica perfectissima est per se sufficiens ad regimen ecclesie. . . non superflua cooperationem sui laboris adiunxit.

f. 1. *Inc.: In principio erat verbum*. . . Joh. 1 [:1-14]. Postquam premissa est excellentia et legis. . .

f. 203. *Expl.:* ne eis in operibus malis consenciamus. Finis huius prime partis anno domini 1435 in divisionis apostolorum commemoratione.

f. 203 ᵛ. Sermo post quintum. *Inc.: Liber generationis ihesu christi*. . . Mt. 1 [:1]. Hic ewangelista describit in principio veritate humane nature. . . aliud lucifer in quo superbi. [This is a continuation of sermon 5 as indicated in a marginal note.]

ff. 212-214 ᵛ. Sermo post 23 ᵐ. Lucas 3 [:23-28]. *Et ipse ihesus erat incipiens*. Lucas quia post baptismum christi texit genealogiam. . . per septies .xi. significatur motu hominis transgressio facta. [This sermon, omitted from its intended place on f. 41 ᵛ, was added here.]

ff. 215-239 ᵛ. blank.

The *Scriptum* or *Concordantia ewangelistarum* is a long unpublished work divided into three parts. Our ms. contains only the first part. The only known complete ms. is Prague, Univ. 3354. The Vienna, Nationalbibliothek, Cod. Vindob. 4304, contains a miscellaneous collection of sermons from all three parts. Several of the 12 folio gatherings in Cod. Vindob 4304 are out of order; some of the sermons are not numbered; the numbered ones correspond to those numbered in our ms. in which all are numbered from 1-152.

On the Vienna, Nationalbibliothek, Cod. Vindob. 4920 of this text and bibliography on Nicolaus of Pelhrimov, cf. Amedeo Molnar, "De divisione Scripture sacre multiplici Nicolaus Biskupce de Pelhrimov, "in *Communio Viatorum* 13 (1970), pp. 154-170. See also Howard Kaminsky, *A History of the Hussite Revolution* (Berkeley, 1967), p. 435; F. M. Bartos, "Postila Mikulase Biskupce na evangelni harmonii," *Casopis musea karalovstvi ceskeho,* 93 (1919), pp. 174-176.

The ms is bound in parchment on wooden boards with 2 clasps. The straps are lacking.

28

Commentary on Ecclesiastes of Olympiodorus of Alexandria

1489-1512; paper; 285 x 205 mm.; ff. ii (blank) + 66; 1 col.; 30 lines; catchwords.

ff. 1-1. Fratris Zenobii Acciaioli ordinis praedicatorum praefatio in translationem Olympiodori super Ecclesiasten Salomonis ad reverendum in Christo Patrem D. Guglelmum Brisonettum episcopum Lodovensem.

f. 1. *Inc. Pref.:* [E]x litteris tuorum certior factus... mente et anima diligendum suscipiat. Vale.

ff. 2-63. *Olympiodori expositio* in Ecclesiasten Salomonis.

f. 2. *Inc.:* [R]erum certam cognitionem cum a deo Salomon accepisset... benignitate judicis reposita est. Cum quo et per quem deo patri est gloria sancto spiritui et nunc in secula seculorum. Amen. Finis.

ff. 63^v-66^v. blank.

The original Greek commentary of Olympiodorus, deacon of Alexandria, dating from the early 6th century, had not been translated before Acciaioli's version, which was written sometime between 1489, when Guillaume Briconnet became bishop of Lodève, and 1512, when the work was printed by Henri Estienne in Paris. The present ms appears to have been executed not much later. It is identical in nearly every respect (text, script, marginal notes, etc.) to the Vatican, ms. Reg. Lat. 2057. The translation is printed beside the Greek text in *PG*, 93, 477-638, and in several earlier editions. See Stegmuller 6164, Coppinger, Suppl.

(1895) I, 16283, and A. A. Renouard, *Annales de l'imprimerie des Estienne,* 2d ed. (Paris, 1843; rpt. New [n.d.]), I, 10-11. On Zenobio Acciaioli (1461-1519), Vatican librarian under Leo X, see Mario E. Cosenza, *Biographical and Bibliographical Dictionary of the Italian Humanists,* 2d ed. (Boston, 1962;, I, 35-37.

The ms is bound in contemporary blind-stamped calfskin over wooden boards, with one clasp intact. The letter H and another now-obscured shelfmark appear on the spine, and the number 33 is written in the upper right-hand margin of f. 1.

Purchased from Joseph Rubinstein, Tucson in 1967.

The ms is bound in parchment and has on the cover the name: "D. Gerardinus de Buschetis" (of Bologna). The pages are water-stained but the text is very legible. The ms was purchased from Renzo Rizzi in Milan in memory of William F. Mulrenan.

29

Supplement to the Summa Pisanellae of Nicholas of Ausino

15th c. (after 1444); vellum; 230 x 160 mm.; ff. 335; 2 cols.; 45 lines; catchwords.

- ff. 1-282 [b]. [SUPPLEMENTUM AD SUMMAM PISANELLAE BY NICHOLAS DE AUSINO O.S.F.]

- f. 1[a]. *Inc. ex abrupto:* absolvere nunquam te homo reiterare nisi velit. . . The correct incipit is: Quoniam summa que magistrutia seu pisanelle. . .

- f. 282[b]. *Expl.:* Zelus etiam capitur pro fervore sue commotione divine caritatis Ps. lxviii. [10] Zelus domus tue comedit me. Et hic zelus me fratrem Nicolaum de Ausino, ordinis minoris indignum pro aliquali simpliciorum subsidio ad huius supplementi compilationem excitavit. Quod favente domino nostro yesu christo excepta tabula capitulorum et abreviaturarum et rubricarum expletum est apud locum nostrum sancte marie de angelis, vulgariter sancti angeli nuncupatum MCCCCXLIIII novembris xxviii° die sabbati proxime ante adventum hora quasi sexta et omnia que in eo ac ceteris opusculis per me compilatis compilandis ve incaute seu minus bene posita continentur peritorum et presertim sancte ecclesie submitto correctioni. Finis.

- ff. 282[c]-285[c]. [Alphabetical list of the terms defined and explained in the text beginning with: abbas, abbatissa, absolutio. . . zelus.]

The *Supplementum*, the author's most important work, is a supplement to the *Summa de casibus conscientiae*, also known as the *Summa Pisanelle*, of Barthelemy of Pisa (ca. 1260-1347). For editions cf. Coppinger, *Supplement to Hain* (1895) I, n. 2149-2175; Pellechet, nos. 1630-1642; Polain, nos. 2802-2808. On Nicolas of Ausimo (fl. ca. 1435), cf. R. Naz in DDC, VI, c. 1009-1010.

The binding is of dark green morocco with gilt fillet lines on the covers. The ms. came from the library of Pope Leo X and later from that of Sir Edward Derings.

30

Letters and Treatises of Aeneas Sylvius Piccolomini [Pius II]; Gregory I, Bernard, Cyprian and Others

1463-1484; paper; 203 x 305 mm.; ff. 201; 1 col.; 46-52 lines; bastarda script.

    ff. 1-70. [AD ALFONSUM SICILIE ET ARRAGONUM REGEM. CRONICA BOHEMORUM COMPILATA PER DOMINUM ENEAM SILVIUM POETAM LAUREATUM ET POSTEA EPISCOPUM SENENSEM DEMUM QUE IN SUMMUM PONTIFICUM SUB NOMINE PIE SECUNDI IN ECCLESIA MILITANTE SUBLIMATUM.] [1458]

    ff. 1-2ᵛ. *Inc. prol.:* Interitura esse queque nascuntur. . . quodcumque est boni consule. Finis epistola prologi.

    ff. 2ᵛ-70. *Inc.:* Bohemia in solo barbarico transdanubium. . . *Expl.:* armis acquiri regna non legibus.

    Cf. *Aeneae Sylvii Piccolomini Senensis qui post adeptum pontificatum Pius eius nominis secundus appellatus est opera quae extant omnia.* (Basiliae, 1551) Reprint: Minerva Frankfurt a. M. 1967, pp. 81-143.

    ff. 71-72. blank.

    ff. 73-76ᵛ. [BULLA PII SECUNDI DE PROFECTIONE IN TURCOS. 1463.]

    f. 73. *Inc.:* Pius [II] episcopus servus servorum dei universis et singulis. . . Datum rome aput sanctum petrum anno incarnationis dominice M°CCCC°lxiii, xi kalendas novembris pontificatus nostri anno sexto.

    Cf. *Opera omnia,* ep. CCCCXII, pp. 914-923.

ff. 77-97ᵛ. CASUS SUMMARIUS HABITORUM IN SACRO BASILIENSIS CONCILIO PER REVERENDISSIMUM DOMINUM NICOLAUM ARCHIEPISCOPUM PANORMITAM RECOLLECTUS.

f. 77. *Inc.:* Quoniam veritas verborum lenoncinio non indiget. ؞ . non aliter in hoc negotio presentis dissidii future speravimus quod ut cito fiat christus concedat. Amen.

H. Herre and L. Quidde, eds., *Deutsche Reichstagsakten durch die Historische Kommission bei der Bayer. Akademie der Wissenschaften,* Bd 16 (1957), p. 439. On Nicholas de Tudeschi, cf. article by Charles Lefebvre in *DDC* VI, c. 1195-1215; also Nörr, Knut Wolfgang, Kirche und Konzil bei Nicolaus de Tudeschis (Panormitanus). Koln, 1964. (Forschungen zur kirchlichen Rechtsgeschichte und zum Kirchenrecht, Band 4).

ff. 97ᵛ-99ᵛ. [ORATIO AD INVITANDUM PRINCIPEM UT SUOS AD CONCILIUM DIRIGAT.] [Oratio Gerardi Landriani episcopi Laudensis oratoris Basiliensis concilii ad regem Anglie et reliquos patres conscriptos regni.]

f. 97ᵛ. *Inc.:* Facite quod dei est ut ipse faciet. . . ad laudem et gloriam omnipotentis eterni dei et tocius curie triumphantis. Amen.

Mansi, vol. 29, co. 463-468.

f. 100ʳ⁻ᵛ. blank.

f. 101. RESPONSIO DOMINI JULIANI AD REQUISITIONEM PROMOTORUM SACRI CONCILII BASILIENSIS UT INTERESSET CONGREGATIONI ET SESSIONI CITATORIUM. [August 1437]

f. 101. *Inc.:* Vobis dominis promotoribus requirentibus. . . salva potestate premissa corrigendi.

Mansi, vol. 31A, c. 234-237.

ff. 101-106. RESPONSIO DOMINI LUDOVICI DE ROMA PROTHONOTARIO SEDIS APOSTOLICE AD PREDICTA MODO SEQUITUR PER OPTIMA.

f. 101. *Inc.:* Presens citatio qua per sacram basiliensem sinodum interpellatur sanctissimus dominus noster papa. . . relatus xxiii q. v. de occidendis.

ff. 106ᵛ-115ᵛ. ALIA RESPONSIO EIUSDEM DOMINI PROTHONOTARII FACTA NOMINE CONCILII AD ULTIMAS PETITIONES DOMINI JULIANI LEGATI.

f. 106ᵛ. *Inc.:* Primum diligenter mente revolvens metuendissimi patres verbum illud elegans. . . in communionem velitis recipere, etc.

ff. 115ᵛ-117ᵛ. PROPOSITIO AMBASIATORUM REGIS PORTUGALLIE. PRO LAUDE SACRI BASILIENSIS CONCILII PULCHERIME.

f. 115ᵛ. *Inc.:* Plata gravissimus stoice discipline imitator in eo sermone in quo socratem de immortalitate animorum. . . tota pulchra sit et decora. Amen.

ff. 117ᵛ-119. PROPOSITIO PRO PARTE ELECTORUM IMPERII CORAM PAPAM.

f. 117ᵛ. *Inc.:* Mandatum susceperam laborem quem hodierna iubet explere dies scienti tue pater beatissime. . . corpore suscipient in gloria domini nostri jesu christi qui vivit. . . Amen.

ff. 119ᵛ-124. blank.

ff. 125-199ᵛ. [LETTERS AND EXCERPTS.]

f. 125ʳ⁻ᵛ. De remedio amoris [Ipolito Mediolanensi; March, 1446].
Inc.: Eneas Silvius Ipolito Mediolanensi salutem plurimam dicit. Querebaris mecum nocte preterita. . . gratum et celo dignum. Vale et quod tibi dampno est avertere stude ex wyennensi.
The *Opera omnia,* pp. 607-610, says the letter was addressed to Nicolaus Vuartenburgus. The scribe skips from p.

608, line 3 from the bottom to p. 610, line 14 with the words: multa hic obmitto argumenta dissuasionis amandi mulierem. He also omits the sentence: Cogita vitam. . . esse finem [with the words]: hic obmissa conclusio. [Wolkan, Band LXVII (1912), ep. 7, pp. 33-39, says the letter was written to Ipolito Mediolanensi.]

f. 125ᵛ. Ad quemdam Johannem secretarium Colonie qui tristabatur ob recessum amasie. *Inc.:* Si amicus mortuus est moritirum. . . recessit et gaudia quia fugit, etc. [There are only 8 lines of text.]

f. 125ᵛ. Eneas Mario. [Mariano Sozzini, Vienna, July 3, 1444].
Inc.: Rem petis haud. . . cogis attentus esto.

Cf. *Opera omnia,* Ep. CXIII, 623. Cf. Wolkan, (Band LXI, 1909), Ep. 152, pp. 353-354.

f. 126. Cogitatio de morte. [Aeneas Silvius Johanni Vrunt, Vienna, March 8, 1446].
Inc.: Viro prestanti ac singulari johanni vrunt insignis. . . eneas silvius poeta salutem plurimam dicit. Pauci dies sunt quibus. . . sencies quod ego sencio.

Cf. Wolkan, (Band LXVIII, 1912), Ep. 6, pp. 30-33. The text of the ms. ends at p. 32, line 13 in Wolkan.

f. 126ʳ⁻ᵛ. Ex historia Lucretie et Euriali [Vienna, July, 1444].
Inc.: Nec suavius illi quicquam fuit illustrium. . . pauperes effectu sano tenetur.

Cf. *Opera omnia,* Ep. CXIV, pp. 633-644; Wolkan, (Band LXI, 1909), Ep. 152, pp. 355-393. The text of the ms consists of a number of short extracts of the work starting with *Opera omnia,* p. 624, line 3, and Wolkan, p. 355, line 11.

f. 126ᵛ. Ex cuiusdam Philocapti principis epistola.
Inc.: Seipsum singulari domine sue insigni et formossissime virgini lucreae regis epyrotharum filie. Volui te sepius alloqui. . . Vale animula mea corculum meum et mee delicie.

f. 127ʳ⁻ᵛ. Epistola domini Francisci de Comitibus ad regem Polonie.
Inc.: Consilium michi fuit fortasse non improbum illustrissime. . . procuracionibus suffragari, etc., obmisi.

f. 127ᵛ. In epistola contra detractores poetarum Franciscus de Comitibus.
Inc.: Christus in evangelio sepius usus est specie allegorice sermonis. . . ego dixi dii estis, etc. [only 8 lines of the text].

ff. 127ᵛ-129ᵛ. Antonius duobus fratribus monachis scribit.
Inc.: Nunquam adeo putavi vos veros monachos sicut iam experior. . . hircanis tigridibus, etc., ideo scribite.

f. 128. Franciscus de Comitibus aque vive.
Inc.: Cunctos dies cunctas que noctes piissime patrem in tui memoria ac veneratione consumo utinam veluti animo sic et tecum corpore. . . pauperime ingenioli mei conabor pro veribus explicare.

ff. 128ᵛ-129ᵛ. *Inc.:* Beatam vitam o dogma virtutum ac prelatorum speculum metropolitane me quamplures studerunt accurate monstrare ac diversis humanis actibus. . . ludibro digni sunt, etc. Tu excedit omnes, etc.

f. 129ᵛ. Describit amenitatem cuiusdam loci Eneas Silvius poete laureatus.
Inc.: Intravi illic florea poeta rivi cum lacte. . . vinoque. . . silva mirtea concubitus admittebat, etc.

ff. 130-132ᵛ. **EX REGISTRO BEATI GREGORII I PAPE.**

The numbers of the letters, where indicated in the ms, are given in the rubrics. The dates of the letters and the references are to Paulus Ewald and Ludwig Hartmann, eds., "Gregorii I Papae Registrum Episolarum," in MGH Epistole, vol. II, 1890.

f. 130. [Gregorius Petro episcopo Corsicae. Sept. 597]
Inc.: Beatus gregorius epistola prima ibidem mittit anastasio. . . comparanda. [VIII, Ep. 1, p. 2, lines 4-5. The scribe has added: videamus si hodie simile faciat roma curia.]

f. 130. Epistola 2ª eidem. [Gregorius Anastasio episcopo Antiochiae. Sept. 597].
Inc.: Suscepi epistolas suavissime. . . gaudia perducat. [VIII, Ep. 2, pp. 3-4, but with omissions.]

f. 130 3ª epistola. [Gregorius Dono episcopo Messanae. Sept. 597].
Inc.: Nostis enim antequam nostram. . . pensam facere debemus, etc. [VIII, ep. 3, p. 4, line 32; pg. 5, line 1.]

f. 130. Premissa elemosina .xxii. epistola. [Gregorius Rusticianae patriarchiae. Mai 598].
Inc.: Peto ut gratia. . . nos inde maculemur, etc. [VIII, ep. 22, p. 24, lines 2-4.]

f. 130. Victori episcopo panormitana 25. [Iun. 598].
Inc.: Sicut iudeis non debet. . . iudicium sustinere. [VIII, ep. 25, p. 27, lines 1-3. The scribe adds: Nec debent in eorum ceremoniis impediuntur, words which are not in the letter.]

f. 130. Eulogio episcopo Alexandrini 28 [Iul. 598].
Inc.: Utilis est semper. . . scribere studuit. [VIII, ep. 28, lines 1-5 only.]

f. 130 r-v. Vincentio episcopo Carthaginensis 30 [Dominico episcopo Carthaginensi. Iul. 598].
Inc.: Magna virtus caritatis. . . exhibere concedat. [VIII, ep. 31, p. 32, line 22, to p. 33, lines 1-7, 14-17.]

f. 130 v. Adeodato illustri epistola 34 [s.d.].
Inc.: Magnam nobis. . . sorte recipiat, etc. [VIII, ep. 34, p. 36, line 25, to p. 37, line 8.]

f. 130 v. Januario episcopo Caralithano 37.
Inc.: Predicator omnipotens. . . est quod, etc. [IX, ep. 1, p. 40, lines 10-17.]

f. 130ᵛ. Januario episcopo Sardinie 38 [Oct. 598].
Inc.: Non terrenarum. . . actione letificor. [IX, ep.ii, p. 48, lines 31, to p. 49, line 5.]

ff. 130ᵛ-131. Anastasio Anthioceno 47 [Apr. 599].
Inc.: Certe beatum. . . oves dei. Omnipotens deus. . . concedat. [IX, ep. 135, p. 133, lines 24-29, and p. 134, lines 21-23.]

f. 131. Secundo incluso alias inclauso 82 [May 599].
Inc.: Dilectionis tue. . . amorem flambant. [IX, ep. 147.]

f. 131. Aragio episcopo francie 119 [Iul. 599].
Inc.: Indecens est de illis. . . spem non habent. [IX, ep. 219, p. 210, line 23, to p. 211, line 3.]

f. 131. Siragrio episcopo [Augustoduno] 121 [Iul. 599].
Inc.: Magistra bonorum. . . testificatione comperio, etc. [IX, ep. 222, p. 213, lines 14-21.]

f. 131ʳ⁻ᵛ. Leandro episcopo [Spaniorum] epistola 127 [Aug. 599].
Inc.: Sanctitatis tue suscepi. . . parum loquor. [IX, ep. 227, pp. 218-220.]

f. 131ᵛ. Rocaredo regi Gothorum 126 [Aug. 599].
Inc.: Vigilanti sunt studio. . . que portat, etc. [IX, ep. 288, lines 25-28.]

f. 131ᵛ. Ytalie patriarcho. CXXVII. [Aug. 599].
Inc.: Quosdam de sicilia. . . expectando suspiro. [IX, ep. 232, p. 227, line 24- p. 228, line 3.]

f. 131ᵛ. Libertino expretori CXLI [Iun. 600].
Inc.: Quanta vos seculi. . . eterna prestantur. [X, ep. 12, pp. 246-247.]

ff. 131ᵛ-132. Eulogio patriarche allexandrino Gregorius. CXLIII epistola [Iul. 600].
Inc.: Transacto anno. . . honoranda beatitudo vestra. [X, ep. 14, p. 248, lines 10-24.]

f. 132. [Gregorius Maximo episcopo Salonitano]. CXLIIII [Iul. 600].
Inc.: Nolite de talibus. . . dies habuisse. [X, ep. 15, p. 250, lines 1-3.]

f. 132. Palladio presbytero de Monte Syna 151 [Sept. 1, 600].
Inc.: Epistolis dilectionis. . .salvum me facias. [XI, ep. 1, p. 259-260, line 26.]

f. 132. Aregio episcopo Galliarum 180 [Iun. 601].
Inc.: Cum in fraterna. . .redisse cognovimus. [XI, ep. 42, p. 315, lines 23-29.]

f. 132. Dominico episcopo Carthaginensi 207 [Sept. 601].
Inc.: Quam copiosa cordio. . . iudicium veniat. [XII, ep. 1, lines 1-20.]

f. 132 r-v. [Gregorii I sermo.] Denuntiatio pro septiformi letitia. [s.d.]
Inc.: Oportet fratres karissimi ut. . . ab ecclesia beate cecilie. [XIII, ep. 3, pp. 365-367, line 10.]

f. 133 r-v. **REVERENDO PATRI AC RELIGIOSO HOMINI FRATRI JOHANNI DE CAPISTRANO VERISSIMO IHESU CHRISTI PRECONI DOMINO ET PATRI NOSTRO COLENDISSIMO.**
Inc.: Nemo nostrum dubitat reverende pater quando virtus dei operetur. . . aut certe vivamus. Superiorum partium universi nobiles ac proceres regni Hungarie ad vestre reverende paternitatis noticiam hec pervenire voluerit.

f. 134. Iudicium et comparacio Philopoemenis et T. Q. Flaminii.
Inc.: Mutuam ipsorum comparationem intueri. . . contemnendi fore videamus. Ex Plutarcho de greco in latinum verso per Guarinum Veronensem.

The passage involved is in Theod. Doemner, ed. *Plutarchi Vitae, grece et latine* I, "Philopoemenis et Titi Comparatio," pp. 455-456.

f. 134ᵛ. Platonis epistole per Leonardum Aretinum et greco latinum tradite.
Inc.: Inter damosos strepitus negotiorum per cellas quibus florentina pallacia. . . tibi non frustra collatum ostendas.

f. 135. Epistola Leonardi Aretini ad Nicolaum Florentinum in Xenofontem.
Inc.: Xenofontis philosophi quendam libellum quem ego ingenui exercendi gratia e greco sermone in latinum. . . vale N. suavissime et in tuis ut cepisti persevera moribus.

f. 135ᵛ-137. Ex epistola Enee Silvii ad Sigismundum ducem Austrie missa [Dec. 5, 1443].
Inc.: In cesaris curiam quam primum. . . laudatura sit etas. Cetera huius epistola ad finem adhuc multa sunt obmissa.

Cf. Albert R. Baca, *Selected Letters of Aeneas Silvius Piccolomini* (Northridge, California, 1969), pp. 76-90. Latin and English translation. The text of the ms. stops at p. 85, line 7 of this edition.

f. 137ᵛ. Eneas Silvius Campisio Johannis insigni philosopho et amico singulari.
Inc.: Vellem tibi per singulos dies. . . tu utiles exponat, etc.

Cf. *Opera omnia*, ep. LI, p. 534. The ms. has only the text on p. 534.

f. 137ᵛ. Eneas ad Silvestrum episcopum Chiemensem.
Inc.: Non miror quod ad me. . . vidi nuper litterarum copias, etc.

Cf. *Opera omnia*, ep. LV, p. 543, lines 1-5.

f. 137ᵛ. Eneas domino Johanni Schindel astronomio viroque probatissimo.
Inc.: Reversus nunc ad cesarem. . . viribus amo vale.

Cf. *Opera omnia,* ep. LXXXIII, pp. 571-572.

ff. 138-139. Epistola beati Bernardi missa canonicos Lugdunenses de conceptione beate Marie.
Inc.: Reverendo conventui lugdunensium canonicorum frater Bernardus. . . Inter ecclesias gallie constat. . . paratus iudicio emendare. valete.

Cf. PL 182, ep. CLXXIV, c. 332-336.

f. 139. Eneas Silvius ad Anthonium suum nepotem.
Inc.: Retulit michi nannes pater tuus te. . . cras dicas incipiam. vale.

Cf. *Opera omnia,* ep. IIII, pp. 502-503.

f. 139ᵛ. Enee Silvii epistola amicalis ad socium.
Inc.: Mirabar dudum quid rei. . . duplum recipies, etc. Tuarum litterarum unas suscepi, etc.

Cf. *Opera omnia,* ep. XXXVI, p. 524. The ms. has only lines 1-10 and line 16, which are followed by short excerpts from other letters without titles.

f. 140. blank.

f. 140ᵛ. Eneas Silvius laudat agriculturam [ad Joanni Ptolomaeo patruo suo].
Inc.: Elegisti ut audio senectuti. . . pluvia nocet nec estus. Vale.

Cf. *Opera omnia,* ep. V, p. 503.

f. 141-147. [Epistola ad Sbigneum Olesnicki. Oct. 27, 1453].
Inc.: Reverendissimo in christo patri domino Sbigneo

sacrosancte romane ecclesie tituli sancte prisce presbytero cardinali ac pontifici cracoviensi domino suo colendissimo eneas episcopus senensis... heraldus alfonsi regis portugallie nicolaus chranstowsky... ex nova civitate austrie.

    Cf. Baca, *op. cit.*, pp. 113-136; *Opera omnia,* pp. 934-946.

ff. 147ᵛ-160. [LETTERS OF SAINT BERNARD]

ff. 147ᵛ-150. Epistola [Sermo] beati Bernardi de morte fratris sui Gerardi super canticum.
Inc.: Quamquam et meror finem... modum que iudixeris.

    In the margin of f. 150: Alibi vidi hunc finem: Debitis humanis officiis amicum... quia cum deo est.
    Cf. PL 183, c. 904D-912. The ms. lacks about one column of the beginning of the sermon printed in Migne. The addition at the end: Debitis humanis, is the first ten lines of Sermo XXVII on c. 912.

f. 150ᵛ. Ex epistolis enee silvi.
Inc.: Quidam sapiens ait: Apud privatos viros optimam vitam hec est felicitatem... De paupertate fugienda vide hic: Apud italos Anthonius Massetanus ex ordine minorum magnus verbi dei predicator... his liberatus sum, etc. Nota dignum et tu fac similiter... eneas in quadam epistola ad socium suum philosophum johannem campisio quare senes magis curant divitias quam iuvenes, etc.: Aliorum litteras que ad me scribuntur semel... gaudii intueberes, etc.

ff. 151-152. blank.

f. 152ᵛ. Anthonius Senensis in nuptialibus iocis.
Inc.: Literis an doleas quod meus sobolem dominus... patet pestis si pestis est, etc.

    Cf. *Opera omnia,* ep. XV, pp. 510-511. The ms. has the text only to line 11 on p. 511.

ff. 153-155. Dyonisii descriptio Athenenneis.
Inc.: Atheniensium civitas munitissimus meniis mare florido mellitus ut sit dictum sit rivulis et fluminibus. . . habens vespere enim erat, etc. Transeo hanc visionem. Tunc sequitur historia passionis beati Dyonisii qui habetur alibi.

f. 155ᵛ. blank.

ff. 156-157ᵛ. Epistola beati Bernardi ad Fulconem puerum qui postea fuit Lingonensium archydiaconus.
Inc.: Bone indolis adolescenti F., frater Bernardus peccator. Inde letari in adolescentia. . . vel placere studeamus.

Cf. PL 182, 79-87, ep. II, but the text of the ms. has only passages of this letter and ends on c. 86, line 12.

f. 157ᵛ. Ad Brunonem Coloniensem archiepiscopum.
Inc.: Queris a me consilium. . . revelaverit ipse.

Ibid., 182, ep. VIII, c. 105, lines 1-8 only.

f. 158. Ad Honorium papam Bernardus.
Inc.: Aiunt apud vos. . . caritas suggerit.

Ibid., ep. XIII, c. 116, lines 4-8.

f. 158. Ad eumdem.
Inc.: Quanto ad vos. . . et vobis.

Ibid., ep. XIV, c. 117, lines 1-3.

f. 158. Ad Americum cancellarium.
Inc.: Viro illustri domino. . . fas est vale.

Ibid., ep. XV. c. 118-119.

f. 158. Ad Petrum cancellarium.
Inc.: Ego causam non. . . ut juste, etc.

Ibid., ep. XVI, c. 119, lines 4-8.

f. 158. Ad Suggerium.
Inc.: Amico karissimo et intimo. . . diffidendum.

The ms. adds: Hac fiducia mittimus vobis panem benedictionis. Vale. *Ibid.,* ep. CCLXVI, c. 470-472.

f. 158. [Sine rubrica].
Inc.: Amicum pauperum amico diviti mittimus ut de alterius habundantiam alterius inopia aliquatenus relevetur.

f. 158. Ad Hugonem comitem.
Inc.: Si causa dei. . . excelse.

Ibid., ep. XXXI, c. 135, lines 1-4.

f. 158. Dilectissimo suo et olim et modo N. [Ad Theobaldum comitem Campanie].
Inc.: Duo verbis commendamus in homine isto quem videtis paupertatem et religionem. . . requirere curavit.

Ibid., ep. XL, c. 147-148, line 3.

f. 158ᵛ. [Ad eundem]. Timeo vos gravari. . . amicorum necessitas.

Ibid., ep. XLI, c. 148, lines 1-3.

f. 158ᵛ. [Ad Henricum Senonesem archiepiscopum].
Inc.: Prioris precis nostre. . . quatenus videlict hic, etc.

Ibid., ep. XLVI, c. 148-149, line 5.

f. 158ᵛ. [Ad eumdem]. Videtis certe quantum. . . temeritate descendit.

> *Ibid.,* ep. XLIV, c. 148-149, line 5.

f. 158ᵛ. Ad Ermengardem comitissem Britanie.
Inc.: Recepi delicias. . . spiritu sancto est.

> *Ibid.,* ep. CXVII, c. 263, lines 1-8.

f. 158ᵛ. [Ad magistrum Gaufridum de Loratorio].
Inc.: Odor in flore. . . operis cognoscente.

> *Ibid.,* ep. CXXV, c. 269, lines 1-3 only.

f. 158ᵛ. [Ad universos cives Mediolanensium]. Ut ex scriptis vestris. . . credo datum, etc.

> *Ibid.,* ep. CXXXIII, c. 288, lines 1-3 only.

f. 158ᵛ. [Ad papam Innocentium].
Inc.: Si tristitia semper. . . humiliantur.

> *Ibid.,* ep. CXXXVI, c. 290, lines 1-11.

f. 158ᵛ-159. [Ad eumdem].
Inc.: Insolentia clericorum. . . negligere suam, etc.

> *Ibid.,* ep. CLII, c. 311, lines 1-19.

f. 159. [Ad eumdem].
Inc.: Dignatio vestra fecit. . . excusare.

> *Ibid.,* ep. CLXIX, c. 328, lines 1-6.

f. 159. [Ad Ludovicum Juniorum regem Francorum].
Inc.: . Si totus orbis. . .[Rom. 12.2] resistit, etc.

Ibid., ep. CLXX, c. 329, lines 1-6.

f. 159. [Ad papam Innocentium].
Inc.: Qui in aliorum. . . capitiseit.

Ibid., ep. CLXII, c. 331, lines 1-5.

f. 159. [Ad eumdem].
Inc.: Dico tamen ius. . . perierunt,etc.

Ibid., ep. CLXXVII, c. 339, lines 13-14.

f. 159. [Ad eumdem].
Inc.: Confidenter loquor et scribowuia fide amo.

Ibid., ep. CLXXVIII, c. 340, line 1.

f. 159. [Ad Conradum regem Romanorum].
Inc.: Scripto vestra. . . devotione.

Ibid., ep. CLXXXIII, lines 1-3.

f. 159. Ad Eustachium occupatorem Valentinae sedis.
Inc.: Salutem tibi vir. . . caritas iubet, etc.

Ibid., ep. CLXXXV, c. 346, lines 1-9.

f. 159. [Ad Guidonem legatum de episcopo Constantiensem].
Inc.: Arnaldus de Brixia cuius. . . vereor nociturue.

Ibid., ep. CXCVI, c. 363-364, line 2.

f. 159. [Ad magistrum Yvonem cardinalem].
Inc.: Magister Petrus de S. [Petrus Abelardus] sine regula. . . preter seipsum, etc.

>*Ibid.,* ep. CXCIII, c. 359, lines 5-20.

f. 159ᵛ. [Ad papam Innocentium].
Inc.: Puto satis apparet. . . consurgere ad vestram, etc.

>*Ibid.,* ep. CXCVIII, c. 365, lines 3-7.

f. 159ᵛ. [Ad eumdem]. Usquequo superbit impius et incenditur pauper?

>*Ibid.,* ep. CXCIX, c. 637, line 1.

f. 159ᵛ. [Ad magistrum Ulgerium Andegavensem episcopum].
Inc.: Lacrimas magis. . . scandalizatur.

>*Ibid.,* ep. CC, c. 367, lines 1-4.

f. 159ᵛ. [Ad Balduinum abbatem Reatini monasterii].
Inc.: Epistola quam. . . rescribere.

>*Ibid.,* ep. CCI, c. 369, lines 1-3.

f. 159ᵛ. Ex persona Helye monachi ad suos parentes.
Inc.: Sola causa. . . reducere moliuntur.

>*Ibid.,* ep. CXI, c. 253-254C.

ff. 159ᵛ-160. Ad Gaufredum Lexoviensem.
Inc.: Doleo super te. . . inventus est.

>*Ibid.,* ep. CXII, c. 255-256.

f. 160. [Ad reginam Jerosolymorum].
Inc.: Audiunt homines. . . in moribus.

> Ibid., ep CCVI, c. 373, lines 1-5.

f. 160. [Ad papam Innocentium].
Inc.: Si cura si. . . valeo debitorem.

> Ibid., ep CCXIV, c. 378-379, line 3.

f. 160. [Ad eumdem].
Inc.: Scriptum est. . . deum disiungere.

> Ibid., ep CCXVI, c. 379-380, line 1.

f. 160. [Ad eumdem].
Inc.: Tribulatio et. . . carceribus.

> Ibid., ep CCXVII, c. 380-381, line 2.

ff. 160^v-162. [LETTERS OF SAINT CYPRIAN]

f. 160^v. [Cypriano fratri Nemesianus Dativus Felix et Victor].
Inc.: Karissime litteris tuis. . . discussisti.

> CSEL III: ii. ep. LXXVII, p. 835, lines 13-18.

f. 160^v. [Cypriano Papae Moyses et Maximus]. Illuxerunt enim. . . et docuit, etc.

> Ibid., ep. XXXI, p. 557, line 13-p. 558, line 3.

f. 160^v. [Cypriano fratri et collegae Lucius].
Inc.: Quibus per lectis. . . robustius animati, etc.

Ibid., ep. LXXVIII, p. 836, lines 14-16.

f. 161. [Cyprianus ad Donatum epistola prima].
Inc.: Bene ammones donate. . . pascit obtutus, etc.

Ibid., p. 3-4, line 2.

f. 161ᵛ. Cyprianus ad Demetrianum.
Inc.: Scire debes senuisse iam. . . indignatis accendi, etc.

Ibid., p. 352, line 22-p. 354, line 14.

f. 162. Pseudo-Cyprianus in epistola de laude martyrii.
Inc.: Seviens locus cui nomen. . . auctiora sunt premis, etc.

CSEL III: iii., p. 43, line 3-p. 41 line 12; Clavis (1961), pp. 11-14).

ff. 162ᵛ-163ᵛ. Ex epistolis Abelardi parisiensis repulata et Heloysia sua.

These are short quotes, usually about one line long, and mostly from the Historia Calamitatum.

f. 163ᵛ. Ex epistolis Enee in cardinalatu. [Short quotes from the letters of Cardinal Piccolomini.]

ff. 164-165ᵛ. Epistola filii ad patrem.
Inc.: Et si pater mi amantissime non modice verebar. . . anni succrescent sanius scribam. Johannes filius vestre magnifice dominationis Bononie rector. [Added in lower margin]: Ostroko.

f. 166ʳ⁻ᵛ. blank.

f. 167. [belongs after f. 171ᵛ.]

ff. 168-173ᵛ. Responsio Pii pape secundi oratoribus regis Francie facta Mantue 1459 mensis decembris.
Inc.: Responsium verbis vestris insignes oratores. . . vocabitur christianus.

Mansi, v. 32, pp. 230-251.

ff. 174-175ᵛ. blank.

ff. 176-180. Oracio Pii pape secundi ad principes contra Thurcum facta.
Inc.: Cum bellum hodie adversum turcorum. . . rogamus qui cum patre et spiritu sancto sine fine regnat.

Opera omnia, pp. 905-914.

ff. 180ᵛ-184ᵛ. blank.

ff. 185-189. Ex epistola Enee Silvii de statu curiensium, excerpta.
Inc.: Eneas Silvius salutem plurimam dicit domino johanni ayth perspicaci et claro iurisconsulto. Stultos esse qui regibus serviunt vitamque tum infelicem tumque miserrimam ducere curiales.

[The scribe adds here]: Obmisi quasi dimidiam. [The ms. then starts with]: Iam de tactu [the beginning of ch. 17 in the printed edition, and contains the rest of the text]. *Expl.:* ex pruk supra murum salzburgi dyocesis pridie kalendas decembris anno domini MCCCCXLIIII indictione .VIIª.
Cf. Wilfred F. Mustard, ed., *Aeneas Silvii de curialium miseriis epistola* (Baltimore, 1928), pp. 21-69.

f. 189ᵛ. blank.

ff. 190-193. Eneas Silvius poete laureatus salutemplurimum

dicit domino Johanni de Ayth perspicaci... Stultos esse qui. .. velit quam audire.

    This is chapters 1-16 missing in ff. 185-189 above.
    Cf. W. P. Mustard, *op. cit.*, pp. 21-41; *Opera omnia*, ep. CLXVI, pp. 720-727, line 10; Wolkan, ep. 166, pp. 453-467, line 12.

ff. 193ᵛ-194. Epistola fratris Gabrielis de Verona missa ad Georgium de Podiebrad.
Inc.: Nuper delate sunt copie sive transumpta quarundam litterarum · apostolicarum... rescinde quem citius mihi rescribas, etc.

ff. 194ᵛ-196ᵛ. blank.

ff. 197-199ᵛ. Reverende pater et domine mi colende. Viro insigni et singulari virtute predito domino Artongo juris utriusque doctori Eneas poeta salutem dicit.
Inc.: In aula cesaris cum nuper... [f. 199]: non adquiescam. Vale.

    The text on f. 199ᵛ belongs, as the scribe indicates in the margin, at the place indicated. Cf. Wolkan, Band I, pp. 132-144.

f. 200. Decretum Concilii Basiliensis de conceptione sancte Marie.
Inc.: Sacrosancta generalis sinodus Basiliensis in spiritu sancto... Elucidantibus divine gratie misterium... Datum Basilee in sessione nostra publica in maiori ecclesia basiliense solempniter celebratur .xv. kalendas octobris anno a nativitate MCCCCXXXIX apostolica sede vacante.

    Mansi, v. 29, c. 182.

f. 200ᵛ. blank.

On the inside of the front cover one finds in 15th c. hands: "Pro ecclesia in Reichenbach 1493", "Liber Johannis Andree de Nyssa detur post mortem suam Ioselph Czelfkendorf (?) in Cracovia." "Anno domini MCCCCLXXX quarto in crastino nativitatis sancti JohannisBaptiste iste liber donatus est mihi Martino Leheure per honorabiles viros dominos Nicolaum Halbendorff, canonicum Nissensem et Martinum Kwineyse vice-cantorem ecclesie maioris Wratislavi executores ultime voluntatis olim domini Johannes Andree de Nissa cuius anima in pace requiescat".

The ms. is bound in brown morocco over wooden boards. It has the remains of two metal clasps without their straps and chained binding with five chain links. Title written in black ink on spine: Aeneas Sylvius Chronica Bohemorum.

31

De Doctrina Christiana of St. Augustine

15th c.; vellum; 163 x 243 mm.; ff. III, 72, III; 1 col.; 30 lines; catchwords.

ff. 1-72. **AUGUSTINUS [DE DOCTRINA CHRISTIANA]**.

f. 1. *Inc. prol. I:*   Libros de doctrina christiana cum perfectos. Hoc opus sic incipit: sunt precepta quedam... occurit exordium. Explicit prologus.

This is chapter 30, book II of St. Augustine's *Retractations.* Cf. CSEL, v. 36, pp. 135-137.

ff. 1-3. *Inc. prol. II:* Sunt precepta quedam... occurit exordium.

ff. 3-13^v. *Inc. lib. I:*   Due sunt res... deus dederit disceremus.

ff. 14-32^v. *Inc. lib. II:*   Quoniam cum de rebus... donarum dignabitur.

ff. 32^v-49. *Inc. lib. III:*   Homo timens deum... donaverunt disseramus.

ff. 49-72. *Inc. lib. IV:*   Hoc opus nostrum... facultate disservi. Expliciunt .iiii^{or}. libri de doctrina christiana secundum saunctum Augustinum.

Pius Knoll, ed., "Sancti Aureli Augustini Retractionum libri duo," in CSEL, c. 80 (1902), pp. 3-169.

The initial letter of each book is in gold against a blue and mauve background from which green and stems and leaves decorate the margins.

The binding is of violet velvet — badly worn — over wooden boards with corner metal ornamental pieces and metal clasp. Center of front cover contains metal armorial of a sheaf of wheat. Inside cover lining is silk with floral design in crimson and pink against a background of pale green.

32

French Royal Decrees of the 16th Century

ca. 1633; paper; 225 x 358 mm.; ff. 64; 1 col.; 20 lines; catchwords.

ff. 1-4ᵛ. blank.

f. 5ʳ⁻ᵛ. [Table of contents of the collection of extracts from historical sources and various royal decrees concerning lèse majesté. Each extract is followed by a bibliographical reference.]

ff. 6-27. **DE LA CONFISCATION DES BIENS POUR CRIME DE LESE MAIESTE.** Confiscation des biens sujets à substitution.

ff. 6-9. Ordonnance du roy Francois I à Villiers Costerests, l'an 1539 en aoust.

ff. 10-11ᵛ. Iugement contre Iean sans terre roy d'Angleterre 1202.

ff. 12-13. Relegation: Arrest de la cour Parlement de Paris en l'an 1488, mars 24 [contre] Philippes de Commines.

ff. 13-15. Arrest contre Brion et Esguyeres, 1523.

ff. 15ᵛ. Acquiter les debtes des biens confisquez pour crime de lèse maiésté.

f. 17ʳ⁻ᵛ. Arrest contre le duc de Biron 1602.

ff. 17ᵛ-19. Arrest contre le Duc de Montmorency 1633.

f. 19ʳ⁻ᵛ. Arrest contre l'Admiral de Chastillon, 1562.

ff. 19ᵛ-20ᵛ. Arrest contre Francois Comte de Dunois, 1488.

f. 20ᵛ. Arrest contre Ravaillac, 1610.

f. 21. Biens confisquez sur les criminels de lèse maiésté ne leur peuvent estre remis.

f. 21-22. L'ordonnance du roy Henri III à Paris l'an 1579 sur Plainctes et Doleances des Estats á Blois en l'an 1576. Art. 183.

ff. 22-23. [Contre] Charles I duc de Lorraine. . . 1412 le 1 aoust. . . et pardon Febvrier 1413.

ff. 23-24^v. [Arrest de la cour de Parlement en l'an 1458 contre Jean II duc d'Alencon et pardon a Tours 1461, rearrest en l'an 1472].

f. 25. Dons des biens confisquez pour crime de lèse maiésté sont valables encore qu'ils soyent demeurez plus de dix ans reunis à la couronne.

f. 25^{r-v}. Confiscation des Biens du Comte de Sainct Paul, connetable de France. 1475.

ff. 25^v-26. Confiscation des biens de Charles II duc de Bourbon, 1527-1560.

f. 25^v-26. Que les dons de confiscation ne valent s'ils sont faicts auparavant le Iugements de condemnation.

ff. 26^v-27^v. Ordonnance du roy Charles IX. . . à Orleans Jan. 1560. . . et l'Ordonnance du Roy Henri III, Paris, May 1579.

ff. 28-43^v. **QUE LE ROY N'EST TENU DE METTRE HORS DE SES MAINS LES FIEFS TENUS DE LUY MEDIATEMENT ET EN ARRIEREFIEF, AINS LES PEUT UNIR AU DOMAINE DE LA COURONNE.**

ff. 28-32^v. Ordonnance du Roy Philippes le Bel à Paris l'an 1302 le lundy après la My Caresme, confirmée par le roy Iean II en l'an 1354.

ff. 33-35^v. [Edict de Louys à St. Germain en laye au mois de May 1316]

ff. 35^v-37. [Ordonnances de Louis X au Bois de Vincennes au mois d'Apvril, 1315.]

ff. 37-38^v. L'Arrest de la Cour de Parlement de Paris en l'an 1412, le 1 d'aoust contre Charles I duc de Lorraine et ses complices.

ff. 38ᵛ-39.　Arrest contre Charles II duc de Bourbon, 1527.

f. 40ʳ⁻ᵛ.　L'Ordonnance du roy Francois I à Villiers Costerests l'an 1539 en Aoust.

ff. 40ᵛ-41.　Arrest contre Poltrot pour avoir assassiné le duc de Guise... l'an 1562, le 29 mars.

f. 41ʳ⁻ᵛ.　L'arrest en l'an 1595 le 6 juillet contre le duc d'Aumale.

f. 41ᵛ.　L'arrest contre Charles [III] dernier duc de Lorraine l'an 1634 le 5 novembre.

ff. 42-43.　Commission au procureur general du roy au Chastelet de faire la Foy et Homage pour et au nom du roy, 1423, 1430, 1492.

ff. 43ᵛ-49ᵛ.　DU SERMENT ET PROMESSE QUE LES ROYS DE FRANCE FONT À LEUR SACRE ET COURONNEMENT POUR LE BON GOUVERNEMENT ET SEURTÉ DE LEUR ROYAUME.

ff. 43ᵛ-44.　Le livre intitulé l'Ordre qui s'observe au sacre et couronnement des rois de France qui est en la bibliotèque du roy proche des Cordeliers et a esté mis par escript du regne du roy Louis VIII environ l'an 1223.
Inc.: Erigatur rex de solio ab episcopis et haec promittam dicat...

ff. 44-45.　Le livre du sacre des rois de France corrigé et escript en l'an 1365 du commandement du roy Charles V et qui est inseré au livre intitulé Titres d'honneur de Iean Selden, Imprimé à Londres, 1631, pp. 225-226.
Inc.: Item haec dicit Rex et promittit...

ff. 45-46.　L'Ordre observé au Sacre et Couronnement du Roy Charles VIII à Rheims l'an 1484. Extraict des archives de l'eglise de Rheims.
Inc.: Puis feit les autres promesses...

f. 46ʳ⁻ᵛ.　L'Ordre observé au Sacre et Couronnement du roy Francois I à Rheims l'an 1514.
Inc.: Outre de dict Seigneur promeit...

ff. 46ᵛ-48ᵛ. L'Ordre observé au Sacre et Couronnement du roy Henry le Grand à Chartres l'an 1594. Mis par escript par Nicolas de Thou, evesque de Chartres. Inséré au livre intitulé le Ceremonial de France imprimé l'an 1619 pag. 629, 630.

f. 49ᵛ. Ce qui a esté reiteré au Sacre et Couronnement du Roy à present regnant en l'an 1610. Ainsi qu'il se veoit par le Discours qui en a esté imprimé chez Richer au dict an.

ff. 50-60. **DE LA PUNITION ET CHASTIMENT ORDONNÉ PAR LES EMPEREURS CHARLES V ET FERDINAND I ET PAR PHILIPPES II ROY D'ESPAGNE CONTRE LEURS SUBIETS REBELLES TANT ÈS ROYAUMES DE CASTILLE ET D'ARRAGON QUE EN ALEMAGNE ET EN BOHEME ÈS ANNÉES 1523, 1547 et 1591.**

f. 50ᵛ. blank.

ff. 51-53. De la sedition et rebellion de plusieurs seigneurs et villes du Royaume de Castille contre l'empereur Charles V 1520, 1521.

ff. 53ᵛ-56ᵛ. De la sedition et rebellion de la ville de Sarragosse et d'aucuns seigneurs du royaume d'Arragon contre Philippes II roy d'Espaygne, 1591.

ff. 57-58ᵛ. De la rebellion des princes et estats Protestants d'Alemagne contre l'empereur Charles V es annees 1546 et 1547.

ff. 59-60. De la rebellion de ceux du royaume de Bohème en l'an 1547.

ff. 60ᵛ-64ᵛ. blank.

The ms. is bound in parchment over cardboard.

33

Treatise on Episcopal Visits of Augustinus Folpertus

1529; paper; 200 x 280 mm.; ff. 52; 1 col.; 23-25 lines; catchwords.

f. 1. Title page: EX CODICIBUS JOANNIS ANGELI DUCIS AB ALTAEMPS. JOANNIS AUGUSTINI FOLPERTI DE VISITATIONE EPISCOPATUS SEU DIOCAESIS.

ff. 1ᵛ-2ᵛ. Ad reverendissimum D.D. ac patronum Philipum Arivabene archiepiscopum Monovasiensem Jo. Augustinus Folpertus, J. U. doctor in tractatu visitationis.

f. 1ᵛ. *Inc. Pref.:* Que me potissimum rati duxerit ut tibi hoc nostri qualiscumque operis dicarem. . . nos benevolentia procesuram existimamus. Vale. Cremone sexto idus may MDXXVIIII°.

f. 3-49ᵛ. *Inc.: Intellectu tibi dabo et instruam et in via hac qua gradieris ait dominus omnipotens* [Ps 31, 8]. Intellectus igitur est munus divinum seu benefitium. . .

f. 49ᵛ. *Expl.:* Valeat semper tua reverendissimo D. cui meque plurimum comendo. Finis deo gratias.

ff. 50-52ᵛ. blank.

Bound in limp boards. Cf. Joseph Rubenstein, Catalog Three, n. 23, 1967. The ms. catalog of the Altaemps library, in very poor condition, is in the Newberry Library in Chicago.

34

Roman de la Rose

15th c.; vellum; 222 x 300 mm.; ff. III, 141; 2 cols.; 39 lines; catchwords; French gothic script.

- f. I^{r-v}. blank.

- f. II. [Modern title page]: LE ROMAN DE LA ROSE OUVRAGE ANCIEN COMMENCE PAR GUILLAUME LORRIS EN MCCLX ET FINI PAR JEAN DE MEUN DIT CLOPINEL EN MCCC OU ENVIRON.

- f. II^v. blank.

- f. III^{r-v}. Modern evaluation of the Roman.

- ff. 1-140. [ROMAN DE LA ROSE BY GUILLAUME DE LORRIS AND JEAN DE MEUN.]

- f. 1. *Inc.:* Maintes gens dient que en songez
  N'a sinon fables et mensongez

- f. 140. *Expl.:* Atant fu jourz e je m'esveille.

Cf. Ernest Langlois, *Le Roman de la Rose,* 5 vols. (1914-1924); Felix Lecoy, *Le Roman de la Rose,* 3 vols. (1963-1970) (Les classiques francais du moyen age, vols. 92, 95, 98). The lines, numbered by tens, show that this manuscript has 21,636 lines; Langlois's edition has 21,780.

The large blue and gold initial on f. 1 contains a miniature showing an author seated writing in a book resting on his knees while two other persons stand near. The inner margin border of flowers in green, blue and gold extends around the bottom the width of the first column. The coat of arms consists of gules, 3 escallop shells, argent. The 16th century Italian brown morocco binding over oak boards covered with black leather sides is ornamented with broad arabesque borders enclosing an ornamental lozenge. On the inside cover is the bookplate: Ex libris Jacobi P. R. Lyell. The manuscript was sold at the Didot sale, 3rd portion, 1881. No. 21, p. 21.

35

Book of Hours

15th c.; vellum; 078 x 102 mm.; ff. 185, 1 col.; 17 lines per page.

f. 1. [Portrayal of the Epiphany painted in an oval. The four spherical triangles which fill out the page have stems, leaves and flowers. The painting was added to the ms. in the 17th-18th c.]

ff. 1ᵛ-12ᵛ. [LITURGICAL CALENDAR. Besides the traditional feasts normally found in liturgical calendars, this ms. lists] *Amandi* [Feb. 6]; *Milburge* [Feb. 23]; *David confessoris* [March 2]; *Walrici episcopi* [April 1]; *Brandani episcopi* [May 17]; *Egidii abbatis* [Sept. 1]; *Bertini abbatis* [Sept. 5]; *Lamberti* [Sept. 17]; *Remigii et Bavonis* [Oct. 1]; *Livini episcopi* [Nov. 12]; *Machuti episcopi* [Nov. 14]; *Elizabeth vidue* [Nov. 18]; *Nichasii episcopi* [Dec. 14]; *Thome archepiscopi* [Dec. 29].

f. 13ʳ⁻ᵛ. blank.

f. 13ᵛ. [Miniature of Our Lady and John at foot of the Cross].

ff. 14-20ᵛ. INCIPIUNT HORE DE SANCTA CRUCE.

f. 14. *Inc.:* Domine labia mea aperies. . . sim corone. Amen.

f. 21ʳ. blank.

f. 21ᵛ. [Miniature of the Virgin holding the infant Jesus on her lap].

ff. 22-27ᵛ. INCIPIT MISSA BEATE MARIE VIRGINIS.

f. 22. *Inc.:* Introibo altare dei.

ff. 28-32ᵛ. [EXCERPTS FROM THE FOUR GOSPELS.]

ff. 28-29. Initium. ewangelii secundum Johannem [1, 1-14]: In principio erat verbum. . .

f. 29-30ᵛ. Secundum Lucam [1, 26-38]: In illo tempore missus est angelus gabriel. . .

ff. 30ᵛ-32. Eecundum Matheum [s, 1-12]: Cum natus esset ihesus. . .

f. 32ʳ⁻ᵛ. Eecundum Marcum [16, 14-20]: In illo tempore recumbentibus undecim discipulis. . .

ff. 33. blank.

f. 33ᵛ. [Miniature of the Annunciation].

ff. 34-98ᵛ. **INCIPIUNT HORE BEATE MARIE VIRGINIS SECUNDUM CONSUETUDINEM ROMANE ECCLESIE.**

ff. 34-52ᵛ. Ad matutinum.

ff. 53-64ᵛ. Ad laudes.

ff. 65-69ᵛ. Ad primam.

ff. 70-74ᵛ. Ad tertiam.

ff. 75-79. Ad sextam.

f. 79ᵛ. blank.

ff. 80-84ᵛ. Ad nonam.

ff. 85-92ᵛ. Ad vesperas.

ff. 93-98ᵛ. Ad completorium.

ff. 99-111ᵛ. **INCIPIT OFFICIUM BEATE MARIE VIRGINIS QUOD DICITUR PER TOTUM ADVENTUM AD VESPERAS.**

f. 99. *Inc.:* Deus in adiutorium. . . ora pro nobis deum alleluya alleluya.

ff. 112-115ᵛ. **ORATIO AD MARIAM VIRGINEM.**

f. 112. *Inc.:* Ocsecro te domina mea. . . et michi famulo tuo impetres. . . a dilecto filio tuo. . . maria mater dei et misericordie amen.

f. 116. blank.

f. 116ᵛ. [Miniature: Our Lady and another person kneeling and looking up to Christ, seated, and with right hand raised. An angel with horn is on each side of Him].

ff. 117-127ᵛ. **INCIPIUNT SEPTEM PSALMI** [penitentiales]. These are Pslams 6, 31, 37, 50, 101, 129, 142.

ff. 127ᵛ-138. **[LITANY OF THE SAINTS]**.

f. 128ᵛ. *Inc.:* Kyrie eleyson. . . Bernarde, Francisce, Ludovice, Eligi, Egidi, Dominice. . . Clara, Amelberga, Elyzabeth, Ursula, Martha. . .

f. 136. Oratio. . . miserere famulo tuo ministro nostro et dirige eum. . .

f. 139ᵛ. [Miniature of tonsured monks standing around a casket and nuns mourning in the background].

ff. 140-185. **INCIPIUNT VIGILIE MORTUORUM**. Antiphona. Placebo. Psalmus David. Dilexi quoniam exaudiet. . .

f. 185ᵛ. blank.

For bibliography, cf. *supra* ms. 4. The ms. is bound in black morocco with two metal clasps.

36

Handbook of Scripts of Henry Chausse

1682-1695; paper; 150 x 180 mm.; 33 ff.

ff. 1-32. Calligraphic alphabets, Biblical passages, epigrams, indenture samples, and other brief documents, some of them signed "Henry Chausse scripsit."

f. 33. Epigram ("Wisdom is not contained in an observing of others. . ."), signed by Charles Herbert, followed by a small cursive ex libris: "his book/January 7, Anno Domino 1702/3."

Nothing is known of Henry Chausse, and he does not appear in Ambrose Heal, *The English Writing-masters and Their Copy-books 1570-1800* (Cambridge, 1931). Other names appearing in the indentures or elsewhere in the MS are Conradus Houghton (Epping, Essex); Humfrey Dunster, Jonathan Dunning (Warmington, Northampton), Jonathan Austin, David Houghton.

The entries are written in red and black, on the recto sides only. The book is bound in modern boards covered with green and gold floral-tapestry paper.

Purchased from Joseph Rubinstein, Tucson, in 1967.

37

Consecration and Coronation of Claude of France

1517; parchment; 155 x 223 mm.; ff. 36; 1 col.; 18 lines.

ff. 1-36ᵛ. [CONSECRATION AND CORONATION OF CLAUDE OF FRANCE].

f. 1. *Inc.:* La noble dame arriva a sainct denis le sabmedi au soir .ix. jour de may [1517] bien acompaignee. . .

f. 36ᵛ. *Expl.:* lui doivent fruict bonne longue vie.

Four other mss. of this ceremony are known, two in the Bibliotheque Nationale (Fr. 5750 and Fr. 14116) and two in the British Library (Stowe 582 and Cotton Titus A XVII). The text, with slight variations from the present ms., in printed in Theodore Godefroy, *Le ceremonial de France* (Paris, 1619), and again in his 1649 edition, *Le ceremonial francois*, I, 471-486. This ms. lacks the full-page illustrations present in the other four but contains numerous ornamental initials in red or blue and white on gold. One of the British Library miniatures, depicting Claude's coronation, is reproduced in Desmond Seward, *Prince of the Renaissance: The Golden Life of Francois I* (New York, 1973), p. 74.

The initial letters of each paragraph are blue and white set in square backgrounds usually brown or gold. At the top of f. 1 appears the note, "Donum Rev. Evan Evans to Evan Lloyd Vaughan 1771" along with Vaughan's ms. ex libris. The name Thomas Williams appears in an effaced note at the top of f. 28 (otherwise blank), and the surname Williams is visible also in another effaced note on f. 35. The inside front cover bears the bookplates of "William Merton,

MDCCCCXX," and "Cors-y-Gedol, Library" [Lord Mostyn collection]. The modern binding is of stiff vellum over boards with marbled endpapers. The binder's title on the spine is gold-stamped on a green panel: "Sacre de Claude de Bretagne MS."

Purchased from H. P. Kraus in 1968.

38

Coptic Psalter

18th c.; parchment; 215 x 195 mm.; ff. 166; 1 col.; 21-22 lines. Inserts: 18th c.; paper; 155 x 215 mm.; f. 1; 1 col.; 12-13 lines.

ff. 1-144. **PSALTER DAWIT**.

Psalms 2, 3 and 4 also add the Psalter of the Virgin (Mazmura Dengel). This is unusual. The Psalter of the Virgin is a rare enough addition, but when it is present, it is added to every Psalm and canticle. The manuscript is written in Ge'ez, the classical language of Ethiopia.

ff. 1-123ᵛ. **MAZMURA DAWIT**. [151 Psalms of David].

On Psalm 151 cf. A. Rahlfs, *Septuaginta,* 5th ed., Vo. II (Stuttgart, 1952), p. 163.

ff. 123ᵛ-136. **MAHALEYA NABIYAT**. [15 Biblical Canticles].

ff. 123ᵛ-124ᵛ. [1st Canticle of Moses (Ex. 15, 1-19 — Ode 1)].

ff. 124ᵛ-125ᵛ. [2nd Canticle of Moses (Dt. 32, 1-21 — Ode 2A)].

ff. 125ᵛ-127ᵛ. [3rd Canticle of Moses (Dt. 32, 22-43 — Ode 2B)].

ff. 127ᵛ-128. [Canticle of Hannah (I Sam. 2, 1-10 — Ode 3)].

ff. 128-128ᵇ. [Canticle of Hezekiah (Is. 39, 10-20 — Ode 11)].

ff. 128ᵛ-129ᵛ. [Canticle of Manasseh (Rahlfs II, 180 f. — Ode 12)].

ff. 129ᵛ-130.   [Canticle of Jonah (Jon 2, 3-10f. — Ode 12)].

ff. 130-131.   [Canticle of Azariah (Dn. 3, 26-45 — Ode 6)].

f. 131.   [Canticle of the Three Children (Dn. 3, 52-56 — Ode 8A)].

ff. 131-132ᵛ.   [Canticle of Hananiah, Azariah and Mishael (Dn. 3, 57-88A — Ode 8B)].

ff. 132ᵛ-134.   [Canticle of Habakkuk (Han. 3, 1-19 — Ode 4)].

ff. 134-135.   [Canticle of Isaiah (Is. 26, 9-20 — Ode 5)].

ff. 135-135ᵛ.   [Canticle of the Virgin Mary (Lk. 1, 46-55 — Ode 9A)].

ff. 135ᵛ-136.   [Canticle of Zechariah (Lk. 1, 68-79 — Ode 9B)].

f. 136.   [Canticle of Simeon (Lk. 2, 29-32 — Ode 13)].

The Biblical Canticles are also in A. Rahlfs' work in a separate section called Odes.

ff. 136ᵛ-144.   MAHALEYA MAHALEY. [Song of Songs of Solomon, divided into 5 canticles].

ff. 145-155.   WEDDASE MARYAM. [The Praises of Mary, usually attributed to St. Efrem, divided into readings for the days of the week: f. 145 Monday; f. 146 Tuesday; f. 147ᵛ Wednesday; f. 149ᵛ Thursday; 151ᵛ Friday; f. 153 Saturday; f. 154 Sunday].

ff. 155-159ᵛ.   ANQASA BERHAN. [The Gate of Light, a poetical praise of Mary, like the preceding, but shorter and not divided into readings].

ff. 159ᵛ-163ᵛ.   SAQOQAWA DENGEL. [The Lamentation of the Virgin].

These are the principal contents of the manuscript. In addition there is:

ff. 85ᵛ-86ᵛ. [HYMN TO THE VIRGIN] Tafashi, Maryam, dengelta sega wa-helina. [Rejoice, Mary, virgin in body and mind].

f. 144ʳ⁻ᵛ. SALAMTAM ZA-KIROS. [A greeting to St. Kiros].

f. 144ᵛ. [Two prayers, apparently of a superstitious nature].

ff. 163ᵛ-164. [HYMN TO THE VIRGIN MARY] Sarawita samayat ba-enti aki yebelu. [The hosts of heaven say in your regard].

f. 164ᵛ. [The (magical) names which God gave to Ananiah, Azariah and Misael]: Asmat za-wahaboma Egzi-abher la-Ananya, Azarya wa-Misa'el.

f. 164ᵛ. [A prayer (?) which Our Lord told to Thomas].

Loose sheet 1 is from an 18th c. Coptic manuscript and contains a doxology for the Epiphany, together with the heading, in Arabic, for a second one that came on the following sheet. The two loose Ethiopic leaves contain: f. 1: Not sufficiently legible to identify. ff. 1ᵛ-2: The prayer of the Thief [Salota sarage]. It is a magical prayer. Perhaps it is meant to protect against theft.

The dating of the Ethiopic sheets is uncertain but the 18th c. is at least credible. The ms. is bound in thick wood boards. A Greek cross is carved into the outside of the front cover. Four smaller Greek crosses are carved in the angles formed by the large cross. On f. 123ᵛ there is a note of ownership by a certain Walbe.

I am indebted to Dr. William Macomber of Saint John's University, Collegeville, Minnesota for the description of this manuscript.

39

A Protestant's Answer to Catholic Claims

ca. 1635; paper; 330 x mm.; ff. II; 82 pp. + I f; 41-42 lines; catchwords on each page.

ff. I-II. blank.

pp. 1-80. A reioinder to the reply of a pretended Catholicke who desired satisfaction in three particulars and promised thereupon to become a Portestant.

p. 1. *Inc.:* Worthy Syr, It seemes that out of your zeale to your cause, you were sore trobled to see two of your family leave your Romish Church...

p. 80. *expl.:* ... give place to truth and glory to god. To whose grace I commend you, now and for ever.

The letter is written by an unidentified Protestant, "in obedience to my superiours," to a Catholic in answer to the Catholic's challenge to the doctrine of justification by faith alone and related theological matters. The author cites mainly Catholic sources in support of his arguments: the Church Fathers, scholastic theologians, the Church Councils, and contemporary writers. The sources, with page references, are noted in the margins. On p. 79 and elsewhere the author refers to [Matthias Wilson's] "late reply" to Christopher Potter's *Charity Mistaken* (first pub. 1633). Wilson's reply, *Mercy & Truth, or Charity Maintayned by Catholiques,* was published in 1634. The present MS can thus be dated shortly thereafter; the pattern of other contemporary citations further suggests a date of about 1635.

The MS belonged to the Dering family of Surrenden, Kent, and probably had been acquired either by Sir Edward

175

Dering (1598-1644) or by Heneage Dering (1665-1750). It remained in the family collection until its sale to Thomas Phillipps by Puttick and Simpson on June 8, 1858 (lot n. 1655). It was n. 14936 in the Phillipps collection. In 1935 the MS was donated to Notre Dame by Sir Shane Leslie, who had been a visiting lecturer at the University. Leslie's letter of presentation is affixed to the inside front cover.

Along with the Dering and Phillipps numbers, the written shelfmark "L 8 39" appears on the recto of the first flyleaf. The MS is bound in cardboard, dating from before the 1858 sale.

40

Medieval English Chronicles: Geoffrey of Monmouth, et al.

15 c., after 1414; parchment; 230 x 335 mm.; ff. III, 57: ff. I-III, 36-37, 40-41, 48-57 are paper; 2 col.; 70-74 lines.

f. I-III ᵛ. blank.

f. 1. Here ys contayned hereafter in this present volume theis famose and auncyent cronicles and monumentes ensueinge that is to saie firste a brefe cronycle of all emperors from Romulus and Remus unto Fredericus, secondarilye ensueth the notable cronicle of Brittayn written by Galfridus of Monmouthe, thirdly the rare excellente booke of Methodius de millenariis seculi, and lastly a pleasaunt Epytomy or brefe cronicle of Englande ffrom Noye to henry the fourth written by [blank] all whiche being likelye to have been confounded for wast parchment in a chaundeless hande, was preserved, bought and newe bounde at the chardge of Valentyne Leigh in the yere of oure Lorde Godd 1560 per Valentinum Leigh.

Leigh is described as a "miscellaneous writer" in *DNB* XI, 879. The f. 1 was written by its owner, Valentyne Leigh, in 1560.

ff. 1ᵛ-2ᵛ. blank.

ff. 3-10ᵛ. **CRONICE MARTINI** [from colophon].

f. 3. *Inc.:* Secundum Orosium ad Augustinus a creatione mundi ad urbem rome conditam fluxerunt anni 4484 et ab urbe condita ad christi nativitatem anni 715...

Col. 1 of f. 3 [r-v] has the genealogy of the Reges Juda, one under the other, from: 4480 Achas anno 16 Roma conditur, to f. 3[v]: 1571 Julius anno 5 hic primus monarchiam romanis optinuit. Each of the names of these rulers is encircled. Col. 2 has the names of: Reges, consules and tribuni Romanorum, also encircled and one under the other, from Romulus and Remus to Pompeius of f. 3[v]. The incipit above begins the third column of f. 3.

Column 1 continues on ff. 4-9[v] with: Sexta etas: Imperatores from Octavianus anni christi 1 anni mundi 5227 to Fredericus II: Iste Fredericus 95 imperator ab augusto primo cesare 1227 (f. 9[v]).

Column 2 of f. 4 has the names of the popes, each encircled and one under the other, from: Christus, Petrus to Nicholas III 1277 on f. 9[v]. Underneath the chronicle on Nicholas III, and in red ink, is: Hic terminantur cronice Martini. The list of popes continues on f. 10[r-v] and ends with: Johannes .23. anno domini 1414 celebravit consilium in Constancia civitate Alevannie ubi et ipse depositus est.

ff. 11-12[v]. blank.

ff. 13[a]-35[b]. [GALFRIDI MONUMENTENSIS HISTORIA BRITONUM].

f. 13[r-v]. De prima habitatione regni Anglie, etc.

f. 13[a-b]. *Inc.:* Ab origine mundi circa annos tria milia. . . nomine britanniam vocaverunt sicut patet in sequenti.

f. 13[b-c]. Genologia Priami regis Troie et Enee usque ad Brutum.

f. 13[b]. *Inc.:* Ciprus quidam filius cetini in cypro insula primus regnavit. . . filius cetini filius ranan filiis japhet filius noe.

f. 13[c]. De forma quorumdam ducum grecorum et troianorum.

f. 13[c]. *Inc.:* Dares frigius qui historiam troianorum scripsit ait se militasse usque dum troia capta. . . affabilem verecundam animo simplici piani.

178

f. 13 c-d. *Inc.:* Priamum regem troianorum vultu pulcro magnum voce suavi. . . animo simplici largam dap simile.

ff. 13 d-35 v. **TRANSLATIO GAUFRIDI ARCIRI MONEMUTENSIS DE GESTIS BRITONUM.**

f. 13 d. *Inc.:* Cum mecum multa et de multis. . . gratulatur affectu.

ff. 14 a-19 c. *Incipit liber I:* Eneas post troianum bellum excidium. . . inipabat principibus.

ff. 19 c-35 d. *Incipit liber secundus:* Interea contingit ut in romanis. . .

f. 35 d. *Expl. liber XII:* In latinum sermonem transferre curavi. Explicit historia britonum.

Cf. J. A. Giles, ed., *Galfridi Monumentensis Historia Britonum* (Publications of the Caxton Society, Vol. I, 1844). For other mss. of this text, see Acton Griscom's edition of it (New York, 1929) and Jacob Hammer, *Geoffrey of Monmouth Historia Regum Britanniae: A Variant Version Edited from Manuscripts* (Cambridge, Mass., 1951), p. 3, n. 1-5. Our ms. is not one of the variant versions. For a study of the text, cf. J. S. P. Tatlock, *The Legendary History of Britain* (Berkeley, 1950).

ff. 36-37 v. blank

ff. 38 a-39 a. **INCIPIT LIBER [PSEUDO-] METHODII OLYMPI DE MILLENARIIS SECULI.**

f. 38. Incipit liber Methodii episcopi ecclesie paterenys et martyris christi quem de hebreo et greco sermone in latinum transferre curavit id est de principio seculi et inter regna gentium et in finem seculorum quem illustris virorum beatus jeronymus in opusculis suis collaudavit.

f. 38. De primo millesimo seculi: Sciendum namque est nobis fratres Karissimi quemodo in principio creavit deus celum et terram. . . in fine seculorum.

Cf. *Biblioteca maxima patrum* (Lyon III, 1677), 727-734; *DTC* 10, 1606-1614.

ff. 39 a-c. HISTORIA ECCLESIASTICA SECUNDUM BEDAM [from colophon].

f. 39 a. *Inc.:* Verum ea que temporum distructione latius digesta sunt ob memoriam conservandum brevier recapitulari placuit. . . Anno igitur autem incarnationem dominicam 60 gaius julius cesar primus romanorum bello britannias. . . anno 734. . . ad lucem propriam est reversa. Hec de historia ecclesiastica secundum Bedam de Britannia et maxime gentium anglorum.

ff. 40-41 v. blank.

ff. 42 a-47 a. Anonymous chronicle.

f. 42 a *Inc.* Ab hiis tribus filiis noe texuntur generationes .lxxii. post divisionem in edificatione babel in agro sennaar tempore.

f. 47 a. *Expl.:* Magistri suspecti dicebantur de lollardi.

The genealogy starts with Noe, Sem and Japheth up through Woden. . . Alfred. . . Edward. . . William the Conquerer and Henry IV. On f. 46 d there is a note: *Ab Henrice 3° usque ad finem est totum de cronico Cestrensi.* The note, written by the scribe who copied the chronicle up through the reign of Henry III, refers apparently only to that part of the chronicle concerned with the reign of Henry III. The reign of Edward I is written by a different hand, the reigns of Edward II, Edward III, Richard II and Henry IV by a third hand. A comparison of the text of our ms. with the edition of Christie makes clear that the note is incorrect: some of the material in the ms. could come from the *Annales Cestriensis,* but much in the Annales is not in the text of the ms. and much of the material in the ms. text is not in the *Annales.* (Cf. R. C. Christie, ed., *Annales Cestriensis; or Chronicle of the abbey of S. Werburg at Chester* (Record Society for Lancashire and Cheshire, Vol. XIV, 1887). The *Annales* goes from 594 to 1295.

ff. 48-57ᵛ. blank.

Inside the front cover: "Ex libris C. W. H. Sotheby," with the legend: "ou bien ou rien." The last chronical was bought at Lord Burghley's sale for L1-16.
Early 17th c. binding in brown russia with gold tooled paneling, floral borders and scroll corner devices and dentelles. Blind tooling on back which has been restored. Gold tooled floral design on edges of covers and inside covers.

41

Diploma of the University of Padua

1670; parchment; ff. 4; 1 col.

f. 1. blank.

f. 1ᵛ. [An empty oval within a vertical oblong surrounded by a wide border of leaves, flowers, and a peacock, all done in blues, red, green and gold].

ff. 2-3ᵛ. [Diploma of the University of Padua granted to "Dominus Bernardinus Cominelli ad summum apicem doctorus iuris"].

f. 2. *Inc.:* In Christi nomine amen. Universis et singulis presens hoc publicum doctoratus. . . nos Camillus Abb. Varotus Cano. Pat.ˢ I.U.D. et in episcopatu Padue. . . anno a christi nat. MDCLXX, xviiii ind. xii die vero 29 mensis decembris

The diploma, in the form of a book, is bound in leather and stamped with gold on the outside of the front cover. The wax seal of Cardinal bishop Barbadicus of Padue is preserved in its circular metal container one centimeter high and is attached to the base of the binding of the diploma by two red cords. The container was covered with a thin brown leather stamped with a gold design. The original, though frayed ribbons, four centimeters wide and 27 centimeters long, are attached, two to each cover, to permit holding the booklike diploma covers together with bows.

42

Rule of the Ambrosian Society (Milan); Devotional Works, etc.

15th c. (after 1492)-16th c.; parchment; 260 x 185 mm.; ff. 65; 1 col.; 31 lines; catchwords.

ff. I-II ᵛ. blank.

f. III ʳ⁻ᵛ. [Table of contents of the 18 chapters of the following work].

ff. 4-49 ᵛ. LA ORDINATIONE DE LA REGULA NOSTRA AMBROSIANA.

f. 4. *Inc. Cap. I:* Nec arrogans videri estimo si inter socios meos suscipiam effectum huius reguli decendi... *cap. XVIII:* Millesimo quadringentesimo nonagesimo secundo die tertio maii investionis sancte crucis pro honore domini nostri jesu christi atque immaculate matris virginisque marie ac patris et patriarche divi nostri ambrosii presbyter johannes marcus cononicus divi martyris laurentii de caponibus primus invenit et fundavit scolarium congregationem societatis ambrosiane et ordines et constitutiones prefate societatis ambrosiane in isto libello scribere et adnotare fecit ac confirmavit. Quare huiusmodi humilitatis congregatio ac caritatis vinculo commota pro eo prefato johanni marco canonico divi martyris laurentii de caponibus orare dominum deum nostrum per omnem diem atque vicem congregationis ut constat in predicta regula capituli rogationum instituit et conformavit.

After the initial quotation in Latin from chapter 1 of the *De officiis* of St. Ambrose (PL 16.23, lines 1-9), the text is mostly in Italian up to the officium receptionis iuvenum included in chapter 15 (ff. 45-46 ᵛ). The remaining chapters are mostly in Latin. The work contains a number of quotations from the *De officiis* of St. Ambrose.

ff. 49ᵛ-51. **LETANIE DEVOTISSIME DOMINI NOSTRI YHESU CHRISTI SECUNDUM MOREM AMBROSIANUM.**

f. 49ᵛ. *Inc.:* Kyrieleyson. . . Jesu gloriose deus. *Rubric:* Nota: Rogationes iste dicantur in mane post tertiam semper omni die temporis officii. Oratio: Deus qui voluisti pro redemptione mundi. . .

f. 51. [Indulgenced prayers].

f. 51. *Inc.:* Papa Johanne a concesso a tuti quilli ch'dirano la infrascripta oratione. . . Oratio esta habet .xii. milia annorum per papam sextum quartum. . .

f. 51ᵛ. **PRECES IN QUID DIVUS BERNARDUS.**

f. 51ᵛ. *Inc.:* Agnosce homo aspice et diligenter considera. . . ergo deo servi. De miseria mundi: *Inc.* Quid mundus iste miser. . . omne fugax.

f. 51ᵛ. **FIDERICI IMPERATORIS EPITAPHIUM SUPER EIUS SEPULCRUM.**

f. 51ᵛ. *Inc.:* Tu qui transis ut mundum spernere possis
Hic lege et disce quam falax sit mundus iste
Caro fui viva: gratia vivens humana
Mundo fui liber: nunc iaceo sub lapide miser
Divitie quid prosunt cum me defendere non possunt
Nichil de mundo portare dicere queo
Quin vermium sim cibus: et terra undique mixtus
Si tu sentires quo tendis: et unde venires
Nunquam rideres sed omni tempore fleres
Aspice me miserum corpus cui cuncta favebant
Nunc brevis in stricto me tenet urna loco
Alta palatia: summa prudentia mundi
Non potuere mihi tollere posse mori.

> Quid valet hic mundus, quid gloria: guid-
> ve.triumphus.
> Quid valet argentum; quid aurum; quid annis
>   vivere centum
> Cum post miserum fumus pulvis et umbra sumus.
> Sed si pulchritudo: sensusque dominatio mundi
> Et nobilitas orti posset resistere morti
> Non esset extinctus in tumulo federicus imperator
>   qui iacet intus
> Cum tumulum cernis cur non mortalia spernis
> Namque in tali domo clauditur omnis homo.
> Ergo novissima tua recordare velis: et in
>   eternum non peccabis nec timorem mortis
>   timebis.

A late 13th c. tradition refers to the interment of Frederick II at Monreale by Manfred and to a rhymed epitaph of six lines composed by a cleric named Trontano. Our version of the epitaph, which contains the second and third of these six lines and seventeen more, seems to represent a later version of this aprocryphal tradition passed on by Giovanni Villani in his *Chroniche Fiorentine*. Cf. Josef Deer, *The Dynastic Porphyry Tombs of the Norman Period in Sicily* (Cambridge, Mass., 1959), pp. 20-21.

f. 51^v. bottom. Tabula ordinata per Johannem Marcum canonicum de caponibus.

f. 52. **ETHIMOLOGIA NOMINIS GLORIOSSIMI PATRIS NOSTRI AMBROSII** [from the colophon].

f. 52. *Inc.:* Ambrosius dicitur ab ambra que est species valde redolens. . . esca angelorum per gloriosam fruitionem eius vitam scripsit paulinus nolanus episcopus ad augustinum ipponensem episcopum doctorem eminentissimum. Explicit. Hec de ethimologia nominis gloriossimi patris nostri ambrosii.

This etymology appears also in the Ambrosiana ms. I. 246 Inf. (item no. 3).

ff. 52-53ᵛ. EPISTOLA BEATISSIMI DOCTORIS PSEUDO-AMBROSII MEDIOLANENSIS ARCHEPISCOPI DE MORIBUS ET HONEST VITA.

f. 52. *Inc.:* Dilecte fili dilige lacrimas et noli differe eas. . . vivendo contemnas.

Cf. PL 17, 749; Clavis, no. 1289 puts this text among the dubia of Valerius Bergidensis.

ff. 52ᵛ. ANTIPHONA IN COMMEMORATIONE SANCTISSIMI DOCTORIS AMBROSII.

f. 52ᵛ. *Inc.:* O clara lux fidelium ambrosi doctor. . . Oratio: Deus qui beatum ambrosium pontificem tuum. . . Alia antiphona: O ambrosia doctor optime pastor et dux. . .

ff. 53ᵛ-54. DE RATIONE TACENDI.

f. 53ᵛ *Inc.:* In primo de officiis: Rarum est tacere. . . ad tempus [PL 16. 25B]; Graviora enim. . . domini testimonium [PL 16. 26B-C]; Possessio tua. . . mens bona [PL 16. 27A but the ms. omits Ps. xi.7].

f. 54. *De elemosina.*

f. 54. *Inc.:* Beatus plane de cuius domo. . . debitorem misericordie.

f. 54. DE VERECUNDIA ADOLESCENTIE.

f. 54. *Inc.:* Est igitur bonorum commendatur nature [PL 16. 42C-43A].

ff. 54ᵛ-58. QUESTE SIE UNA DISPUTATIONE CHE FA LA MORTE CON LO PECCATORE. IN PRIMA PARLA LA MORTE ET DICE.

> Io son per nome chiamata morte
> Ferischo ognuno achi tocha la forte. . .
> E la morte sempre contemplare
> A laude de iesu christo crucifixo. Deo gratias. Amen.

CF. Giuseppe Ferraro, ed., *Poesie popolari religiose del secolo XIV.* (Scelta di curiosita letteraria inedite o rare del secolo XIII al XVII, dispensa 152). Bologna, 1877, pp. 47-50. The edition, made from Ferrar, Bibl. Munc. 211, NB 1. gives only the first 52 lines, with variants of the version in the ms. A complete edition is found in V. Finzi, "Pianto Della B. Vergine Attribuito a Frate Enselmino Da Treviso, Una Laude di Leonardo Giustiniani. . . Tratti Dal Codice Lucchese, 1302," in *Il Propugnatore*, n. s. 6, pt. 2 (1893), pp. 171-177. The poem is also found, in whole or in part, in Bergamo, Bibl. Civ. II 6 f. 53^{v}ss and I f. 108ss. The poem is also similar in many respects to an 18 stanza Latin *Dialogus mortis cum homine* printed in *Analecta hymnica* XXXIII, 287-288.

ff. 58-60^v.   INCIPIUNT COMMEMORATIONES SOLEMNES. Et primo in nativitate domini psallenda. . . in sancti thome apostoli psallenda.

f. 58. *Inc.:*   Joseph conturbatus est de utero virginis. . .

f. 60^v.   [In another hand at the bottom of the folio]: Die decimo Marcy anno 1550 hora vigesima secunda qui fuit die lune obiit reverendus D. presbyter Johannes Marcus de Caponibus primus fundator huius societatis aetatis vero sue annorum nonaginta.

f. 61^{r-v}.   ORATIONES ET RESPONSUS SANCTI AUGUSTINI.

f. 61. *Inc.:* Ad Matutinum: Dicit dominus super quem requiescam, etc. . . gloria patri et filio. . . Ad Completorium. . . ambrosio iusta desideria compleantur per dominum nostrum, etc.

f. 62. [An engraving made by Gerolomo Cattanio in 1753 from the painting of the Virgin with child seated on throne with angels, John the Baptist and St. Ambrose by Ambrogio Borgognoni. It is appended to the ms. with a note written by the Marquis Carlo Trivulzio on f. 62^v] (+1789): Effigie della B. virgine dipinta sopra la tavola che si venerava questi anni a dietro sopra l'altare della Oratorio della scuola eretto sott il patrocinio della nativita della vergine Maria posto nel dis-̄etto del monastero de monaci cicterciensi di S. Ambrogio maggiore a tergo della chiesa di S. Agostino, al presente collocata sopra l'altare dell oratorio de scolari di santa Liberata in S. Leonardo in Porta Vercellina in occasione che a questa scuola si aggregarono si predetti scolari della nativita di Maria santissima lo che sequi il. .l. d'Aprile dell'anno 1764. Questa imagine e incisa da Gerolomo Cattanio l'anno 1753 il quale non ha osservato che verso i piedi di S. Gio Batista si legge il nome del pittore ed e Bergognoni pittore eccelente del quale si ha un san Giochimo nella chiesa di S. Maria del Castello .N. di lui nome era Ambrogio.

The painting is reproduced in: Berlin, Statsliche Museen. Gemaldegalerie. *Die Gemaldegalerie, Band 2: die italienischen Meister 13. bis 15. Fahrhundert.* Berlin, P. Cassirer, 1930, no. 52. On Carlo Trivulzio cf. Giovanni Seregni, *Don Carlo Trivolzio e la cultura milanese dell' eta sua,* Milan, 1927

On the inside of the back cover is pasted a small 8 page leaflet of prayers, " Documento santissimo," published in 1740 in Milan: "Nella stampa di Giuseppe Maganza in Contrada di S. Margarita."

On the lower half of f. 3ᵛ there is a rather mediocre minature of the Adoration of the Infant Savior by St. Joseph, the Virgin and a shepherd. In the background are a walled city, water and mountains. Blue and gold framed plants and leaves within a border of gold with red background. On the upper half of f. 4 there is a miniature of St. Ambrose on his episcopal throne with one hand upraised, the other holding a crosier. Marcus is kneeling at left of Ambrose and offering the book of the Ambrosian rule to four personages on the right. The border of the miniature is of green and gold with gold leaves against a red background.

The binding is of tooled calf over wooden boards. On spine in gold letters: Ambrosian manuscript J492. Inside front cover: Ex libris Lenore and James Marshall.

This ms. was at one time at the Oratory of Santa Liberata in Milan. It was subsequently acquired by the Trivulzio-Trotti family of Milan. Part of its collection, including this ms., was sold in 1885-1886 to Ulrich Hoepli of

Milan. He sold it to George A. Leavitt of New York City, who listed it for sale in 1888. A subsequent owner was Alphonse Labitte of Paris whose bookplate is on the inside of the front cover. It seems then to have become part of the William S. Semple library at some unknown date and was sold at the auction of this library by the Anderson Galleries of New York on Oct. 21, 1926, to Lenore and James Marshall of New York. Some months after the death on Sept. 23, 1972, of Lenore Marshall, the poet, novelist, editor of several books of William Faulkner, founder of the National Committee for a Sane Nuclear Policy (1956) and also of the Committee for Nuclear Responsibility (1972), her husband sold her library to Bernard Quaritch in London (1972). The latter shortly afterwards sold this ms. to Elfo Pozzi's Libreria Antiqua in Milan. The University of Notre Dame acquired the ms. from Pozzi in 1974.

43

Vita Homer; Vita Fabii Camilli; Poems of Angelus Decembrius, et al.

15th c. (after 1463); paper; 225 x 197 mm.; ff. 39; 1 col.; 31 lines.

ff. 1-10ᵛ.   **VITA HOMERI**

f. 1. *Inc.:* [R]em profecto pulchram sed laboriosam imprimis atque difficilem petiisti joannes vir prestantissime ut de vita homeri. . . semper ac vehementer sunt admirati.

   The unknown author cites the classical authors he used as sources in the margins.

ff. 11-12ᵛ.   **FABII CAMILLI VITA**

f. 11. *Inc.:* Nondum satis constitueram clarissime princips hanc lucubratiunculam tibi tuoque vovendam nomini suscipere. . . haberet intium terrorem incussit. Novus. .N. autumnus est.

f. 13ʳ⁻ᵛ.   blank.

ff. 14-18.   **VERGILIANA PANAEGIRIS ANGELI [DECEMBRII] POETE MEDIOLANENSIS AD DIVUM CAROLUM ARAGONESIUM PRINCIPEM EXCELICOLARUM ORDINE DE EIUS NATALI FELICISSIMO VITA MORIBUS.. . .**

f. 14. *Inc.:* Stirpis Aragoniae regum pulcherrime princeps Carole prima tui soboles genitoris honesta. . .
Consortes maneatque tuum per secula nomen.
Acta Panaegeris hec Cesar auguste primo assentientibus eiusdem civitatis citerioris Hispanie consulibus idibus Maiis anni dominici 1463. Iterum acta Barcellone senatus decreto et anno sequenti Tibicine poetam comitante et juniorum ordine felicitem.

Angelus Decembrius (1415-1466) studied at Milan and Ferrar under Ugo Benzi and Guarino of Verona. Prince Charles was the son of Juan II of Aragon and the older half-brother of king Ferdinand II.

ff. 18ᵛ-20ᵛ.   blank.

ff. 21-29.   MUTUE GRECORUM AC ROMANORUM HISTORIE QUE COMPARATIONES A PLUTARCHO SUCCINCTE DESCRIPTE ET PER GUARINUM VERONENSEM LATINE FACIT.

f. 21. *Inc. Pref.:*   Complurimi sunt que vetustissimas historias ob rerum gestarum admirationem fictiones et fabulamenta esse existiment. . . prodiderunt scripta subnixi.

f. 21. *Inc.:*   Persarum prefectus dathis nomine cum trecentis milibus militum marathonem qui in attica. . . ut Aristodesium rerum italicarum scriptum reliquit. Expliciunt Plutarchi comparationes.

The text consists of summaries of incidents in Greek and Roman history taken from Plutarch. Cf. Theodore Doemner, ed., *Plutarchi Vitae grece et latine.*

ff. 29ᵛ-34ᵛ.   TERMINI NATURALES BURLEI.

f. 29ᵛ. *Inc.:*   Nanam [Naturam] est principium alicuius et causa motus et quietis eius in quo est. . . ultima superficies est plana non gerens ad sparcitatem ut tabula et de aliis. Finiunt Termini Naturales Burlei.

This text, erroneously attributed to Burley, is a "common Oxford text usually attributed to William Heystebury" according to James A. Weisheipl, O.P., who is editing it. Cf. his article, "Repertorium Mertonense," in *Medieval Studies,* 31 (1969), 216-217. The first item listed in the article under Heystebury should be: London, B. M. Royal 8 A XVIII, etc.

f. 35. **ALBERTUTII SANSONIANI DIALECTICI AC PHILOSOPHI DOCTISSIMI DE PROPORTIONIBUS LIBELLUS.**

f. 35. *Inc.:*   Proportio communiter accepta est. . . propter hoc arimetrica quem de numeris.

    For editions of this work of Albert of Saxony (+1390) cf. Hain, nos. 583-587.

ff. 35-39^v.   blank.

    The binding is of modern paper.

44

Letters of St. Cyprian

15th c.; parchment and paper; 220 x 285 mm.; ff. 230; 1 col.; 33 lines.

ff. 1-229. [THE LETTERS OF ST. CYPRIAN.]

ff. 1-5ᵛ. D. Cecilii Cipriani ad Donatum Liber de Gratia Dei.
Inc.: Bene admones donate... religiosa mulcedo. Explicit ad Donatum. [G. Hartel, *S. Thasci Caecili Cypriani opera omnia*, CSEL III: i, pp. 1-16.]

ff. 6-12. De disciplina et de habitu virginum.
Inc.: Disciplina custos spei... virginitas honorari.
[*Ibid.*, III: i, pp. 187-205.

ff. 12ᵛ-18ᵛ. De lapsis.
Inc.: Pax ecce dilectissimi... venerit pene.
[*Ibid.*, III: i, pp. 237-254, line 14. In this ms. the De lapsis is treated as two separate works: this one and item 4.]

ff. 18ᵛ-22. De ultione lapsorum.
Inc.: Plectuntur interni quidam... sed coronam.
[*Ibid.*, III: i, pp. 254-264.]

ff. 22-30ᵛ. De ecclesie unitate.
Inc.: Cum moneat dominus... dominante regnabimus.
[*Ibid.*, III: i, pp. 209-233.]

ff. 30ᵛ-40ᵛ. De oratione dominica.
Inc.: Evangelica precepta fratres... non desinamus.
[*Ibid.*, III: i, pp. 267-294.]

ff. 40ᵛ-48ᵛ. De opere et elemosinis.
Inc.: Multa et magna sunt... passione germinabit.
[*Ibid.*, III: i, pp. 373-394.]

ff. 40ᵛ-53. De mortalitate.
  Inc.: Etsi apud plurimos. . . laudabilis invenitur.
   [*Ibid.*, III: i, pp. 297-308, line 11. Items 8 and 9 are treated as one work in the CSEL edition.]

ff. 53-55. De contempnenda morte.
  Inc.: Meminisse debemus. . . desideria maiora.
   [*Ibid.*, III: i, p. 308, line 12 — p. 314.]

ff. 55-62ᵛ. Ad Demitrianum.
  Inc.: Oblatrantem te. . . inmortalitate securus.
   [*Ibid.*, III: i, pp. 351-370.]

ff. 62ᵛ-69ᵛ. De bono paciencie.
  Inc.: De paciencia locuturus. . . honoremur.
   [*Ibid.*, III: i, pp. 397-415.]

ff. 69ᵛ-74ᵛ. De zelo et livore.
  Inc.: Zelare quod bonum. . . placeamus.
   [*Ibid.*, III: i, pp. 419-432.]

ff. 74ᵛ-76. Ad Rogatianum iuniorum et confessores numero XVII.
  Inc.: Saluto vos f. c. optans. . . pervenire.
   [*Ibid.*, III: ii, pp. 480-484.]

ff. 76-77ᵛ. Ad martires et confessores.
  Inc.: Exulto letus. . . meminisse valete.
   [*Ibid.*, III: ii, pp. 490-495.]

ff. 77ᵛ-78. Ad Moysen et Maximum.
  Inc.: Gloriam fidei. . . meminisse.
   [*Ibid.*, III: ii, pp. 545-547.]

ff. 78-79ᵛ. Ad eosdem.
  Inc.: Et cunctos vos. . . meminisse.
   [*Ibid.*, III: ii, pp. 576-579.]

ff. 79ᵛ-81ᵛ. Ad clerum et plebem. Quamquam sciam f.k. pro. . . valere.
   [*Ibid.*, III: ii, pp. 495-502.]

ff. 81ᵛ-82ᵛ. De Aurelio confessore.
   Inc.: Inordinandis clericis f.c. . . . meminisse.
   [*Ibid.*, III: ii, pp. 579-581.]

ff. 82ᵛ-83ᵛ. Ad clerum et celerino lectore.
   Inc.: Agnoscenda et amplectanda. . . valere.
   [*Ibid.*, III: ii, pp. 581-585.]

ff. 83ᵛ-85. Ad Cornelium prima.
   Inc.: Cognovimus f.c. fidei. . . valere.
   [*Ibid.*, III: ii, pp. 691-695.]

ff. 85-87. Ad eundem de lapsis.
   Inc.: Statueramus quidem. . . valere.
   [*Ibid.*, III: ii, pp. 651-656.]

ff. 87-95. Ad eundem de .v. presbyteris.
   Inc.: Legimus litteras tuas f. k. . . . respuantur.
   [*Ibid.*, III: ii, pp. 666-691.]

ff. 95-96. Ad eundem de Novato.
   Inc.: Et cum diligentia. . . valere.
   [*Ibid.*, III: ii, pp. 616-620.]

f. 96. Ad eundem .ii[a].
   Inc.: Et religiosum. . . valere.
   [*Ibid.*, III: ii, pp. 605-606.]

ff. 96ᵛ-97ᵛ. Ad Cornelium sexta.
   Inc.: Quod servis dei. . . valere.
   [*Ibid.*, III: ii, pp. 599-603.]

ff. 97ᵛ-98. Ad eundem .vii[a].
   Inc.: Venerunt ad nos. . . revertantur.
   [*Ibid.*, III: ii, pp. 597-599.]

f. 98ʳ⁻ᵛ. Ad Cornelium de Maximo presbytero et Urbano confessore .viii[a].
   Inc.: Et egisse nos. . . valere.
   [*Ibid.*, III: ii, pp. 614-616.]

ff. 98ᵛ-99ᵛ. Ad eundem nona.
Inc.: Quantam sollicitudinem. . . vale.
[*Ibid.*, III: ii, pp. 608-612.]

ff. 99ᵛ-100. Ad eundem .xᵃ.
Inc.: Ne quid minus. . . vale semper f. k.
[*Ibid.*, III: ii, pp. 613-614.]

ff. 100-101. Ad Lucium de exilio reversum.
Inc.: Et nuper quidem. . . valere.
[*Ibid.*, III: ii, pp. 605-608.]

f. 101ʳ⁻ᵛ. Ad Maximum et Nicostratum et alios confessores.
Inc.: Cum frequenter. . . valere.
[*Ibid.*, III: ii, pp. 604-605.]

ff. 101ᵛ-102. Ad Lucium et fratres qui cum eo sunt.
Inc.: Exultantibus nobis. . . vale.
[*Ibid.*, III: ii, pp. 836-838.]

ff. 101ᵛ-102. Ad Rogatianum et ceteros de observandum disciplina.
Inc.: Et iam pridem f. k. . . . valere.
[*Ibid.*, III: ii, pp. 504-509.]

ff. 103ᵛ-105ᵛ. Ad plebem Yspanie.
Inc.: Quamquam f. k. virtius. . . precibus insistere.
[*Ibid.*, III: ii, pp. 590-597.]

ff. 105ᵛ-108. Ad martires et confessores in metallo constitutos.
Inc.: Gloria quidem. . . meminisse.
[*Ibid.*, III: ii, pp. 827-833.]

f. 108ʳ⁻ᵛ. Cipriano V [N]emisianus Dativus Felix Victor.
Inc.: Cum semper magnis. . . videre desiderant.
[*Ibid.*, III: ii, pp. 834-836.]

ff. 108ᵛ-111ᵛ. Quod ydola dii non sunt et quod unus deus sit et quod Christum credentibus salus data sit.
Inc.: Quod ydola dii. . . secuti.
[*Ibid.*, III: i, pp. 19-31.]

ff. 111ᵛ-114. Ad Florentium qui et Pupinianum. Ego te frater. . . recitabitur.
   [*Ibid.*, III: iii, pp. 726-734.]

ff. 114-115. Ad Maximum presbyterum et Urbanum et Sidonium.
   Inc.: Lectis litteris. . . valere.
   [*Ibid.*, III: iii, pp. 621-624.]

f. 115ʳ⁻ᵛ. Ad presbyteros et diacones.
   Inc.: Quales litteras ad clerum. . . salutate.
   [*Ibid.*, III: iii, p. 565.]

ff. 115ᵛ-116. Ad clerum Rome.
   Inc.: Quoniam comperi. . . valere.
   [*Ibid.*, III: iii, pp. 527-529.]

ff. 116-118ᵛ. Epistola cleri Rome ad Ciprianum. Quamquam bene esse. . . valere.
   [*Ibid.*, III: iii, 549-556.]

ff. 118ᵛ-128ᵛ. Ad Fortunatum de exortatione martirii.
   Inc.: Desiderasti fortunate. . . coronatur.
   Ibid., III: i, pp. 318-347.

ff. 128ᵛ-133. Ad Cicilium de sacramento dominici calicis.
   Inc.: Quamquam sciam f. k. episcopos. . . valere.
   [*Ibid.*, III: ii, pp. 701-717.]

ff. 133ᵛ-140ᵛ. Ad Anthonianum.
   Inc.: Accepi litteras tuas. . . valere.
   [*Ibid.*, III: ii, pp. 624-648.]

ff. 141-148ᵛ. De laude martirii.
   Inc.: Etsi incongruens. . . negare.
   Ibid., III: iii, pp. 26-52.]

ff. 148ᵛ-152. Ad Tiberitanos.
   Inc.: Cogitaveram quidem. . . valere.
   [*Ibid.*, III: ii, pp. 656-666.III: iii,

ff. 152-158ᵛ. Ad Iubaianum.

Inc.: Scripsisti michi. . . valere.
[*Ibid.*, III: ii, pp. 778-799.]

ff. 158 ᵛ-159. Ad Pomperum [Pompeium] contra Stephanum de hereticis baptizandis. [Ciprianus Liberalis Calidonius Iunius. . .].
Inc.: Cum simul in. . . valere.
[*Ibid.*, III: ii, pp. 766-770. Cf. infra ff. 178-179.]

ff. 159-163. Ad Pomperum [Pompeium] contra Stephanum.
Inc.: Quamquam plene ea. . . pastore restitui.
[*Ibid.*, III: ii, pp. 799-809.]

f. 163 ʳ⁻ᵛ. De Numidico.
Inc.: Nunciandum vobis fuit. . . valere.
[*Ibid.*, III: ii, pp. 587-589.]

ff. 163 ᵛ-165. Ad Epitectum et plebem Assuritanorum.
Inc.: Graviter ac dolenter. . . valere.
[*Ibid.*, III: ii, pp. 721-726.]

f. 165 ʳ⁻ᵛ. De Victore qui Faustinum presbyterum tutorem nominavit.
Inc.: Graviter commoti. . . valere.
[*Ibid.*, III: ii, pp. 465-467.]

ff. 165 ᵛ-171. Ad magnum filium de Novaciano et de hiis que in lecto consequuntur.
Inc.: Pro tua religiosa. . . valere.
[*Ibid.*, III: ii, pp. 749-766.]

ff. 171-173 ᵛ. Ad Felicem.
Inc.: Cum in unum. . . opto vos fratres.
[*Ibid.*, III: ii, pp. 735-743.]

ff. 174-175. Ad Fidum.
Inc.: Legimus litteras tuas f.k. . . . valere.
[*Ibid.*, III: ii, pp. 717-721.]

f. 175 ʳ⁻ᵛ. Ad Eucracium.
Inc.: Pro dilectione tua. . . valere.
[*Ibid.*, III: ii, pp. 467-469.]

ff. 175ᵛ-178. Epistola Moysi, Maximi, Nichostrati et Rufini ad Ciprianum.
Inc.: Inter varios et. . . meminisse.
[*Ibid.*, III: ii, pp. 557-564.]

ff. 178-179. Ad Ianuarium et alios episcopos. [Ciprianus Liberalis Calidonius Iunius. . .].
Inc.: Cum in consilio. . . valere.
[*Ibid.*, III: ii, pp. 766-770. This is the same letter as that on ff. 158ᵛ-159 above, but with variants. It lacks the long list of names in the address.]

ff. 179-180. Ad presbyteros et diacones.
Inc.: Saluto vos f. k. per. . . valere.
[*Ibid.*, III: ii, pp. 484-485.]

ff. 180-181. Ad presbyteros et diacones.
Inc.: Optaveram quidem. . . admonete.
[*Ibid.*, III: ii, pp. 509-513.]

ff. 181-183. Ad Pomponium.
Inc.: Legimus litteras tuas. . . valere.
[*Ibid.*, III: ii, pp. 472-478.]

f. 183ʳ⁻ᵛ. Ad Fortunatum.
Inc.: Scripsistis michi f. k. . . . valere.
[*Ibid.*, III: ii, pp. 648-650.]

ff. 183ᵛ-184ᵛ. Ad Rogatianum.
Inc.: Graviter et dolenter. . . valere.
[*Ibid.*, III: ii, pp. 469-472.]

ff. 184ᵛ-185ᵛ. Ad Stephanum.
Inc.: Ad quedam. . . valere.
[*Ibid.*, III: ii, pp. 775-778.]

ff. 185ᵛ-186. Ad presbyteros et decanos.
Inc.: Quamquam sciam vos. . . salutate.
[*Ibid.*, III: ii, pp. 502-514.]

ff. 186-187. Ad clerum.
Inc.: Diu pacientiam. . . meminisse.
[*Ibid.*, III: ii, pp. 517-520.]

ff. 187-188. Ad martires.
   Inc.: Sollicitudo loci. . . meminisse.
   [*Ibid.*, III: ii, pp. 513-516.]

ff. 188-189. Ad fratres in plebe constitutos.
   Inc.: Ingemiscere vos. . . valere.
   [*Ibid.*, III: ii, pp. 521-523.]

f. 189. Ad presbyteros et diacones.
   Inc.: Miror vos. . . valete.
   [*Ibid.*, III: ii, pp. 523-524.]

f. 189 [r-v]. Ad presbyteros et diacones.
   Inc.: Legi litteras tuas f.k. quibus. . . volete.
   [*Ibid.*, III: ii, pp. 525-526.]

ff. 189 [v]-190. Ad presbyteros et diacones.
   Inc.: Dominus loquitur. . . valere.
   [*Ibid.*, III: ii, pp. 539-540.]

f. 190 [r-v]. Epistola Calidonii ad Ciprianum.
   Inc.: Necessitas temporis. . . valere.
   [*ziid.*, III: ii, pp. 536-537.]

ff. 190 [v]-191. Ciprianus ad Calidonium.
   Inc.: Accepimus litteras tuas. . . valere.
   [*Ibid.*, III: ii, p. 538.]

f. 191. Ad presbyteros et diacones Rome.
   Inc.: Cum de·excessu. . . valere.
   [*Ibid.*, III: ii, pp. 488-489.]

f. 191 [r-v]. Ad presbyteros et diacones.
   Inc.: Ne quid conscientiam. . .salutate.
   [*Ibid.*, III: ii, pp. 547-548.]

ff. 191 [v]-192 [v]. Ad presbyteros et diacones Rome consistentes.
   Inc.: Factis ad vos. . . valere.
   [*Ibid.*, III: ii, pp. 540-544.]

f. 192 [v]. Confessorum ad Ciprianum.
   Inc.: Scias vos universis. . . scripsit.
   [*Ibid.*, III: ii, p. 536.]

ff. 193-194.   Epistola cleri Rome ad Ciprianum.
Inc.:   Cum perlegissemus. . . accepit.
[*Ibid.*, III: ii, pp. 572-575.]

f. 194 ^{r-v}.   Ad clerum.
Inc.:   Dominus noster cuius precepta. . . tranquille agere.
[*Ibid.*, III: ii, pp. 566-568.]

ff. 194 ²-195.   Ad presbyteros et diacones.
Inc.:   Integre et cum. . . salutate.
[*Ibid.*, III: ii, pp. 568-571.]

ff. 195 ^v-196.   Ad successorem.
Inc.:   Ut non vobis in. . . valere.
[*Ibid.*, III: ii, pp. 839-840.]

ff. 196-199.   [Adversus Iudaeos].
Inc.:   Attendite sensum et intelligentiam. . . christus dilexit.
[*Ibid.*, III: iii, pp. 133-144.]

ff. 199-202.   [De aleatoribus].
Inc.:   Magna nobis ob universam. . . nobis respicere.
[*Ibid.*, III: iii, pp. 92-104.]

ff. 202-206 ^v.   Probacio capitulorum veteris testamenti. [De montibus Sina et Sion].
Inc.:   Probacio capitulorum que in scripturis. . . gentes credent.
[*Ibid.*, III: iii, pp. 104-119.]

ff. 206 ^v-210.   [Ad Vigilium episcopum de Iudaica Incredulitate].
Inc.:   Etsi plurimos gentilium. . . celsum sanctissime.
[*Ibid.*, III: iii, pp. 119-132.]

ff. 210 ^v-217.   Epistola Firmiliani.
Inc.:   Accepimus per ragatianum. . . adunatos.
[*Ibid.*, III: ii, pp. 810-827.]

ff. 217-219.   De penitencia.
Inc.:   Per penitenciam posse omnia peccata dimitti ei. . . Item in apocalypsi [2.5] *memento unde. . . loco suo movebo.* Sic finis. [PL:4, 1153.]

Cf. PL 4. 1153-58. Edited by C. Wunderer, Erlangen, 1889; A. Miodanski, Crackow, 1893. Cf. also the article by P. Godet in DTC, Vol. 3 (1923) c. 2465. This work is listed among the spurious writings of St. Cyprian. Cf. Johannes Quasten, *Patrologia* II, p. 371.

ff. 219^v-2117.   Sequitur .xii. abusiones sancti Cipriani episcopi et martiris gloriossissimi.
Inc.: Primus abusionis gradus. . . in futuro. Amen. Explicit.
[CSEL, III: iii, p. 152-173.]

f. 227^v.   blank.

ff. 228-229.   [Table of contents with folio references.]

f. 230^{r-v}.   blank.

Clavis, pp. 11-14, lists items 37, 46, 84, 85 and 88 above among the "dubia et spuria" of Cyprian.

The initials of each text are beautifully done with gold background and with penwork in red and blue. The ms. is bound in calfskin on boards. Inside the front cover is an Ex libris with the legend: Vernon semper viret.

45

Decretals of Boniface VIII with Gloss

14 c.; parchment; 280 x 440 mm.; ff. III, 69; 2 columns in center of folios surrounded by gloss in 2 cols.; 123 lines for the gloss; catchwords.

ff. I-II[v]. blank.

ff. III[a-c]. [Table of contents. Besides giving the tituli rubrics of the *Sextus Liber Decretalium*, the table also lists]: Hec sunt [.lii.] rubrice novarum Clementinarum constitutionum domini Clementis pape .V. Hec sunt [.x.] decreta Bonifacii VIII que non sunt posite nec reservate in libro .vi. Hec sunt decreta [.v.] Benedicti pape .xi. Hec sunt [.iii.] decreta Clementis pape V que non sunt in compilatione clementina. Hec sunt .iv. decreta Johannis pape .xxii.

ff. 1[a]-69[a]. **SEXTUS LIBER DECRETALIUM** [from explicit].

f. 1[a-d]. *Inc. prohemium:* Bonifacius episcopus servus servorum dei dilectis filiis doctoribus et scolaribus universis in romana curia commorantibus salutem et apostolicam benedictionem. Sacrosancte romane ecclesie quam. . . pro decretalibus habituri. The scribe has added: *alias bononie* over curia.

ff. 1[d]-27[d]. *Inc. lib. I:* De summa trinitate et fide catholica. Gregorius decimus in generali concilio lugdinensi. Fideli ac devota professionem fatemur. . . antiqua iura nolumus imutari.

f. 27[d]-35[a]. *Inc. liber II:* De iudiciis. Innocentius IV in concilio lugdenensi. Iuris esse ambiguum non videtur iudicem. . . nequaquam poterit revocari.

ff. 35[a]-50[b]. *Inc. liber III:* Inc. .iii[a]. particula istius libri. De vita et honestate clericorum. Clerici que clericalis ordinis dignitati. . . cessante aliis delegare.

ff. 50 ᵇ-51ᵃ. *Inc. liber IV:* De sponsalibus et matrimoniis. Ex sponsalibus puris et certis. . . impediat vel disolvat.

ff. 51ᵃ-68ᵇ. *Inc. liber V:* De accusationibus inquisitionibus et denunciationibus. Postquam coram eo qui contra. . . abesse contingat.

Book V omits text from titulus XII, cap. III, c.1110, line 10 (suffocatum) to titulus XII, cap. IV (Privilegium) c.1121.

ff. 68ᵇ-69ᵃ. *Inc. liber VI:* De regulis iuris. Beneficium ecclesiasticum non potest licite. . . legis nititur voluntatem. Explicit liber decretalium. Datum Rome apud sanctum Petrum .vᵃ. nonas martii pontificatus domini Bonafacii papae VIII [1294-1303] anno quarto

Cf. Freidburg, *Corpus Juris canonici* (Lipsiae, 1881, Vol II, xlix-lvii, 729-1124. On the *De regulis iuris,* cf. Michaele Card. lega curante Victorio Bartocetti, *Commentarius in Iudicia Ecclesiastica iuxta codicem iuris canonici* (Rome, 1950), Vol. III, pp. 339-341. The ms. lacks te text of the Decretals in the printed edition from f. 89, 1.33 (suffocatum) to f. 96ᵛ, 1. 3 (anno secundo).

ff. 1ᵃ-67ᵈ. [THE GLOSS ON THE DECRETALS, by Johannes Monachus, ca. 1250-1313].

f. 1ᵃ⁻ᶜ. *Inc.:* Secundum philosophum scire est rem per causam cognoscere. . . scilicet libro isto voluminis gregorii noni.

ff. 1ᶜ-27ᶜ. *Inc.:* Hic incipit secunda pars huius libri quid dividitur in quinque libros partiales in primo tractatur de creatoris iudicibus. . . causam matrimonii notatur.

ff. 27ᶜ-35ᵇ. *Inc. II.:* Habito primo libro de officiis iudicum et quia. . . minores .C. de iudicibus finis.

ff. 35^h-50^a. *Inc. liber III:* Viso ergo libro secundo secundo de iudicibus et partibus iudicibus. . . .xxiii. q. v. de occidendis non liceat.

ff. 50^a-51^a. *Inc. liber IV:* Viso in tertio libro que clericis sint permissa et inhibita hic dicit que laycis sint permissa. . . denunciatoribus subicitur.

ff. 51^a-67^d. *Inc. liber V:* Postquam contra te est inquisitor super certis criminibus deputatus. . .sibi manducat et bibit.

The explicit is that of the gloss on titulus .xii. cap. iii . up to line 10 (suffocatum) c.1110. The gloss stops at this point. There is no gloss on book VI. The gloss, probably the first gloss on the *Liber Sextus*, was published as the *Glossa Aurea* (Paris, 1535); Venice, 1585 and 1612). Cf. J. F. *Schulte, Die Geschichte der Quellen und Literatur des canonischen Rechts*, (1887), II, pp. 191-193; *DDC,* VI, c.112-113.

The rear fly leaf has a fragment of a canon law text. Contemporary binding in brown morocco over wooden boards. Blind stamped paneling with interlaced scrapwork. Center panel contains arabesque design. Metal clasps and leather thongs.

46

Paul of Liazariis on the Constitutions of Pope Clement V

14th c.; parchment; 290 x 460 mm.; ff. I, 50; 2 cols.; 94-95 lines; catchwords.

ff. 1-49. [PAULUS DE LIAZARIIS ON THE NEW CONSTITUTIONS OF POPE CLEMENT V].

f. 1. *Inc. Pref.:* Bonus vir sine deo nemo est et non potest. . . ego Paulus de Lia inter decretorum doctores bonus minimis. . . prestare dignetur qui est benedictus per infinita secula. Amen.

ff. 1-2. *Inc. Prohemium:* Johannis obmissis questionibus. . . hec prohemium divido in .iiii^{or}. partes principales. . . intendo continuare sed sufficiat.

ff. 2-15. *Inc. liber I:* De summa trinitate et fide catholica. Fidei huius compilacionis. . . de electione quod sicut.

ff. 15-22. *Inc. liber II:* Dudum .C. citatio facta in publica audientia de speciali mandato pape. . . de hoc exempla haberi. Finis secundi libri.

ff. 22-23. ISTA GLOSA EST SUPER .C. EX PARTE EXTRA DE CONFESSIS.; *Inc.:* De confessis continuare sit sepe contingit. . sed numquid ecclesia paulus de Vaciariis.

ff. 23^v-24^v. [In a small rapid cursive]: DE ORDINE COGNITIONUM.
Inc.: Super spoliatione casus aliquis possessaria recuperandum. . .

ff. 24-39^v. *Inc. liber III:* De vita et honestate clericorum. Dyocesanis punit clericos coniungatos et alios si tercio moniti. . . tamen sufficit monitio partis.

ff. 39ᵛ-40. *Inc. liber IV:* De proximitate. Eos contrahens scienter matrimonium in gradu prohibitio. . .

ff. 40-49. *Inc. liber V:* De magistris. Inter in studiis romane curie parisiensis exonie bononie et salamanatino debet esse duo. . . servare in hoc seculo nobis concedat altissimius vel summum celeste bonum intercedente beatissima virgine gloriosa cum omnibus sanctis eius in exitu mereamur. Amen. Paulus de Liazaris decretorum doctor egregius.

f. 49ᵇ. [In another hand]: Viso de probatione in genere et specie quia is qui excipit in se honus probationis assumit. . . que opponitur contra exceptionem peccati [?] de non.

f. 49ᶜ. [Table of the rubrics of the 5 books of Paulus de Liazariis with references to their folios. Beneath is a half column of a canon law text ending]: sed non habebit necesse super illis specialiter interloqui Johannes .an. decretorum doctor Andres de Suchdol.

On Paul de Liazariis, cf. G. Lebras, Ch. Lefebvre and J. Rambaud, *L'age classique (1140-1378): Sources et theorie du droit* (Paris, 1965), p. 334; *DDC* 6; 1275-1276.

The ms. has in the margins on f. 36ᵛ: Finis .ix. pecie and on f. 39ᵛ: Finis .xi. pecie.

f. 50ᵛ. A fragment of a theological text. On the bottom of f. 50ᵛ: Paulus de Lia super Clementinas: lxii. flor.

Contemporary brown morocco over wooden boards. Blind tooled fillet lines, borders with alternating interlaced strapwork. Center panel contains geometric pattern with fleurons. Metal clasps and leather thongs.

47

*Relazione di Roma of
Raniero Zeno*

Italy, 1623 or later; paper; 208 x 140 mm.; II, 61ff. (lacking ff. 35-36); 23-24 lines; catchwords.

f. I^{r-v}. blank.

f. II^r. RELATIONE DI ROMA FATTA NEL SENATO VENETO ALLI 22. DI NOVEMBRE 1623 DALL' ECCELLENTISSIMO SIGNOR CAVALIERE REINIERO ZENI.

f. II^v. blank.

f. 1. *Inc.*: Serenissimo Prencipe [Francesco Contarini]: La morte di Gregorio XV° sequita ne gli ultimi anni della mia ambasciaria di Roma, mi pone in necessita...

f. 60^v. *Expl.*: ... speso il sanque e la vita.

f. 61. blank.

The report is edited from several other MSS in Venice libraries by Nicolo Barozzi and Guglielmo Berchet, Relazioni degli stati europei lette al Senato dagli ambasciatori veneti nel secolo decimosettimo, ser. 3: Italia, Relazioni di Roma, 1 (Venice, 1877), 137-193. For a biography of Raniero Zeno see MSS. Venice, Bibl. Marciana, It. VII. 408 and It. VII 1547.

Bound with this ms is an unsigned, undated (1630?) 55 page pamphlet entitled *Advis donne au roy, sur l'estat present des affaires de Rome, sous Urbain VIII;* see Robert O. Lindsay and John Neu, *French Political Pamphlets 1547-1648* (Madison, etc., 1969), n. 5856.

The ms. is bound in contemporary limp vellum, with modern chamois ties. Line-borders and fleurons are gold-stamped on both covers, with the Barberini-Magalotti family arms painted in the centers (quarterly: 1 and 4, azure, three bees or; 2 and 3, barry of six, or and sable, in a chief gules the motto "Libertas"). Cf. MS. 48.

Purchased from Alexander Janta, Elmhurst, New York, in 1968.

48

*Conspiracy against the Genoese Nobility, 1627
by Raffaele delle Torre*

1628-1637; paper; 195 x 130 mm.; ff. II (blank) +113 +IV (blank); 17-19 lines; catchwords on each verso.

ff. 1-113ᵛ. **CONGIURA VACCHERA CONTRO LA NOBILTÀ DI GENOVA L'ANNO 1627.**

f. 1. *Inc.:* L'humana vita tutto che per naturale instinto habbi per fine la quiete. . .

f. 113ᵛ. *Expl.:* . . . per corruttela della natura alla giornata van pullulando.

Numerous other contemporary accounts of the conspiracy survive in manuscript, particularly in the Vatican (Bar. Lat. 9812, 9815, Urb. Lat. 1114, etc.), but the present account by Della Torre (d. 1667) is the most extensive. The text has been printed by Cesare Leopoldo Bixio in *Archivio storico italiano* 15, App. 3 (1846), 545-640; Bixio had located three MSS of the account: one in the University Library at Genoa (n. 28), another in the library of S. Maria sopra Minerva in Rome, and another in the possession of Marchese Antonio Brignole Sale (1786-1863). See also Gino Arias, *La congiura di Giulio Cesare Vachero, con documenti inediti* (Florence, 1897).

Della Torre's account was completed shortly after Vachero's execution in 1628, and the Notre Dame copy was written before the death of Lorenzo Cardinal Magalotti (d. 1637), who once owned the ms. The quartered Barberini-Magalotti arms (cf. MS 47) are gold-stamped on both the upper and lower covers of contemporary vellum. The MS was purchased from Alexander Janta, Elmhurst, New York, in 1968.

Bound in parchment. On spine: Congiura contro Genova dell'anno 1627. On front and back covers the same coat of arms of cardinal Maffeo Barberini. Cf. supra ms. no. 47.

49

German Prayer Book

1737; paper; 140 x 188 mm.; 1 col.; 99 VI, 487; 1 col.

p. I-II ⱽ. blank.

p. III. GEISTLICHE ERVUICKUNG BEILIGE UND VERDIENSTLICHE UBUNG GESCHRIEBEN. ANNO 1737.

p. IV ʳ⁻ᵛ. blank.

p. V. [An etching of Our Lady and Child. At the bottom]: "M. Engelbrecht excud. A. V."

p. V ᵛ-VI ᵛ. blank.

pp. 1-486 ᵛ. *Inc.:* Morgen andacht wann mann erwachet...

pp. 487-488. blank.

The ms. is bound in calfskin over thick cardboard. It has gilt decoration on the sides and spine. The ms. has the "Ex libris Boleslai Szczesniak de Polska Wola." It was bought in Merano, Italy, and given to the University of Notre Dame by Professor Szczesniak.

50

Works of Henry Suso: Clock of Wisdom;
Lucificio della Sapientia

15th c.; paper; 190 x 292 mm.; ff. 180; 1 col.; 27 lines; catchwords; humanistic script.

ff. 1-169ᵛ. **INCOMINCIASI IL PROLOGO DEL LIBRO IL QUALE SI CHIAMA ORIVOLA DELLA SAPIENTIA** [HENRY SUSO, 1295-1366].

f. 1. *Inc. prol.:* Sentite del signore in bonitade. . . coloro che amano iddio.

f. 5ʳ⁻ᵛ. Table of contents.

f. 6. *Inc. lib. I:* La sapientia io amai et per lei cerchai in fino. . della divina sapientia meritano.

f. 108ᵛ. *Inc. lib. II:* A lo huno disideroso discepolo della sapientie. . . con padre e collo spirto sancto vive et regna in secula seculorum. Amen.

    Italian edition: *Ignace Del Nente, Vita et opere spirituali del beato Enrico Susone* (Firenza, 1612). For other editions and translations, cf. Jeanne Ancelet-Hustache, *Le bienheureux Henri Suso* (Paris, 1943), pp. 147-158; J. A. Bizet, art., "Henri Suso," in *DS*, c. 234-257; Dominikus Planzer, *Das Horlogium Sapientiae des Seligen Heinrich Seuse, O.P., 1937.*

ff. 169ᵛ-174. **LUCIFICIO DELLA SAPIENTIA.**

f. 169ᵛ. *Inc.:* Chiumque desidera di farsi amicho e dimesticho della divina. . . fragilitatem nostram quesumus domine propitius respice et sapore. . . custodiat corda et corpora nostra. Amen.

f. 174-179. QUESTE SONO CENTO MEDIATATIONI CON CENTO PETITIONI DELLA PASSIONE DI CHRISTO LEQUALI SINO GHONO DI RE OGNI DI CON CENTO GENUE ET TOSTO SENTIRA IL DOLORE DI CHRISTO CRUCIFISSO.

f. 174. *Inc.:* Domine yhesu christe qui permissisti a maria magdalena. . . ut in veritate te valeam invenire. In nomine patris et filii et spiritus sancti. Amen.

These 100 meditations formed the third part of Suso's *Book of Eternal Wisdom.* Cf. Hain-Copinger, n. 3169-3171.

Contemporary binding in brown morocco. Blind stamped paneling with floriated border and lines. Center panel contains small fleurons. Metal bosses at cover corners and leather thongs and metal clasps. Crisscross blind stamped lines on spine.

51

Roman de Bertrand du Guesclin
of Jean Couvelier

1464; paper; 280 x 205 mm.; ff. III + 298 +III; 1 col.; 34-38 lines. Signatures on lower left corner of first folio of each gathering.

ff. I-II. blank.

f. III. [Modern title]: **ROMAN DE BERTRAND DU GUESCLIN CONNESTABLE DE FRANCE EN RIMES ANCIENNTES.**

f. III^v. blank.

f. 1. *Inc.:* Seigneur or escoutez pour dieu le roy divin Que nostre sire dieux qui de l'eaue fist vin.

f. 298^v. *Expl.:* Dieux ait de luy pitie par son commandement
Et nous voivst laye et vie tout par
    amendement. Amen.
Explicit ce fut fait et par escript le
    lundy XXVIIIe jour de may mil
IIIILXIIII.

    The text of this long poem has been edited by E. Charriere, *Chronique de Bertrand du Guesclin par Cuvelier*, 2 vols. (Paris, 1839), on the basis of Paris, Bibl. Nat., MS. Fr. 850, with variants from Arsenal MS. 3141. For three other mss., see Arthur Langfors, *Les incipit des poémes français anterieurs au XVIe siecle* (Paris, 1917), p. 379; Henri Omont, "Manuscrits relatifs a l'histoire de France conservés dans la bibliothèque de Sir Thomas Phillipps," *Bibliothèque de l'Ecole des chartes* 50 (1889), 75; and *Repertorium fontium historiae Medii Aevi* (Rome, 1962-), III, 676-677.

    In this ms five folios are misbound: f. 2 follows f. 14; f. 15 follows f. 1; f. 16 follows f. 35; ff. 289 and 290 follow f. 151.

On. f. 1, the initial S. is blue with red penwork and the initial O (line 19) is red with blue penwork. All other capitals are in red without penwork. The initial letter of each verse and numerous medial letters are touched with yellow. Bound in 17th-c. mottled calf with gilt borders and gilt ornaments and title "Roman du Glaisequn" on the spine.

The manuscript ex libris of Antoinette de Bronc, or Brouc (ca. 1500), appears several times on f. 298^v, partly pasted over. The ms also belonged to Alexandre, Prince de Bournonville (1662-1705), and was lot 239 in the sale of his library in 1706. Sir Thomas Phillipps bought the ms in the Richard Heber sale of 1836; it was n. 8194, one of the three Du Guesclin manuscripts in the Phillipps library (see Omont, above). Notre Dame purchased it from H. P. Kraus in 1968.

52

*Dialecta of
Hendrik van Ermegeen*

1674; paper; 155 x 205 mm.; ff. 122; 1 col.; 22-23 lines per page; catchwords.

- f. 1. [Engraved frame for book title which is lacking. At bottom]: Apud Michaelem Haye prope predicatores hibernos.
- f. 2. [Engraving of bust of Pope Clement X in oval frame with legend]: Clemens X Pont. Max. creatus 29 April MDCLXX. [Below it the arms of Clement X and]: Apud Michaelem Haye Lovany prope predicatores Hybernos. P. van Lisebetten sculpsit.
- f. 4ᵛ. [Engraving of Dialectica].
- f. 5. [Title-page]: **LOVANY AB ERUDITO PROFESSORE ET THEOLOGIAE LICENTIATO HENRICO VAN ERMEGEEN** [1646-1712] **LOVANIENSI SEXTA APRILIS DIALECTICA DICTABATUR IN PALESTRA TIBI O INDIVIDUA ETERNAQUE TRINITAS DICATA.**
- f. 6. [Drawing in red ink of the Tree of Porphyry].
- ff. 8-53ᵛ. **DIALECTICA TRACTATUS PRIMUS.**
- f. 8. *Inc.:* Dialectica est ars argumentandi. Hoc ipsum inter et logicans. . . tollitur.
- ff. 58-75. **INCIPIT TRACTATUS SECUNDUS. DE NOMINE ET VERBO.** Nomen est vox simplex significans sine tempore. . . singularum exempla.
- ff. 76-122. **TRACTATUS ULTIMA DE ARGUMENTATIONE EIUSQUE DIVISIONIBUS.**

f. 76. *Inc.:* Argumentatio est enuntiatio illativa affirmativa ut hic... non datur.

The ms. has engravings on ff. 1, 2, 4^v, 19, 25, 28, 29^v, 34, 40, 50, 51^v, 54, 56^v, 57^v, 59, 100^v, 102.

There are drawings in red ink on ff. 3^{r-v}, 6, 7, 15, 24, 30^v, 32, 36^v, 38, 55^v, 60^v, 63^v-64^v, 65^v, 69, 75^v, 77, 95.

The following folios are blank: 1^v, 2^v, 4, 5^v, 6^v, 7^v, 13^v, 15^v, 19^v, 24^v-25, 28^v-29, 30, 32^v, 34^v, 36, 38^v, 40^v, 43^{r-v}, 48^{r-v}, 50^v-51, 54^v, 56, 57, 59^v, 65, 69^v, 77^v, 82, 90^v, 95^v, 100, 101^v, 102^v-105^v, 118, 121^v-122^v.

Bound in brown morocco, with *Dialectica* on the spine.

53

Philip of Zara

14th c.; 15th c. (after 1484); parchment; 350 x 240 mm.; ff. 84; 1 col.; 43-47 lines per page; catchwords; lettre de forme.

f. 1. blank.

f. 1ᵛ. IN LAUDE BOETII INNOCENTER EXPULSI AB URBE ROMANA. CARMINA DIGRESSUM FACIENTIA UT POSTEA MELIUS CONCLUDANT.

f. 1ᵛ. *Inc.:* O miles molis dicam te degenerasse
Ab prisca ex venetis nobilitate tui.

f. 1ᵛ. *Expl.:* Romana pepulit philosophia levet.

    Cf. S. A. Ives, "Phillipus Iadrensis, A Hitherto Unknown Poet of the Renaissance: A Contribution to Italian Literary History," in *Rare Books: Notes on the History of Old Books and Manuscripts,* Vol. II, no. 2 (1943), pp. 3-16.
    Ives says the poem, in elegiac couplets and phrased in neo-classical Latin of the Renaissance, is a diatribe against the Doge of Venice for permitting all types of crime to flourish."

f. 2. PROLOGUS SUPER COMMENTUM NOVUM BOETII PER CARMINA SUBIUNCTA SINGULIS PROSIS EIUSDEM AUTORIS PER ORDINEM.

f. 2. *Inc.:* Quoniam superbie nubilo turpiter execati plures hominum. . .

f. 2. *Expl.:* indoctam sapienter pre docentis. Finis prologi in commentantia Boetium carmina senis interpretis Lenioro.

f. 2ᵛ. [43 LATIN VERSES OF PHILLIPUS IADRENSIS (PHILIP OF ZARA, O.P.)]

f. 2^v. *Inc.:* Supplicat, O proles faustissima proficientes, Officio in gentes lectas comitis veterani.

f. 2^v. *Expl.:* Qui mereare coli veris effectibus ample.

f. 2^v. **OBJECTIO FRATRUM PREDICATORUM IN MINORISTAS DE VIRGINE MARIA CONCEPTA.**

f. 2^v. *Inc.:* Cum sanctissima virgo dei genetrix in humanis. . . ut dicunt omnes doctores santificatus erat.

f. 3. [**POEM ON EIGHT VIRTUES**].

f. 3. *Inc.:* Octo Deus venit virtutes figere nostris. . . Improbriis occisor uhe gregis ense vago.

f. 3. [**A PETITION OF PHILIP IADRENSIS, O.P., FOR JUSTICE, AGAINST A MONEY CHANGER WHO HAD DEFRAUDED HIM, ADDRESSED TO THE COUNCIL OF TEN OF VENICE**].

f. 3. *Inc.:* Vobis insignibus dedem dominis iustitie. . . sui culpa.

f. 3^v. **SUPPLICATIO MAGISTRI EIUSDEM THESAURIZANDAE THEOLOGIAE AD INTEGERRIMAM IUSTITIAM VENETIARUM.**

f. 3^v. *Inc.:* Esse decem dominos plectentes crimina vulgi. . . ludere iustos.

This is a 33 line metrical version by Philip Iadrensis of the above petition.

ff. 4-9^b. [**LITURGICAL CALENDAR.** It contains the feasts of] Vincenti confessor [Apr. 5]; sancti magni episcopi venetiarum et confessores [Oct. 6].

ff. 4-5^v, 6^v-9^v. [In the outside margins of the calendar Philip describes and condemns the mores of the monastery]. *Inc.:* Accipe sub modicis certamina vasta scientum. . . fac tota tot ausa.

ff. 5^v-6. [Philip interrupts the above diatribe to proclaim in Italian the advantages of the hand-written book over the printed book].

Inc.: Che legera la presente compillatione sopra le prose de Boetio. . . ad mano coluiciato ad torculo.

ff. 10-12ᵛ. [Liturgical prayers]: Gloria, Credo, In missis de beate virgine dicitur: Domine fili unigenite yhesu christe. Secundum Johannem: In principio erat verbum. Clericus respondet statim: Laus tibi crhiste [sic]: oratio in missis beati Gregori, secreta, postcommunionem. Ad benedictionem nuptiarum misse: Introitus. Pauli ad Cor.: Nescitis quam membra vestra. . . in corpore vestro. Evangelium: Simile est regnum celorum. . . Secreta, Post communionem. In fine misse super sponsum et. . .

f. 12ᵛ. AD SAPIENTISSIMI SEGNIORI SOPRA LO ARIENTO CONSEGLIO DE LEGGE.

f. 12ᵛ. *Inc.:* Se non credete de poter tirare. . . vui sia qua grato.

This is another version, in Italian iambic pentameters, of Philip Iadrensis' complaint to the Council of Ten of Venice.

ff. 13-82ᵛ. INCIPIT LIBER BOECII, MALII TORQUATI ANITII SEURINI DE CONSOLATIONE AD INSTRUENDUM PACIENDIAM IN ADVERSIS ET HUMILITATEM IN PROSPERIS ET AD DIVINA COGNITIONIS APETITUM ET AMOREM ETERNE FELICITATIS ET SUMMI BONI.

ff. 13-23. *Inc. lib. I:* Carmina qui quondam studio florenti peregi. . . hec ubi regnant.

ff. 23-63ᵛ. *Inc. liber II:* Post haec paulisper. . . regitur regat.

ff. 36ᵛ-55. *Inc. liber III:* Iam cantum illa finierat. . . dum videt inferos.

ff. 55-70ᵛ. *Inc. liber IV:* Hec cum philosophia. . . sidera donat.

ff. 71-82ᵛ. *Inc. liber V:* Dixerat orationisque. . . iudicis cuncta cernentis. Explicit liber quintus boecii deo gratias. Amen.

Cf. G. Weinberger, *Anicii Manlii Severini Boethii Philosophiae Consolationis libri quinque* (Vindobonae, 1934), CSEL LXVII.

f. 13 [r-v]. [INTRODUCTION IN LATIN VERSE OF THE COMMENTARY BY PHILIPUS IADRENSIS ON THE PROSE PORTIONS OF THE DE CONSOLATIONE PHILOSOPHI].

f. 13. *Inc.:* Nil tangens carmen quod tu canis alme boeti. . . Pensa cano in primam plana minuta prosam.

f. 13[v]-45. INCIPIT EXPOSITIO ELEGANS PER VERSUS ELEGOS SUPER PROSAS BOETII PER ORDINEM AD INFORMATIONEM IUVENUM QUI GAUDENT SUAVITATE CARMINIS LEPIDI.

f. 13[v]. *Inc.:* Dum tacitus mecum agitarer ineptis.

f. 45. *Expl.:* Nam monet hocque plato.

These are metrical paraphrases by Philip of the prose portions of the *De consolatione philosophae* written at the bottom of the folios under the text of Boethius. From f. 45[v] on, and under the metrical paraphrasings of Boethius' *De consolatione* and alternating with it, the scribe incorporates discourses in Italian on virginity and the virtues of marriage, the duties of a good wife, husband and children. The folios devoted to non-Boethian texts are indicated at the bottom of the pages where the scribes indicated how many folios to skip to find the continuation of that text and give the incipits.

ff. 13-1[v]. [Starting at the bottom of f. 13 and working backward to f. 1[v], in writing inverted on the page, the following three works are written in Italian]:

ff. 13-10[v]. LIBRO DE LA CONCEPTION DE LA MADRE VERGENE.

f. 13. *Inc.:* Perche son puochi chi entendino bene.

f. 10[v]. *Expl.:* Con gratia excelsa et duoni acumulati.

ff. 10-7ᵛ. Ad R. d.d. Guidonem de Gonzaga.
COMMENDATARIUM MONASTERII SANCTI BENEDICTI DIOCESIS MANTUANE SERMO SIVE IMPRECATIO CARITATIVA PER VERSUS CONTRA TEMERARIE PROIICIENTES HABITUM RELIGIONIS SEMEL ASSUMPTE PER VOTUM SOLLEMNE.

f. 10 *Inc.:* Guido magne regens reverende tue gravitati. . .

f. 7ᵛ*Expl.:* quegli non sconfiano et tu restarai acuro.

The potem begins in Latin (ff. 10-8) and continues in Italian (ff. 8-7ᵛ).

ff. 7-1ᵛ. LIBER DE NOVIS MEDICIS LIBERALITER EGRA CORPORA CURANTIBUS ABSQUE MORTIS PERICULO.
Inc.: O Goncaga manus cui cura est sub benedicto. . . del frutto al qual non hai carta primara.

The poem is in Latin (ff. 7-3), then in Italian (ff. 2ᵛ-1ᵛ).

f. 82ᵛ. [AFTER THE END OF THE *DE CONSOLATIONE* ARE ELEGIAC VERSES ADDRESSED TO PHILIP'S PATRON, AN UNIDENTIFIED MEMBER OF THE MOROSINI FAMILY].

f. 82ᵛ. *Inc.:* Sum tibi tam carus quamvis ego nullius ad te. . . Sed laudaret eam vocem que docta fuisset.

f. 83ʳ⁻ᵛ. [PHILIOSOPHICAL VERSES ADDRESSED TO A CERTAIN CHRISTOPHORUE SPALATINUS].

f. 83. *Inc.:* Consulis O plebis rector me que bona factu. . . tali modulamine fotum.

f. 84. IN LAUDEM BOETII NON DIGNE OPPRESSI A ROMANIS ELEGI VERSUS.

f. 84. *Inc.:* Omnis honestatis ratio cucanda videtur. . . Efficiat reges nolle favere lupis.

The text of the *De consolatione* is 14th c.; the marginal commentary and additions are late 15th c. The rubrics and chapter headings are in red, the initials in red and blue alternating.

The ms. is bound in brown russia, gold tooled by Lewis for Henry Drury with the arms of the Duke of Newcastle on the front and back covers.

54

Trattato di Roma Antica of Pietro Rottino

18th c.; paper; 195 x 257 mm.; ff. IV, 208; 1 col.; 21-25 lines; catchwords on each page.

ff. I-II^v. Tavola degli autori nell' opera present.

ff. III-IV. Tavola di tutti i luoghi descritti in questo libro.

f. IV^v. blank.

ff. 1-208. **OPERA DI PIETRO ROTTINO. TRATTATO DI ROMA ANTICA.**

ff. 1-76. *Inc. lib. I:* **DELLA FONDATIONE DI ROMA**... [in ten chapters].

ff. 77-208. *Inc. lib. II:* **NOTE MEMORIALE DI ALCUNE PARTICOLARITA DELL ANTICA ROMA.**

On ff. 173-174 there is a list of the names of the places and their numbers on the pen and ink map of Rome on ff. 175^v-176, which shows the locations of the 55 buildings mentioned in the text.

Apparently unpublished, in a rapid, sloppy, cursive difficult to read, by an author difficult to identify, the work does contain the inscriptions which the author copied from numerous monuments in Rome.

The ms. has a limp parchment binding. It was Thomas Phillips ms. no. 969, and no. 261 in the Abbe Luigi Celotti sale of 1825. The Hellmut Schumann Catalogue 472, no. 79, does not identify the author.

55

Liber Parabolarum of Alain de Lille

15 c.; paper; 205 x 148 mm.; ff. 16; 1 col.; 23-25 lines.

f. 1. [Several scribbles and pen trials, including the name "Alanus" and the first two lines of the text as on f. 2].

f. 1^v. blank.

ff. 2-14^v. **LIBER PARABOLARUM.**

f. 2. *Inc.:* A Phebo phebe lumen capit a sapiente
Insipiens sensum quo quasi luce micat. . .

f. 14^v. *Expl.:* . . . Primitus in silvas doctus ut ire queat.

ff. 15-16. blank.

Also called the *Doctrinale minus*, this didactic poem enjoyed considerable popularity in the late Middle Ages and survives in numerous MSS and early printed editions; see esp. *GKW*, nn. 489-509, and Hans Walther, *Initia carminum ac versuum medii aevi* (Gottingen, 1969), n. 71. On Alanus' authorship, which has been disputed but is now generally accepted, see G. Raynaud de Lage, *Alain de Lille, poete du XIIe siecle* (Montreal & Paris, 1951), pp. 15-17, 34-37; and Marie-Therese d'Alverny, *Alain de Lille: textes inedits* (Paris, 1965), pp. 51-52.

The poem contains 646 lines, as edited in *PL* 210, pp. 581-594; this ms., however, lacks the final 48 lines. The last extant line is at the bottom of f. 14^v, and probably the loss of the final lines is due to to the loss of an internal bifolium between ff. 14 and 15. The ms is bound in modern boards.

Purchased from H. P. Kraus in 1968.

56

Varia

15th c.; paper; 140 x 198 mm.; ff. 8; 1 col.; 32 lines; this is an unbound gathering.

ff. 1-2. SEQUITUR BREVILOQUIUM PSEUDO-BERNHARDI DE CONTEMPTU MUNDI ET DE TERRORE INFERNI ET AMORE DEI.

f. 1. *Inc.:* Si quis aures habeat audiendi audiat. Excors in se reddeat sic penset et intelligat inter nugas machinas... [with excerpts from Augustine, Bernard, Gregory and Chrysostom].

f. 2^v-3. INCIPIT ERUDITIO BEATI AUGUSTINI DE FACTO HOMINIS QUOMODO QUELIBET POTEST TEMPORALIA ET ETERNA PERICULA EVITARE ET GAUDIA CELESTIA ETERNALITER POSSIDERE ET CUM SANCTIS OMNIBUS FELICITER PERMANERE.

f. 2^v. *Inc.:* Si vis esse perfectus hoc regulariter teneas... et omnia tibi venient cum habundantia.

ff. 3-5^v. INCIPIUNT MIRACULA URBIS ROMANE ET PRIMO CONSIDERA.

f. 3. *Inc.:* Quod a creatione mundi usque ad constructionem urbis romane quatuor milia... [with sections on]: Porte in Roma... Montes intra urbem... pontes... pallacia... castella... columpna Anthoniii... septem sunt arcus triumphales... debite et honorifice terminarat vitam eorum in secula seculorum. Amen.

ff. 5^v-8. NOTA INDULGENTIE ECCLESIARUM IN URBE ROMANA.

f. 5^v. Fuerunt enim mille quingente quinque ecclesie inter quas magna pars desolata... alys peccatis veraciter est absolutus. Expliciunt indulgentie.

57

Oration on the Life of Marie de Valernod, dame d'Herculais

1654 or later; paper; 175 x 135 mm.; 1-102, 1-46 (lacking 39-42) pp.; 1 col.; 20-21 lines.

I, 1-102.   [FUNERAL ORATION FOR MADAME D'HERCULAIS, née Marie de Valernod (1619-1654), delivered at the Jesuit church in Grenoble by Philippe Mourin, S.J., at the request of Bishop Pièrre Scarron].

p. 1. *Inc.:* C'est par le commandement expres qu'il a plut à Monseigneur de Grenoble de me fere que j'entreprands aujourdhuy de donner au public un bien petit abrégé d'une grande vie et de satisfere au juste desir d'un nombre presque infini. . . des vertus incomparables de feu dame Marie de Valernod, dame d'Hércules. . .

p. 102. *Expl.:*   . . . possible parmi ceux que dieu a.

II, 1-45.   [PRAYERS OF THANKSGIVING SAID BY MARIE DE VALERNOD AFTER RECEIVING THE EUCHARIST].

p. 1. *Inc.:* O amour incomprehensible qui as enfermé dans moy ce precieux thresor. . .

p. 45. Expl.:   . . . et a vostre plus grande gloire.

p. 46.   Tous ces actes sy dessus sont esté faicts de la bouche de Madame d'Hercules personne de grande decime, pieté et vertu. Escrit de Madame d'Hercules après la communion l'an mil six cens cinquante quatre. 1654.

The funeral oration and other works relating to Marie de Valernod survive in a number of mss, most of them coming from the convent libraries of the Sisters of the Visitation, dispersed at the time of the French Revolution; cf., for example, Paris, Arsenal, MS. 2735. The authorship of the oration is not indicated in the Notre Dame ms, but other mss, notably Leningrad, Zaluski 12Z, attribute the work to a "pere Morin, jesuite," apparently the Philippe Mourin (or Morin), 1619-ca. 1680, in De Backer — Sommervogel, V, 1325 and 1347. See Ferdinand Tournier, *Vie de Mme. d'Herculais, née Marie de Valernod*, 1619-1654 (Paris, 1903), and Aimée Marie de Franclieu, *Madame d'Herculais 1619-1654* (Grenoble, 1893).

The inscription "Ludovicus magnus francie et navarre rex" is written in ink (18th century?) on the front pastedown; below is the bookplate of Boleslaw Szczesniak, currently professor emeritus at Notre Dame. The ms was purchased for the University by the Notre Dame Library Association in 1972. It is bound in contemporary parchment over cardboard.

58

Varia

15th c.; paper; 110 x 200 mm.; ff. IV, 181 and 1-148; 1 col.; catchwords.

f. I^{r-v}. blank.

f. II^{r-v}. Table of contents in modern hand.

ff. III-IV^v. blank.

ff. 1-15^v. [A HISTORY OF THE ANCIENT WORLD UP TO CAESAR AUGUSTUS].

f. 1. *Inc. ex abrupto:* regnante darete cum manu. . . aeternum vale seculi perenne ac immortable decus caesar auguste finis.

ff. 15^v-20^v. **SEXTI RUFFI DE URBE OPUSCULUM.**

ff. 15^v. *Inc.:* Regio prima porta capena continet aedem honoris et virtutis. . . tabellariorum victimariorum mensae oleariae per totam urbem Ano MCCCC. Finis.

This short treatise describes 14 regions of Rome. Each section starts with: Regio prima. . . regio secunda. . . etc., and appears to be by a Sextus Rufus or Rufus Festus(?). Only a Breviarium is known to have been written by the fourth c. Rufus Festus.

ff. 20^v-33^v. **EX LIBRO PRIMO PAUSONIAE.**

f. 20^v. *Inc.:* Atheniensium portus sub munychia et in ibi munichi dianae templum. . . manelao megaris peremptus. Ex secundo Pausanie libro. . . polemotines filius mahaonis frater alexamonis.

These are excerpts from the work of Pausanias. Cf. Ludovicus Dindorfius, ed., *Pausaniae Descriptio Grecie* (Paris, 1845), Bk. I, ch. i, section 4. English translation by J. G. Frazer, *Pausanias's Description of Greece* (New York, 1965).

ff. 44-51ᵛ.   **EX LIBRO PRIMO PHILOSTRATI DE VITA APOLLONII.**

f. 44. *Inc.:*   Vestitum ex morticina materia remisse. . .

This is a series of short excerpts from the eight books of Philostrati.

f. 51ᵛ.   **M. ANT. SABELLICIM LIVIUM ANNOTATIONES EX PRIMO LIBRO.**

Short excerpts from the ten books of Livy.

ff. 52ᵛ-53ᵛ.   blank.

ff. 54-64.   **GRAPLUONIS DEFINITIONES.**

f. 54. *Inc.:*   Deffinitio est uniuscuiusque rei aperte ac breviter explicate notio. . . Contentio est oratio roris ad confirmandum et infirmandum idonea.

f. 64.   **ORIGINES SUPER EPISTOLA PAULI AD ROMANOS.** [5 lines].

ff. 64ᵛ-65.   [List of terms and their definitions arranged in alphabetical order with numerical keys].

ff. 66-72.   **CASIODORUS IN PROLOGO PSALMORUM.**

ff. 66. *Inc.:*   Prophetia est a spiratio divina quae eventus rerum. . . pretium est alicuius rei compensatio.

These are short excerpts from the commentary of Cassiodorus on the Psalms. The terms defined are noted in the margins along with the number of the psalm from which the excerpt is taken. Cf. *PL* 70, 12-1056.

ff. 72ᵛ-73ᵛ. blank.

ff. 74-75. [CASSIODORUS IN PSALMO 23.3 AND OTHERS].

f. 74. *Inc.:* Quis ascendet in montem domini. . . hymnus est laus divinitatis metri alicuius lege composita.
Cf. *PL* 70, 172.

ff. 75ᵛ-88. ARCANA AD REPARANDAM SANITATEM [from table of contents].

f. 75ᵛ. *Inc.:* Recipe sangue de dracone onze. . .

This is the first of a collection of recipes for ailments, toothaches and colors.

ff. 88ᵛ-89ᵛ. blank.

ff. 90-95. INCIPIT TRACTATUS ALEXII AFRICANI DE VIRTUTIBUS VII. HERBARUM SECUNDUM CURSUM PLANETARUM.

f. 90. *Inc. pref.:* Alexius africanus discipulus Belbenis Coladeo atheniensi eplogiticis studium. . . et primo nota.

f. 90. *Inc.:* De solsequio. Solsequium herba est omnibus nota. . . nec docens quemquam nec reveles. Finis.

Cf. C. N. Sathas, ed., *Documents inédits relatifs à l'histoire de la Grèce du moyen age* VII (Paris, 1888), pp. LXIII-LXVII; J. A. Corbett, *Catalogue des manuscrits alchimiques latins*, I (Bruxelles, 1939), p. 127, and II (Bruxelles, 1951), pp. 116-117; D. W. Singer, *Catalogue of Latin and Vernacular Manuscripts of Great Britain and Ireland* (Brussels, 1928), Vol. III, pp. 766-773; W. J. Wilson, *Catalogue of Latin and Vernacular Alchemical Manuscripts in the United States and Canada*, Osiris, Vol. 6 (Bruges, 1939), pp. 303-304; Lynn Thorndike,˙*A History of Magic and Experimental Science*, II, pp. 233-234.

ff. 95-104ᵛ. INCIPIT TRACTATUS THESSALI PHILOSOPHI DE .XII. HERBIS XII SIGNORUM ATTRIBUTIS NECNON DE ALIIS .VII. HERBIS SECUNDUM CURSUM .VII. PLANETARUM.

f. 95. *Inc.:* Thessalus philosophus germanico Claudio regi et deo terreno salutem et amorem. . . herba mercurii qui dicitur filomos. . . humidus ut utere, etc.

Thorndike, *op. cit.,* II, p. 234; Corbett, *op. cit.,* II, p. 78.

ff. 104ᵛ-123ᵛ. ARNALDI DE VILLA NOVA DE COMPOSITIONE VINORUM AD CAROLUM FRANCORUM REGEM.

f. 104ᵛ. *Inc. Prol.:* Sacre et semper virtuose regie maiestati servitor vester humilis. . . de quo feci aliquando mentionem.

f. 105. *Inc.:* Laudantes in primis vinis de bona vita. . . valet ad victoriam comparandum. Finis.

Opera Arnaldi de Villa Nova (Lyons, 1509), ff. 262-265ᵛ; Singer, *op. cit.,* II, p. 661.

ff. 124-139ᵛ. TESTAMENTUM DE MORBIS INCURABILIBUS RAYMUNDI LULLI DE INSULA MAIORICA.

f. 124. *Inc. Prol.:* Cum ego Raymundus dudum Brida existens rogatus affectuose. . . habui a serenissimo rege roberto sub secreto concilio que quidem experimentum ipse habuerit a peritissimo doctore arnaldo de villa nova. . . mirabilia et secreta didicerim.

f. 124ᵛ. *Inc. Oratio:* Domine jhesu christe qui es omnium vera salus. . . corporis meratur accipere per eundum christum dominum nostrum Amen.

f. 124ᵛ. *Inc.:* Cum a principio omnia constent optima ordine. . . ad lapidem res optima.

Ed. *Johannis de Rupescissa. . . De consideratione Quinte Essentie. . . Raymundi Lulli Ars Operativa* (Basle, 1561), 175-208. Thorndike, *op. cit.,* IV, pp. 22-23, 55-56, 631-632; Singer, *op. cit.,* II, pp. 664-667.

ff. 140-150ᵛ. LUCII ANNEI SENECAE DE COPIA VERBORUM OPUSCULUM INCIPIT.

f. 140. *Inc.:* Quisquis prudentiam sequi desideras tunc per rationem. . . qui ventorum rationem bene inspexit. [The incipit is that of ch. II, De prudentia].

Ed. Fridericus Haase, *De formula Honestae Vitae, De verborum copia L. Annaei Senecae Opera,* III (Leipzig, 1897), p. 469. Actually this text is the *De formula honesti vite Martini Dumiensis episcopi [+580] ad Mironem regem Galliciae.* The ms. omits chapter 8 and the conclusion, and, without any break, gives some excerpts from the *De paupertate* of Seneca. Cf. Haase, p. 458.

f. 151 ʳ⁻ᵛ. blank.

ff. 152-178ᵛ. DIVI AMBROSII DE BONO MORTIS OPUSCULUM AUREUM.

f. 152. *Inc.:* Quoniam de anima superior libro sermonem. . . et semper et in omnia secula seculorum. Amen.

Cf. *PL* 14, pp. 538-568.

ff. 179-181. blank.

ff. 1-61ᵛ. PETRONIUS ARBITER.

f. 1. *Inc.:* Cum alio genere furiarum declamatores inquietantur. . . veniet clausum possidet arca iovem. Petronius arbiter finit.

Evan T. Sage and Brady B. Gilleland, eds.; *Petronius the Satiricon* (New York, 1969); P. G. Walsh, *The Romantic Novel: The Satyricon of Petronius and the Metamorphoses of Apuleius* (Cambridge, 1970). The text in the ms. has a number of omissions, e.g., in the edition cited, it omits from p. 7, line 2 to top of p. 10, has the 6 verses lines 10-16, and skips to p. 11 line 1, etc.

ff. 62-77ᵛ. **VIBIUS SEQUESTER DE FLUMINIBUS, FONTIBUS, LACUBUS, MONTIBUS PALLUDIBUS MONTIBUS GENTIBUS AD VIRGILIANUM FILIUM.**

f. 62. *Inc.:* Quanto ingenio et studio fili carissime apud plerosque. . . obtinet primum.

f. 62ᵛ. *Inc.:* Achelous Aetholie primus erupisse terram dicitur. . .volsci italici europae.

Cf. *Pomponii Melae de situ orbis libri tres* (Strassbourg, 1809), pp. 219-235.

ff. 77ᵛ-100ᵛ. **SUETONII TRANQUILLI DE GRAMMATICIS ET RHETORIBUS CLARISSIMIS LIBELLUS INCIPIT.**

f. 77ᵛ. *Inc.:* Grammatica romae ne in usu. . . redditis abstinuit cibo.

Cf. C. L. Roth, ed., *C. Suetoni Tranquilli quae supereunt omnis* (Lipsiae, 1891), pp. 257-272.

ff. 101-113. **QUINTI AURELII SIMMACHI EPISTOLE.**

f. 101. *Inc.:* Ne mihi vitio vertatur intermissio littararum. . . in minoribus videat immorari vale.

Cf. Richard Klein, *Der Streit um den Victorialiter* (Darstadt, 1972). Text of letters 17, 18, and 57. Cf. MGH Auct. Ant. VI, pars prior (Berlin, 1883), xxxix.

ff. 113ᵛ-116ᵛ. blank.

ff. 117ᵛ-136ᵛ. **IN PARADOXON CICERONIS COMENTARIUM.**

f. 117ᵛ *Inc.:* Animadverti brute titulus huius operis talis est paradoxa ad m. brutum. . .

f. 117ᵛ. *Expl. ex abrupto* aque frigidae et pellucide.

Cf. C. F. W. Mueller, ed., *M. Tullii Ciceronis Paradoxa ad M. Brutum* (Teubner, Lipsie, 1898), pp. 197-213.

ff. 142-152. [A TEXT LARGELY ILLEGIBLE BECAUSE OF THE SMALL RAPID CURSIVE SCRIPT AND WATER STAINS].

Modern half-leather binding in brown calf with binder's gilt spine and title: SCRIPTOR. // VETER. // VAR. // CODEX // SAEC. XV

59

Historical Memorial to King Philip IV of Spain

1663; paper; 105 x 140 mm.; ff. II, 150; 1 col.; 16 lines; catchwords on each page.

- f. I. [Title page]: **MEMORIAL HISTORICO MORAL ALA MAGESTAD DEL REY NRO. P. PHELIPE IV ET GRANDE EN FAVOR DEL MISTERIO INMACULADO DE LA CONCEPCION PURISSIMA DE LA REYNE DE LOS ANGELES MADRE DE DIOS.**
- ff. I-II^v. blank.
- ff. 1-149^v. *Inc.:* Senor a maestro fra. julio martinez de peado [O.P.] cathedratico de prima de la universidad de alcal provincial. . . honorificimus deum et matrem domini nostri jessu christi.
- ff. 150-151^v. blank.

    Each page is formed into 2 columns, the inner one, ca. 50 mm. wide, and the second 30 mm. wide. The inner column space is for the text, the outer for the sources of the arguments: Scripture, Fathers of the Church, Pater Canisius, Cornelius a Lapide, etc.

    On the flyleaf: Padre Pedro de Pantosa. The ms. is bound in limp parchment. On the spine: Memorial en favor de la Conception.

60

Liber Amicorum of Johann Christoph Schlenck

1769-1776; paper; 130 x 180 mm.; f. I (blank) + 284 pp. (lacking 247-254, 262-265; many pages blank, several misnumbered).

p. 1. [Title, framed in medallion within red ornamental border]: *Album hoc patronis summe colendis nec non amicis carissimis ea qua par est animi observantia offert et dedicat illorum cultor Ioannes Christohorus Schlenkius, Goldcronacho-Baruthinus theol. studiosus MDCCLXVIIII.*

Johann Christoph Schlenck (ca. 1750-1776) was a student at the Bayreuth Gymnasium, and in 1769 he enrolled in the Faculty of Theology at the Universitat Erlangen. He matriculated at Leipzig in 1771 but returned to Bayreuth three years later. See Karl Wagner, *Register zur Matrikel der Universitat Erlangen 1743-1843* (Munich & Leipzig, 1918), p. 436, and Georg Erler, *Die jungere Matrikel der Universitat Leipzig 1559-1809* (Leipzig, 1909), III, p. 356.

The book contains 175 entries, mainly by fellow students and professors from the above universities. Most of the entries are in Latin or German. The latest is dated 14 September 1776, twelve days before Schlenck's death. The book contains eight illustrated pages, including two full-page water colors, one of them a particularly handsome panoramic view of Jena. An alphabetical name index is added on pp. 276-283. The contemporary calfskin binding is stamped with elaborate gift floral scroll and cottage-roof designs. Marbled endpapers.

The ms was purchased in 1973 from Robert Wolfle, Munich.

61

Gradual

17th c.; parchment; 36.5 x 51 cm.; ff. 99; 5 staves and 5 lines of text; catchwords.

GRADUAL FOR ADVENT, CHRISTMAS AND EPIPHANY.

ff. 1-5. Dominica prima officum.
Inc. Introitus: Ad te levavi. . .

ff. 5-9. Dominica .ii. officium.
Inc. Int.: Populus Sion ecce. . .

ff. 9-13ᵛ. Dominica III officium.
Inc. Int.: Gaudete in domino. . .

ff. 13ᵛ-17ᵛ. Feria .IIII. officium.
Inc. Int.: Rorate celi desuper. . .

ff. 17ᵛ-20. Feria .vi. officium.
Inc. Int.: Prope es tu domine. . .

ff. 20-31ᵛ. Sabbato officium.
Inc. Int.: Venite et ostende nobis. . .
Hymnus iste a duobus cantetur: Benedictus es domine deus.

ff. 31ᵛ-34. Dominica IIII officium. Memento nostri domine beneplacito populi. . .

ff. 34-38. In vigilia natalis domini officium: Hodie scientia quia. . .

ff. 38-41ᵛ. In nocte natalis domini officium: Dominus dixit ad me: Filius. . .

ff. 41ᵛ-45ᵛ. In aurora officium: Lux fulgebit hodie. . .

ff. 45ᵛ-50. Ad missam maiorem officium: Puer natus est. . .

ff. 50-53. Dominica inffra octavas natalis domini: Dum medium silentium...

ff. 53-54. In circumcisione domini ad missam officium sicut in die nativitatis domini excepta Alleluia et Multipharie...

f. 54. In vigilia epiphanie officium. Lux fulgebit fol 42. Responsus: Benedictus qui venit fol. 43; Alleluia. Versus: Dominus regnavit fol. 44. Offertoria: Deus enim firmavit. Alleluia f. 44. Communio: Tolle puerum. Alleluia f. 52.

ff. 54-58. In die Epiphanie officium.
Inc.: Ecce advenit...

ff. 58-62[v]. Dominica inffra octavas epiphanie officium.
Inc.: In excelso throno vidi...

ff. 62[v]. Dominica .i[a]. post octavas epiphanie officium.
Inc.: Omnis terra adoret te...

ff. 67-70. Dominica .ii[a].
Inc.: Adorate deum omnes angeli...

ff. 70-75[v]. Dominica in .lxx. officium.
Inc.: Circumdederunt me...

ff. 75[v]-80[v]. Dominica in sessagesima.
Inc.: Exurge quare obdormis domine...

ff. 80[v]-86. Dominica in .L[a]. officium.
Inc.: Esto mihi in deum...

ff. 86-88. Feria .IIII[a]. in capite ieiunii ad cineres antiphona.
Inc.: Exaudi nos domine quoniam...

ff. 88-93[v]. Ad missam officium.
Inc.: Misereris omnium domine...

ff. 93[v]-96. Feria .V. officium.
Inc.: Dum clamarem...

ff. 96-98[v]. Feria .VI.officium.
Inc.: Audivit dominus et misertus...
[At end]: Sabbato officium responsum offertoria communio sicut in precedenti die dominica .1[a]. in .xl. officium.

f. 99. In dominica .ii. post epifaniam.
Commendatio: Mirantur omnes de his... [This was omitted when the ms. was written and added at the end by another scribe].

f. 99ᵛ. blank.

The blue and red initials at the beginning of each Mass are beautifully executed and decorated in square or oblong shaped backgrounds of varied patterns and colors. Smaller but equally beautiful initials introduce the several parts of the office; some are in black and red. The binding is of calfskin over thick wooden boards. On the inside of the front cover: Alter Prunkbuchdeckel mit 265 Steinen verziert Schmuckdarstellung: Weihnachts-Oster-Pfingskreis 12 Apostel 4 Evangelisten-7 Sakramente-10 Gebote 14 Kreuzwegst. Umrandung Jahreszeiten. There is one brass clasp without strap and one strap without metal clasp. The artificial jewels are held in brass settings.

62

Dominican Gradual

17th c.; parchment; 33.6 x 51 cm.; ff. 132; 5 staves and 5 lines of text.

- f. 1. missing.
- ff. 2-3ᵛ. *Inc. ex abrupto:* latus obtuli universa et populum tuum qui te petrus est vide cum ingenti gaudi o deus israel custodi.
- ff. 3ᵛ-7. In vigilia s. Andree apostoli officium.
  Inc. Int.: Dominus secus mare galilee. . .
- ff. 7ᵛ-12. In festo s. Andree officium.
  Inc. Int.: Mihi autem nimis honorati. . .
  Comm.: Dixit andreas simoni. . .
  [ff. 8-9ᵛ containing the Gradual are missing; f. 10 has the Alleluia and Comm.].
- ff. 12-13. In festo s. Thome apostoli officium *mihi* cetera ut in commune.
  Inc. Comm.: Mitte manum tuam et cognosce loca. . .
- ff. 13-18. In festo s. Stephani protomartyr officium.
  Inc.: Sederunt principes et adversum.
  [ff. 16-17ᵛ are missing.]
- ff. 18ᵛ-22. In festo s. Joannis apostoli officium *In medio* ut in comune Responsum.
  Inc.: Exiit sermo inter fratres. . .
- ff. 22-29. In festo sanctorum innocentium.
  Inc. Int.: Ex ore infantium. . .
- ff. 29-30ᵛ. In festo s. Raymundi [Pennafortis].
  Officium: *in me* Resp. *Os iusti* ut in com. [St. Raymond Pennafort was canonized in 1601.]

ff. 30ᵛ-35ᵛ. In conversione S. Pauli.
   Inc.:   Letentur omnes in domino. . .

ff. 35ᵛ-42ᵛ. In septuagesima tractus.
   Inc.:   Tu es vas electionis. . .
   Offert.:   Mihi autem. . .
   Com.:   Amen dico vobis quere in comuni: In purificatione.

ff. 43ᵛ-46ᵛ. In festo s. Agatho.
   Off.:   Gaudentes; Alle. diffu.
   Tractus: Qui seminant in lacrimis. . .

ff. 46ᵛ-51. In cathedra s. Petri officium.
   Inc.:   Responsum: Exaltent eum in ecclesia. . .

ff. 51-54ᵛ. In festo s. Thome de Aquin.
   Tractus: Quasi stella matutina. . .

ff. 54ᵛ-61. In festo Joseph officium. Iustum ut palma florebit. . [The feast of St. Joseph became a feast of the universal Church only in 1621.]

ff. 61-64. In festo apostolorum Philippi et Jacobi.
   Inc.:   Clamaverunt ad te domine. . .

ff. 64-67. In inventione s. crucis.
   Inc.:   Nos autem gloria. . .

ff. 67-68ᵛ. In festo corone domini officium.
   Inc.:   Gaudeamus omnes in domino. . . [A Dominican feast on May 4, 1254, according to Humbert Ordenarius].

Cf. William Bonnewell, O.P., *A. History of the Dominican Liturgy* pp. 104, 114, 216, 262.]

ff. 67-68ᵛ. In festo patroncinii s. Joseph officium.
   Inc.: Adjutor et protector noster. . .

ff. 72-73. In festo sanctorum martyrum Gervasii et Protasii.
   Inc.:   Loquetur dominus pace.

ff. 73-77. In vigilia s. Joannis Baptiste officium.
   Inc.:   Ne timeas Zacharia exaudita. . .

ff. 77-83ᵛ. In festo sancti Joannis Baptiste.
Inc.: De ventre matris. . .

ff. 83ᵛ-89ᵛ. In festo sanctorum Johannis et Pauli officium.
Inc.: Multe tribulationes iustorum. . .

ff. 89ᵛ-93. In vigilia apostoli Petri et Pauli.
Inc.: Dicit dominus petro. . .

ff. 93-96ᵛ. In die apostolorum Petri et Pauli officium.
Inc.: Nunc scio vere quia. . .

ff. 96ᵛ-98. In commemoratione sancti Pauli.
Inc.: Scio cui crededi. . .

ff. 98-99. In visitatione virginis officium.
Inc.: Gaudeamus. . .

The feast was instituted by Boniface IX in 1389. Sixtus IV institutued the feast anew in 1475 to invoke aid against the Turks.

ff. 99-101ᵛ. In festo sanctorum septem fratrum officium.
Inc.: Laudate pueri dominum. . .

ff. 101ᵛ-103. S. Petri ad vincula officium.
Inc.: Nunc scio vere fol. 93.

ff. 103-106. In transfiguratine domini officium.
Inc.: Viderunt ingressus tuos. . .

A feast adopted by the Dominican Order, August 6, 1456. Cf. William Bonnewell, *op. cit.*, p. 238.

ff. 106-110ᵛ. In vigilia s. Laurentii officium.
Inc.: Dispersit dedit pauperibus. . .

ff. 110ᵛ-115ᵛ. In die Laurentii officium.
Inc.: Confessio et pulchritudo. . .

ff. 115ᵛ-117. In assumptione beate virginis Marie officium.
Inc.: Gaudeamus. . .

ff. 117-121. In festo s. Hyacinti officium.
Inc.: In ecclesiis altissimi. . .

ff. 121-122ᵛ. In octava sancti Laurentii officium.
Inc.: Probasti domine corone. . .

ff. 122ᵛ-123ᵛ. In decollatione Johannis Baptiste officium.
Inc.: Iustus. . .

ff. 123ᵛ-127. In nativitate Marie.
Inc.: Gaudeamus omnes in domino. . .

ff. 127-128ᵛ. In festo s. Nicolai Tolentini officium.
Inc.: Dedit dominus confessio. . .

ff. 128ᵛ-130ᵛ. In exaltatione sancte crucis officium.
Inc.: Nos autem fol. 64.

ff. 130ᵛ-132. In vigilia sancti Mathei apostoli officium.
Inc.: Ego autem sicut. . .

The presence of such feasts as The Crown of the Lord, St. Raymond Pennafort, St. Hyacinth, and of some Propers definitely identifiable as of the Dominican liturgy, indicate that this is a Dominican gradual, although an incomplete one.

The capitals are in red without decoration. Binding in morocco with four bosses on each cover. Metal clasps with leather strap still on one.

63

Various Masses and Offices

17th c.; parchment; 25.5 x 37.7 cm.; ff. 118; 1 col.; 8 lines and

- ff. 1-3ᵛ. [Blessing of Palms on Palm Sunday (no rubric)].
  Inc. antiphona: Hosanna filio david benedictus. . . Pueri hebreorum portantes. . .

- f. 3ᵛ-8. [Adoration of the Cross on Good Friday].
  Inc.: Feria sexta in parasceve. . .
  Tractus: Domine audivi auditum tuum. . .

- ff. 8ᵛ-10ᵛ. In sabbato sancto post .iv. prophetiam.
  Tractus: Cantemus duo. . .

- ff. 11-14. In festo purificationis beate virginis dum distribuuntur candele.
  Inc. ant.: Lumen ad revelationem. . .Exsurge domine adiuva nos. . . Ave gratia plena die. . . Adorna thalamum. . .

- ff. 14ᵛ-18ᵛ. Dominica in palmis ad processionem.
  Inc. ant.: Cum appropinquaret dominus. . . Cum audisset populus. . . Gloria laus et honor. . .

- ff. 18ᵛ-19ᵛ. In festo sancti nominis Jesu ad vesperas.
  Inc. ant.: Omnis qui invocaverit. . . *Hymnus:* Iesu dulcis memoria. . .

- ff. 20-21ᵛ. In festo septem dolorem beatissime Marie virginis ad [primas et secundas] vesperas.
  Inc. ant.: Vadam ad montem myrrhe. . . Dilectus meus candidus. . . Quo abiit dilectus. . . Fasciculus myrrhe. . . Fulcite te me floribus. . . Stabat mater. . . Tuam ipsius animam. . . Cum vidisset jesus. . .

- ff. 21ᵛ-24ᵛ. In festo sancte Gertrudis virginis ad primas et secundas vesperas.

Inc. ant.: In corde gertrudis invenietis me. . . Sanctissima christi sponsa. . . Quam pulchra es. . . Vivi autem ego iam. . . Egredimini et videte. . . *In secundis vesperis:* Casta columba. . . Loquebatur christus. . . Beate gertrudis verba. . . Dilecte animam carcere. . .

ff. 25-27. In nativitate domini nostri Jesu Christi ad matutinum.
Invitatorium: Christus natus est nobis. . . Ps. 94.

ff. 27ᵛ-29ᵛ. In dominica resurrectionis ad matutinum.
Invitatorium: Surrexit dominus vere. . . Ps. 94.

ff. 29ᵛ-32. In nativitate domini nostri jesu christi ad primam missam.
Introitus: Dominus dixit ad me filius. . .
Grad. Tecum principium. . . Offert.: Laetentur coeli. . .
Com.: In splendoribus.

f. 32. In sabbato sancto ad missam solemnitur cantatus.
Alleluia: Confitemini domino. . . Ps. 16. . . Ant.: Vespere autem sabbati. . . Magnificat. . .

ff. 34-40ᵛ. Missa.
Inc.: Requiem eterna dona eis. . . Ps.: Te decet hymnus. . .
Grad.: Requiem eternam dona eis. . . Tractus: Absolve domine animas omnium. . . Sequentia: Dies ire dies illa. . .

ff. 40ᵛ-43. In festivitatibus minoribus duplicibus.
Kyrie. . . Gloria. . . Sanctus. . . Agnus dei. . .

ff. 43ᵛ-47ᵛ. Feria quarta cinerum ad benedictionem cinerum in choro cantatur antiphona: Exaudi nos domine quoniam. . .
Immutemur habitu. . . Iuxta vestibulum et altare. . .

ff. 47ᵛ-49ᵛ. In commemoratione beate Marie virginis de monte Carmelo ad vesperas.
Ant.: Pulchra es et decora. . . Ant.: Sicut myrrha electa. . . In odorem unguentorum. . . Benedicta filia. . . Speciosa facta. . .

ff. 49ᵛ-51. In festo sancti Joseph.
Ant.: Jacob autem genuit. . . Missus est angelus. . . Cum es-

set desponsata... Joseph vir eius... Exurgens joseph a somno...

f. 51. Translatio alme domus Laurentane.
Inc.: Domum tuum domine decet...

ff. 51ᵛ-53. In patrocinio sancti Joseph ad primas et secundas vesperas.
Inc.: Jacob autem genuit... Cum esset desponsata... Filii quid fecisti...

ff. 53ᵛ-54ᵛ. Translatio alme domus Lauretto.
Inc.: Domum tuam domine decet.

A liturgy for the Translatio was incorporated in the martyrology in 1669 and an office in the Breviary and Missal in 1699. On Loretto, cf. *New Catholic Encyclopedia*, art. "Loretto."

ff. 54ᵛ-55. In festo sancti Corporis Christi.
Ant. ad Magnificat: O sacrum convivium.

ff. 55-72ᵛ. In nativitate domini nostri Iesu Christi. Invitatorium ad Matitutinum pag. 25. Hymnus: Christe redemptor omnium. In primo nocturno antiphona: Dominus dixit ad me filius... Tamquam sponsus dominus... Elevamini portae... Diffusa est gratiam labiis... Suscepimus deus misericordiam... Orietur in diebus domini... In secundo nocturno antiphona: Veritas de terra orta... Ipse invocabit ad me... Laetentur coeli et exultet... In principio et ante... Notum fecit dominus alleluia... Nato domino angelorum chorus... In tertio nocturno ant.: Parvulus filius hodie... Ad laudes ant.: Quem vidistis pastores... Genuit puerpura regem... Angelus ad pastores ait... Facta est cum angelo... Parvulus filius hodie... Gloria in excelsis.

ff. 72ᵛ-84. Feria V in coena domini ad Matutinum in primo nocturno.
Ant.: Zelus dominus tue... Avertantur retrorsum... Deus

meus eripe me. . . In secundo nocturno ant.: Liberabit dominus pauperem. . . Cogitaverunt impii. . . Exurge domine et judica. . . In tertio nocturno ant.: Dixi iniquis nolite loqui. . . Terra tremuit et quievit. . . In die tribulationis. . . Ad benedictionem ant.: Traditor autem dedit. . . Ad laudes ant.: Justificeris domine in sermonibus. . . Domine tamquam ovis. . . Contritum est cor meum. . . Exhortatus es in virtute. . . Oblatus est quia ipse. . . Ant. ad benedictionem: Traditor autem. . .

ff. 84-96. Feria VI in Parasceve ad matutinum.
In primo nocturno ant.: Astiterunt reges terre. . . Diverserunt sibi vestimento. . . Insurrexerunt in me. . . In secundo nocturno ant.: Vim faciebant qui. . . Confundantur et revereantur. . . Alieni insurrexunt. . . In tertio nocturno: Ab insurgentibus in me. . . Longe fecisti notos. . . Captabunt in animam. . . Ad laudes ant.: Proprio filio suo non. . . Anxiatus est super. . . Ait latro ad latronem. . . Cum conturbata fuerit. . . Memento mei domine. . . Ad benedictionem ant.: Posuerunt super caput. . .

ff. 96-106. Sabbato sancto ad matutinum.
In primo nocturno ant.: In pace in idipsum. . . Habitabit in tabernaculo. . . Caro mea requiescet. . . In secundo nocturno ant.: Elevamini portae. . . Credo videre bona. . . Domine abstraxisti ab. . . In tertio nocturno ant.: Deus adiuvat me. . . In pace factus est. . . Factus sum sicut. . . Ad laudes ant.: O mors ero mors tua. . . Plangent eum. . . Attendite universi populi. . . A porta inferi. . . O vos omnes. . . Ad benedictionem ant.: Mulieres sedentes. . .

ff. 106-117. In resurrectione domini ad matutinum.
Hymnus: Rex sempiterne domine. . . In primo nocturno ant.: Ego sum qui sum. . . In secundo nocturno ant.: Terra tremuit et quievit. . . In III nocturno. . . Ad canticum ant.: Nolite expavescere jesum. . . Ad laudes ant.: Angelus autem domino. . . Et ecce terremotus factus. . . Erat autem aspectus. . . Pre timore autem. . . Respondens autem angelus. . . Ad benedictionem ant.: Et valde mane una. . .

ff. 117ᵛ-118.   blank.

f. 118ᵛ.   Veni sancte spiritus repletuorum corda.

    The fact that this choir book with music has four psalms instead of the usual five indicates a Benedictine house. The fact that there is a *Translatio* of Loretto suggests an Italian origin — or Italian Cistercian nuns. This is a monastic ms. because the Roman rite never has a *responsorium breve* after the *capitulum* of Lauds. The ms. is 17th c. since St. Gertrude's name was added to the Roman martyrology by Innocent XI in 1677. Pope Clement XII (1730-1740) made her feast universal.

    F. 1 has a beautifully floriated large letter H with border in red and blue. Other floriated letters are the D on f. 3ᵛ, the C. on f. 8ᵛ, the L on f. 11, the C on f. 14ᵛ, the O on f. 18ᵛ, the V on f. 20, the I on f. 21ᵛ, the C on f. 25, the S on f. 27ᵛ, the D on f. 30, the A on f. 32, the R on f. 34, the K on f. 41, the E on f. 43ᵛ.

    The binding is of calfskin with five raised gothic bosses and four brass triform corners on both covers. Two metal clasps, one strap, are missing.

64

Catalan Passion Cycle

Late 18th c.; paper; 150 x 105 mm.; I, 91 ff.; 17-21 lines.

f. I. Scribbles, otherwise blank.

ff. 1-7. LOA Y ARGUMENT GENERAL DE LA PASSIO DE NOSTRA SENYOR JESUCHRIST. *Inc.* Cria Deu en son principi /los cels y tambe la terra. . .

ff. 7-26. DESPEDIMENT DE JESUS Y MARIA SENYOAR NOSTRA. Conte un acte. (Personas: Nostra Senyora, Maria Madalena, Jesus, St. Joan, un Angel, St. Pera, St. Jaume, Judas) *Inc.* Nostra Senyora: Filla mia madalena / vostra mestra y fill meu. . .

ff. 26^v-76^v. ASSI COMENSA LA PASSI Y PRESA DE CHRISTO SENYOR NOSTRE. *Inc.* Dexeble meus ja es arribat / aquell meu temps tant desitjat. . .

ff. 77-91. ASSI COMENSA LO DEVALLAMENT DE LA CREU. (Personas: Nostra Senyor, St. Joan, Mª Salome, Mª Jacobe, Maria Madalena, St. Joseph, Nicodemos, Centurio, tres soldats, Pilat, Maurici Criat, un patge) *Inc.* Nicodemus: Queus aparegut senyor / de la mort dura y cruel. . .

f. 91^v. blank.

The anonymous passion cycle of which this text is a shorter variant is printed as *La gran tragedia de la passio y mort de Jesuchrist Nostre Senor representada en Manresa per alguns devots de aquest Divino Misteri, en tots los Dijous y festas de la Quaresma del any 1798* (Manresa: Ignasi Abadal, n.d.). Of the numerous groups and versions of the cycle, examples most nearly

251

resembling the present version are Barcelona, Bibl. de l'Ateneu, MS. 33, and Barcelona, Bibl. de Catalunya, MS. 1365, both dating from the latter part of the 18th c. See Joseph Romeu i Figueras, "La legende de Judas Iscarioth dans le theatre catalan et provencal," *Actes et memoires du 1[er] Congres international de langue et litterature du Midi de la France* (Avignon 1957), pp. 68-106; his "Els textos dramatics sobre el davallament de la creu a Catalunya, i el fragment inedit e'Ulldecona," *Estudis romanics*, 11 (1962), 103-132; and Josep Massot i Muntaner, "Notes sobre la supervivencia del teatre catala antic," *ibid.*, pp. 49-101

Bound in contemporary parchment.

Donated in 1976 by Mr. James Pugh of South Bend.

TABLE OF INCIPITS

Numerals in bold face indicate the manuscript, those in roman the folio, where the incipit is found in this catalogue.

A lo huno desiderosa discepulo . . . **50**:108ᵛ
A phebo phebe lumen capit . . . **55**:2
A porta inferi . . . **4**:206, **63**:96
A suoi in christo dilettissimi ispirituali fratelli . . . **18**.43ᵛ
Aaz apprehens vel apprehensio . . . **7**:688
Ab hiis tribus filiis noe texuntur . . . **40**.42
Ab insurgentibus in me . . . **63**.84
Ab origine mundi circa annos tria milia . . . **40**.13
Abacuk luctator fortis . . . **7**.469
Abdias qui interpretatur servus dei . . . **7**.464
Absolve domine animas . . . **63**.34
Accepi litteras tuas . . . **44**.133ᵛ
Accepimus litteras tuas . . . **44**.190ᵛ
Accepimus per rogatianum . . . **44**.210ᵛ
Accipe sub modicis certamina vasta . . . **53**.4
Accipite et comedite hoc est corpus meum . . . **3**.245
Achelous aetoliae primus erupisse terram . . . **58**.62
Ad che stimarce o gente humana indegna . . . **17**.6
Ad contemptum laudis humane consideranda . . . **9**.37
Ad contristar col ciel nullo si metta . . . **17**.6
Ad dominum tribularer clamavi . . . **4**.146ᵛ
Ad explanationem huius sexti libri . . . **22**.139
Ad hoc quod aliquis laute . . . **9**.49ᵛ
Ad perfectioris vite fatigium famulo dei cupienti . . . **11**.90
Ad quedam . . . **44**.184ᵛ
Ad quid venisti rogo te meditare frequenter . . . **11**.87ᵛ
Ad ruth festinat petri . . . **5**.70ᵛ; **8**.72ᵛ
Ad speciem jacob pertinet prudentia . . . **9**.56ᵛ
Ad te domine clamabo . . . **9**.31
Ad te levavi . . . **61**.1
Ad thessalonicenses secundum scribit epistolam . . . **7**.601
Adducentur regi virgines post eam . . . **3**.159ᵛ
Adducunt ei surdum . . . **3**.78
Adjutor et protector noster . . . **62**.67
Adorate deum omnes angeli . . . **61**.67
Adorna thalamum . . . **63**.11

Adveniente autem die quo venerabilis eusebius . . . **11**.82
Advis donne au roy sur l'estat present . . . **47**.62
After the reformation of religion was established in Scotland **14**.13
Aggeus festivus et letus . . . **7**.471
Agnosce homo aspice et diligenter considera . . . **42**.51^v
Agnoscenda et amplectenda . . . **44**.82^v
Ait latro ad latronem . . . **63**.84
Aiunt apud vos . . . **30**.158
Aleph doctrinam notat . . . **8**.142
Alexius africanus discipulus bel benis . . . **58**.90
Alieni insurrexunt . . . **63**.84
Alle venerabili spirituali religiose santa donne . . . **18**.36
Alloquitur dominus moysen iubet ut . . . **8**.52^v
Alloquitur moysen deus et iubet . . . **5**.51
Ambrosio iusta desideria compleantur . . . **42**.61
Ambrosius dicitur ab ambra que est . . . **42**.52
Amen amen dico vobis si quid petieritis . . . **3**.106
Amico carissimo et intimo . . . **30**.158
Amicum pauperum amico divite . . . **30**.158
Amos pastor et rusticus et ruborem mora . . . **7**.461
Angelorum esca nutrivisti populum tuum . . . **3**.245
Angelus ad pastores ait . . . **63**.55; **63**.106
Angelus autem domino . . . **63**.106
Anima devota cupiens ad divinam contemplationem . . . **11**.9
Anima templo comparatur quia . . . **9**.16^v
Animaverti brute titulus huius operis tales . . . **58**.117^v
Anime impiorum . . . **2**.212
Annuntiate inter gens studia eius . . . **9**.14
Anxiatus est super . . . **63**.84
Apostolus adeo ad sanctam feminam . . . **7**.642
Apprehendite disciplinam . . . **9**.4^v
Aque maris sunt tribulationes quas deus . . . **9**.36
Archa in qua continebantur federa . . . **13**.54
Arcta est via que ducit . . . **3**.153
Argumentatio est enuntiatio illativa . . . **52**.76
Articuli fidei quod sit deus trinus et unus . . . **11**.93
Ascendente iesu in naviculam . . . **3**.27
Ascendit deus in iubilo . . . **3**.52
Ascendit fumus in ira eius . . . **9**.21^v

Ascendit ignis de petra et carnes . . . **3**.57 ⱽ
Assisa panis et cervisiae . . . **25**.134
Astiterunt reges terre . . . **63**.83;
Astitit regina a dextris tuis . . . **3**.163ⱽ; **9**.55
Astrologorum est contemplari celum et lunam . . . **9**.11 ⱽ
Atheniensium civitas munitissimus menii . . . **30**.153
Atheniensium portus sub munycia et in ibi . . . **58**.20 ⱽ
Attendite sensum et intelligentiam . . . **44**.196
Attendite universi populi . . . **63**.96
Attolite portas principes vestra . . . **9**.28 ⱽ
Audite celi . . . **1**.189; **2**.193
Audivit dominus et misertus . . . **61**.96
Aurora lucis . . . **1**.210; **2**.219
Ave caput inclinatum . . . **4**.125 ⱽ
Ave domine iesu christe verbum . . . **4**.132
Ave gratia dominus tecum . . . **3**.132 ⱽ
Ave gratia plena die . . . **63**.11
Ave tu sinistra . . . **4**.126
Avertantur restrorsum . . . **63**.72 ⱽ
Avertendo alla provisione et ordinatione . . . **16**.7
Avicenna philosophus dicit quod lapis cadens in aqua . . . **3**.199

Beata gens cuius est deus eius . . . **9**.36
Beatam vitam o dogma virtutum . . . **30**.128 ⱽ
Beate gertrudis verba . . . **63**.21 ⱽ
Beate johannes baptista christi precursor . . . **4**.27
Beati immaculati in via . . . **4**.190
Beati occuli que vident . . . **3**.79 ⱽ
Beatus gregorius epistola prima ibidem mittit . . . **30**.130
Beatus johannes qui audivit et vidit secreta . . . **3**.19 ⱽ
Beatus matheus videns hodie bartholomeum . . . **3**.153
Beatus plane de cuius domo . . . **42**.54
Beatus servus quem cum venerit . . . **3**.172 ⱽ
Beatus vir . . . **1**.8; **2**.8; **2**.214; **9**.1 ⱽ
Beatus vir qui inventus est . . . **3**.133 ⱽ
Bene admones donate . . . **30**.161; **44**.1
Benedicat nos deus deus noster . . . **3**.59 ⱽ
Benedicite omnia opera . . . **1**.192; **2**.196 ⱽ
Benedicta filia . . . **63**.47 ⱽ

Benedictio domini super caput . . . **3**.173
Benedictus dominus deus . . . **1**.194; **2**.198 ᵛ; **15**.156
Benedictus es domine deus . . . **61**.20
Benedictus qui venit . . . **61**.54
Beneficium ecclesiasticum non potest . . . **45**.68 ᵇ
Bohemia in solo barbarico transdanubium . . . **30**.2 ᵛ
Bone indolis adolescenti . . . **30**.156
Bone matres habent hic in consuetudine . . . **3**.99
Bonifacius episcopus servus servorum dei . . . **45**.1
Bonitatis et nobilitatis excellentiam . . . **22**.1
Bonus vir sine deo nemo est . . . **46**.1

Cantemus domine . . . **1**.186 ᵛ
Cantemus domino . . . **2**.189 ᵛ
Cantemus duo . . . **63**.84
Captabant in animam . . . **63**.84
Carissime hodierna dies que nobis de bonitatis . . . **3**.245
Carissimi litteris tuis . . . **30**.160 ᵛ
Carmina qui quondam studio florenti . . . **53**.13
Carnalis et mundanus duplici morte . . . **9**.59 ᵛ
Caro mea requiescet . . . **63**.96
Carta mercatoria . . . **25**.135
Casta columba . . . **63**.21 ᵛ
Castitas proprie est virtus coniugatorum . . . **9**.18
Certe beatum . . . **30**.130 ᵛ
Cervus est animal velox pavidus . . . **9**.31 ᵛ
C'est par le commandement expres qu'il . . . **57**.1
Charta de foresta . . . **25**.10
Che legera la presente compillatione sopra . . . **53**.5 ᵛ
Chi'l crederia fra no ly'dra di mora . . . **17**.3
Chiumque desidera di farsi amiche . . . **50**.169 ᵛ
Christe redemptor omnium . . . **63**.55
Christus in evangelio sepius usus est specie allegorice . . . **30**.127 ᵛ
Christus natus est nobis . . . **63**.25
Ciprus quidam filius cetini in cypro insula . . . **40**.13
Circa hodierunum festum possumus inquirere . . . **3**.129 ᵛ
Circa illam particulam ut temptaretur a diabolo . . . **3**.217
Circa librum predicamentorum est sciendum . . . **19**.24 ᵛ
Circa verba esta notare possumus quod . . . **3**.141

Circumdederunt me . . . **61**.70
Clamaverunt ad te domine . . . **62**.61
Claruit herode ius regis . . . **5**.120 ^{v}; **8**.175
Clerici que clericalis ordinis dignitati . . . **45**.35 ^{a}
Cogitaveram quidem . . . **44**.148
Cogitaverunt impii . . . **63**.72 ^{v}
Cognovimus fratres carissime fidei . . . **44**.83 ^{v}
Colosenses et hii . . . **7**.598
Commune quidem cum omnibus iste est secundus . . . **19**.18 ^{v}
Como alma bramosa et poco acorta . . . **17**.5
Complurimi sunt que vetustissimas historias . . . **43**.21
Compositio facta de assisia panis . . . **25**.157
Concede quesumus omnipotens deus . . . **4**.31 ^{v}
Concede quesumus . . . **1**.201; **2**.206
Confessio et pulchritudo . . . **62**.110 ^{v}
Confirmatio magne charte . . . **25**.2
Confitebor tibi . . . **1**.184 ^{v}; **2**.187 ^{v}
Confitemini domino . . . **63**.32
Confundantur et revereantur . . . **63**.84
Congregans sicut in utri aquas . . . **9**.36
Congregate illi sanctos eius . . . **9**.60
Consequenter queritur primo super secundo . . . **22**.32
Considerandum de quibus faciendum est . . . **9**.46
Considerandum est qui significantur per . . . **9**.50 ^{v}
Consilium mihi fuit fortasse non improbum . . . **30**.125
Consolatur autem dominus servos suos . . . **3**.172 ^{v}
Consuetudo erat quod antiqui reges . . . **3**.154
Consuetudo est dominorum quando visitant . . . **3**.122
Consuetudo est quod pauperes mendici . . . **3**.135 ^{v}
Consuetudo est summy pontificis in civitate romanam . . . **3**.41
Consuevit dominus quando facturus ad opus . . . **3**.105
Consulis o plebis rector me que bona factu . . . **53**.83
Continuo relicitis retibus . . . **15**.159 ^{v}
Contritum est cor meum . . . **63**.72 ^{v}
Convenit in hec auctoritas puero . . . **3**.169
Convertisti planctum meum in gaudium . . . **3**.148 ^{v}
Convertetur dolor eius in caput . . . **9**.11
Cor meum conturbatum est . . . **9**.45
Corinthii sunt . . . **7**.579
Correva l'anno 1710 quando essendo i francesi . . . **26**.3

Credo videre bona . . . **63**.96
Cria deu en son principi los cels . . . **64**.1
Cuius maledictione os plenum est . . . **9**.14ᵛ
Cum a principio omnium constent virtutibus . . . **58**.124ᵛ
Cum alio genere furiarum declamatores . . . **58**.1
Cum aliquid castrum fortem inpugnatur . . . **3**.118ᵛ
Cum appropinquaret dominus ierusalem . . . **3**.76; **64**.14ᵛ
Cum appropinquaret iesus . . . **3**.176
Cum appropenquasset iesus jerusalinis . . . **3**.199
Cum audisset johannes in vinculis . . . **3**.15
Cum audisset populus . . . **63**.14ᵛ
Cum bellum hodie adversum turcorum . . . **30**.176
Cum conturbata fuerit . . . **63**.84
Cum de excessu . . . **44**.191
Cum de presentis exilii miseria mortis . . . **3**.250
Cum dominus quadam vice predicabat . . . **3**.111ᵛ
Cum ego raymundus dudum brida existens . . . **58**.124
Cum esset desponsata . . . **63**.49ᵛ; **63**.51ᵛ
Cum esset sero die illa . . . **3**..101
Cum frequenter . . . **44**.101
Cum in consilio . . . **44**.178
Cum in fraterna . . . **30**.132
Cum in multas necessitates constantinus imperator . . . **3**.123
Cum in unum . . . **44**.171
Cum intrasset jesum in domum . . . **3**.84ᵛ
Cum mecum multa et de multis . . . **40**.13ᵈ
Cum moneat dominus . . . **44**.22
Cum natus esset iesus . . . **35**.30ᵛ
Cum nihil utilius humane credo saluti . . . **6**.2
Cum omni terribilium mors corporis . . . **3**.250
Cum perlegissemus . . . **44**.193
Cum sanctissima virgo dei genetrix . . . **53**.2ᵛ
Cum semper magnis . . . **44**.108
Cum simul in . . . **44**.158ᵛ
Cum sit necessarium grisoroi . . . **19**.5
Cum sublevasset oculos iesus . . . **3**.94
Cum transieret iesus vidit hominem . . . **3**.156ᵛ
Cum turbe irruerunt ad iesum . . . **3**.68
Cum venerit paraclitus quem ego . . . **3**.53ᵛ
Cum venerit paraclitus quod mittam vobis . . . **3**.107

Cum vidisset jesus . . . **63**.20
Cunctos dies cunctas que noctes piissime . . . **30**.128
Custodi innocentiam vide . . . **9**.41
Custodit dominus omnia ossa eorum . . . **9**.37

Dal di chio nacqui prese ad balastrarme . . . **17**.14
Dares frigius qui historiam troianorum . . . **40**.13[c]
David propheta spiritu sancto revelante . . . **3**.159[v]
David propheta videns quod beatus clemens . . . **3**.165[v]
De confessis continuare sit ipse contingit . . . **46**.22
De la confiscation des biens pour crime . . . **32**.6
De la punition et chastement ordonne par les empereurs . . . **32**.50
De patientia locuturus . . . **44**.62[v]
De profundis clamavi . . . **4**.24
De regulis iuris . . . **45**.68[b]
De ventre matris . . . **62**.77
Dedi te in lucem gentium . . . **3**.146[v]
Dedit dominus confessio . . . **62**.127
Definitio est uniuscuiusque rei aperte . . . **58**.54
Del poetica genio altri la vena . . . **20**.1
Della fondatione di roma . . . **54**.1
Demum primo querendum est et hunc super quintum . . . **22**.109
Desertum est malum desideria carnalia . . . **9**.31[v]
Desiderasti fortunate . . . **44**.118[v]
Deus a quo . . . **1**.202; **2**.206[v]
Deus adiuvat me . . . **63**.96
Deus deus meus respice in me . . . **4**.209
Deus enim firmavit . . . **61**.54
Deus in adiutorium . . . **1**.196[v]; **2**.201[v]; **35**.99
Deus meus eripe me . . . **63**.72[v]
Deus miseratur . . . **4**.24
Deus qui . . . **1**.201; **2**.206
Deus qui beatam catherinam . . . **4**.43
Deus qui beate marie magdalena . . . **4**.40
Deus qui de beate marie virginis utero . . . **4**.107
Deus qui beatum ambrosium pontificem tuum . . . **42**.52[v]
Deus qui beatum thomam . . . **4**.35
Deus qui voluisti pro . . . **42**.49[v]
Dexeble meus ja es arribat . . . **64**.26[v]

Dhe perche son de me tue luce tolte . . . **17**.19 ᵛ
Dialectica est ars argumentandi . . . **52**.8
Dicit beatus augustinus quod multi timent mala . . . **3**.60 ᵛ
Dicit dominus petro . . . **62**.89 ᵛ
Dicit dominus super quem requiescam . . . **42**.61
Dictum expositores fuisse consuetudinem apud . . . **3**.22 ᵛ
Dicturi se singulis vitiis cum opportunitas se . . . **12**.9
Dies ire dies illa . . . **63**.34
Differentia est inter forum civile . . . **9**.35
Diffusa est gracia in labiis tuis . . . **4**.48
Diffusa est gratiam labiis . . . **63**.55
Dilate animam carcere . . . **63**.21 ᵛ
Dilecte fili dilige lacrimas et noli differe . . . **42**.52
Dilectionis tue . . . **30**.131
Dilectus meus candidus . . . **63**.20
Dilectus meus mihi et ego . . . **3**.120
Dilexi quoniam . . . **4**.159
Dilexi quoniam exaudiet . . . **35**.140
Diliges dominum deum tuum . . . **3**.86
Diocensanis punit clericos coniungatos . . . **46**.24
Dirigite viam domini . . . **3**.16
Disciplina custos spei . . . **44**.6
Dispersit dedit pauperibus . . . **62**.106
Disrumpamus vincula eorum . . . **9**.3 ᵛ
Disrupisti domine vincula mea . . . **3**.150
Diu patientiam . . . **44**.186
Diverserunt sibi vestimento . . . **63**.84
Divinitatis et nobilitatis excellentiam . . . **22**.1
Dixerat orationisque . . . **53**.71
Dixi confitebor . . . **9**.35
Dixi custodiam vias meas . . . **9**.45 ᵛ
Dixi iniquis nolite loqui . . . **63**.72 ᵛ
Dixit andreas simoni . . . **62**.7 ᵛ
Doctus origines cum doctos . . . **8**.121 ᵛ
Domine abstraxisti ab . . . **63**.96
Domine audivi . . . **1**.187 ᵛ; **2**.191;
Domine audivi auditum tuum . . . **63**.3 ᵛ
Domine deu omnipotens pater et filius . . . **4**.24
Domine exaltasti super terram . . . **3**.129 ᵛ
Domine fili unigenite iesu christe . . . **53**.10

Domine filia mea defuncta est . . . **3**.92
Domine iesu christe . . . **4**.38
Domine iesu christe qui es omnium vera salus . . . **58**.124ᵛ
Domine iesu christe qui permissisti a maria . . . **50**.174
Domine iesu christe qui sacratissimam carnem . . . **4**.134
Domine iesu christe qui septem verba . . . **4**.129
Domine labia mea aperies . . . **35**.14
Domine ne in furore tuo arguas . . . **9**.8ᵛ
Domine prevenisti eum in benedictionibus . . . **9**.25ᵛ
Domine probasti me . . . **4**.190
Domine quis habitabat in tabernaculo tuo . . . **9**.18
Domine tamquam ovis . . . **63**.72ᵛ
Dominica ista representat tempus quod fuit . . . **3**.37ᵛ
Dominus beatum stephanum dupliciter coronavit . . . **3**.173ᵛ
Dominus christus obtulit se sacrificium . . . **9**.25
Dominus christus suum fecit testamentum . . . **9**.60
Dominus dixit ad me filius . . . **61**.38; **63**.29ᵛ; **63**.55
Dominus habet scribas suos ad calamum . . . **9**.53
Dominus illuminat cecum sanat infirmum . . . **9**.30
Dominus illuminatio mea et salus . . . **9**.30
Dominus in templo sancto suo . . . **9**.16ᵛ
Dominus loquitur . . . **44**.189ᵛ
Dominus noster cuius precepta . . . **44**.194
Dominus omnium dilexit eam . . . **3**.164ᵛ
Dominus pars hereditatis mee . . . **9**.19
Dominus ponit aliquos dorsum diversis . . . **9**.26
Dominus regnavit . . . **61**.54
Dominus secus mare galilee . . . **62**.3ᵛ
Dominus vocans petrum et andream dicens . . . **3**.114
Domum tuam decet sanctitudo . . . **15**.159ᵛ
Domum tuam domine decet . . . **15**.159ᵛ; **63**.51; **63**.53ᵛ
Don ferdinando medici g. duca di tuscano . . . **16**.8ᵛ
Donec ad ethiopium terras . . . **5**.110ᵛ; **8**.112
Du serment et promesse que les roys de france . . . **32**.43ᵛ
Ductus est iesus in desertum . . . **3**.35ᵛ
Dudum .c. citatio facta in publica . . . **46**.15
Due sunt res . . . **31**.3
Dulcedo ista duplex est gratie . . . **9**.34
Dum clamarem . . . **61**.93ᵛ
Dum medium silentium . . . **61**.50

Dum tacitus mecum agitarer ineptis . . . **53**.13ᵛ
Duo commemdabilia in viro sancto . . . **9**.15ᵛ
Duo festa pariter agit ecclesia festum omnium . . . **3**.161ᵛ
Duo homines ascenderunt in templum ut . . . **3**.77ᵛ
Duo sunt creditores a quibus . . . **9**.43ᵛ
Duo sunt que maxime . . . **9**.32
Duo tanguntur in verbis istis primum . . . **3**.173ᵛ
Duo verbis commendanuis . . . **30**.158
Duplex est abstinentia detestabilis . . . **15**.1
Duplex est gravitas bona et mala . . . **9**.6ᵛ
Duplex est hereditas spiritualium . . . **9**.19
Duplex est mensa consolationis et tribulationis . . . **9**.41
Dupliciter est fumus in viro iusto . . . **9**.21ᵛ
Dupliciter est mortificatio hominis propter diabolum . . . **9**.51ᵛ
Duro che voi cum tante schiere armate . . . **17**.7

Ecce advenit . . . **61**.54
Ecce ascendimus ierosolimam et consummebuntur . . . **3**.34
Ecce gentem quam nesciebas . . . **3**.21
Ecce leprosus veniens adorabat . . . **3**.26
Ecce morior cum nihil . . . **3**.1
Ecce nova facio omnia . . . **3**.19ᵛ
Ecce offerebant ei paraliticum . . . **3**.87
Ecce rex tuus venit . . . **3**.13
Ecce sacerdos magnus . . . **3**.114ᵛ
Ecce servus meus exaltabitur . . . **3**.134ᵛ
Ecclesia ista fundamentum habet . . . **9**.29ᵛ
Ecclesiam tuam quesumus . . . **4**.29
Ecclesie tue . . . **1**.201; **2**.206ᵛ
Edent pauperes et saturabuntur . . . **9**.27
Eduxit me in latitudinem . . . **9**.22
Effigie della beata virgine depinta . . . **42**.62
Effudi in me animam . . . **9**.8
Ego autem mendicus sum . . . **9**.47ᵛ
Ego autem sicut . . . **62**.130ᵛ
Ego autem sum mihi molesi . . . **9**.39ᵛ
Ego causam non . . . **30**.158
Ego dixi . . . **2**.187ᵛ
Ego dixi in abundantia mea . . . **9**.32

Ego dormivi et soporatus sum . . . **9**.6
Ego elegi vos de mundo . . . **3**.160
Ego sum pastor bonus . . . **3**.102^v
Ego sum qui sum . . . **63**.106
Ego sum vermis et non homo . . . **9**.26^v
Ego te frater . . . **44**.111^v
Ego tibi . . . **1**.184
Egredietur virga de radice jesse . . . **3**.154
Egredimini et videte . . . **63**.21^v
Egressus iesus per ambulat jericho . . . **3**.275
Elegisti ut audio senectute . . . **30**.140^v
Elegit nobis hereditatem suam . . . **9**.56^v
Elevamini portae . . . **63**.55; **63**.96
Elizabeth uxor tua pariet tibi . . . **3**.145
Eloquia domini eloquia casta . . . **9**.18
Emittee spiritum tuum . . . **3**.55^v
Eneas post troianum bellum . . . **40**.14
Eneas silvius poet laureatus salutem . . . **30**.190
Eneas silvius salutem plurimam dicit . . . **30**.185
Eos contrahens scienter matrimonium . . . **46**.39^v
Epistolis dilectionis . . . **30**.132
Equivoca dicuntur iste liber qui est de predicamentis . . . **19**.28
Erant approprnquantes ad iesum . . . **3**.64^v
Erant signa in sole et luna . . . **3**.14
Erat autem aspectus . . . **63**.106
Erat enim formosa et incredibili . . . **3**.166
Erat homo ex phariseis nicodemus nomine . . . **3**.110
Erat iesus eiciens demonum et illud erat . . . **3**.39^v
Erat quidam regulus cuius filius infirmabatur . . . **3**.89
Esse decem dominos plectentes crimina . . . **53**.3^v
Est equus fortitudinis de quo job . . . **9**.35^v
Est igitur bonorum . . . **42**.54
Est puer unus hic qui habet . . . **3**.41
Est sepulcrum clausum . . .**9**.8
Esto mihi in deum . . . **61**.80^v
Estote misericordes quia . . . **3**.66
Et cum diligentia . . . **44**.95
Et cunctos vos . . . **44**.78
Et ecce terremotus factus . . . **63**.106
Et egisse nos . . . **44**.98

Et erit tamquam lignum . . . **9**.2
Et iam pridem fratres carissime . . . **44**.101 ᵛ
Et ipse iesus erat incipiens . . . **27**.212
Et nuper quidem . . . **44**.100
Et precinxisti me virtute ad bellum . . . **9**.23 ᵛ
Et religiosum . . . **44**.96
Et si pater mi amantissime non modice verebar . . . **30**.164
Et valde mane una . . . **63**.106
Etsi apud plurimos . . . **44**.40 ᵛ
Etsi incongruens . . . **44**.141
Etsi plurimos gentilium . . . **44**.206 ᵛ
Eustochio pauleque favens ieronimus . . . **5**.108; **8**.109 ᵛ
Evangelica precepta fratres . . . **44**.30 ᵛ
Ex litteris tuorum certior factus . . . **28**.1
Ex ore infantium . . . **62**.22
Ex sponsalibus puris et certis . . . **45**.50 ᵇ
Ex toto corde . . . **5**.60; **8**.61 ᵛ
Exaltabo te domine quoniam suscepisti . . . **9**.32
Exaltavit . . . **2**.188 ᵛ
Exaltent eum in ecclesia . . . **62**.46 ᵛ
Exaudi nos domine quoniam . . . **61**.86; **63**.43 ᵛ
Exemplum dedi vobis . . . **3**.43 ᵛ
Exhortatus es in virtute . . . **63**.72 ᵛ
Exiit sermo inter fratres . . . **62**.18 ᵛ
Exit qui seminat semen . . . **3**.32
Exultantibus nobis . . . **44**.101 ᵛ
Exultavit . . . **1**.185 ᵛ
Exulto letus . . . **44**.76
Exurge domine adiuva nos . . . **63**.11
Exurge domine et judica . . . **63**.72 ᵛ
Exurge domine in precepto . . . **9**.10 ᵛ
Exurge quare obdormis domine . . . **61**.75 ᵛ
Exurgens joseph a somno . . . **63**.49 ᵛ
Ezechiel propheta de terra . . . **13**.101

Facite quod dei est ut ipse faciet . . . **30**.97 ᵛ
Facite vobis amicos de mamona . . . **3**.74 ᵛ
Facque tibi presentamus laudes . . . **4**.43
Facta est cum angelo . . . **63**.55

Factis and vos . . . **44**.191 ᵛ
Factum est autem . . . **13**.57
Factum est post mortem saulis . . . **13**.73
Factus sum sicut . . . **63**.96
Fasciculus myrrhe . . . **63**.20
Festum istud possumus notare quomodo vocetur . . . **3**.157 ᵛ
Fiant tamquam pulvis . . . **9**.38 ᵛ
Fidei huius compilationis . . . **46**.2
Fileli ac devota professionem fatemur . . . **45**.1 ᵈ
Fili recordare quia recepisti . . . **3**.60 ᵛ
Filii alieni mentiti sunt mihi . . . **9**.24
Filii hominum usquequo gravi corde . . . **9**.6 ᵛ
Filii quid fecisti . . . **63**.51 ᵛ
Filius dei hodierna die matrem suam . . . **3**.152
Filius dei qui natus est ad hoc . . . **3**.21
Filius dei rex celi et terre . . . **3**.126
Filla mia madelena vestra mestra . . . **64**.7
Firmamentum est deus omnibus . . . **9**.28 ᵛ
Flagellum domini quia disciplina adversitas . . . **9**.4 ᵛ
Frater ambrosius . . . **7**.11
Frequens sodalium meorum . . . **5**.1 ᵛ; **8**.1
Fuerunt enim mille quingente quinque ecclesie . . . **56**.5 ᵛ
Fuerunt mihi lacrime mee . . . **9**.49 ᵛ
Fulcite te me floribus . . . **63**.20

Galathe sunt grece . . . **7**.591
Gaude barbara regina . . . **4**.46
Gaude felix anna . . . **4**.38
Gaude iohannes baptista . . . **4**.27
Gaude lux londoniarum . . . **4**.35
Gaude pater via morum . . . **4**.29
Gaude pia magdalena . . . **4**.40
Gaude virgo catherina . . . **4**.43
Gaude virgo gloriosa . . . **4**.48
Gaudeamus omnes in domino . . . **62**.67; **62**.98; **62**.123 ᵛ
Gaudeamus quia venerunt nuptie agni . . . **3**.128 ᵛ
Gaudete cum gaudentibus flete . . . **3**.161 ᵛ
Gaudete in domino . . . **61**.9
Gayum pietatis causa extollit . . . **7**.642 ᵛ

Genuit puerpura regem . . . **63**.55
Georgi martir inclite . . . **4**.33
Gloria et honore coronasti eum . . . **3**.173 ᵛ; **4**.31 ᵛ
Gloria laus et honor . . . **63**.14 ᵛ
Gloria quidem . . . **44**.105 ᵛ
Gloriam fidei . . . **44**.77 ᵛ
Grammatica romae ne in usu . . . **58**.77 ᵛ
Gran tempo amor me de crudel impaccio . . . **17**.1
Graviter ac dolenter . . . **44**.163 ᵛ; **44**.183 ᵛ
Graviter commoti . . . **44**.165
Guido magne regens reverende tue . . . **53**.10
Gustate et videte quoniam suavis . . . **9**.38

Habet homo interior sicut exterior . . . **9**.37
Habitabit in tabernaculo . . . **63**.96
Habito primo libro de officiis iudicium . . . **45**.27 ᶜ
Hanc historiam transtulit . . . **13**.107
Hec cum philosophia . . . **53**.55
Hec duodena patrum sunt nomina . . . **5**.23; **8**.22 ᵛ
Hec est generatio querentium . . . **9**.28
Hec sunt verba quibus moyses . . . **5**.59 ᵛ; **8**.61
Hec verba psalmi beate marie magdalene . . . **3**.148 ᵛ
Heri recepisti bonum hospitem videlicet . . . **3**.44 ᵛ
Hic est johannes evangelista . . . **7**.555
Hic evangelista describit in principio . . . **27**.203 ᵛ
Hic incipit secunda pars huius libri . . . **45**.1
Hic notantur tria vicia linque primum . . . **9**.14 ᵛ
Hic populus triplex seculares ut laici . . . **9**.36
Hic primo attendum est unum principium . . . **9**.25 ᵛ
Hic reprobat tria genera filiorum . . . **9**.24
Historia exodi non alia . . . **13**.27
Historia tobie exordium . . . **13**.98
Hoc lignum quod sic plantatur . . . **9**.2
Hoc opus nostrum . . . **31**.49
Hoc quidam intelligunt de portis concupiscentie . . . **9**.28 ᵛ
Hoc verbum salutis continet nostre . . . **3**.132 ᵛ
Hodie carissime agimus festum et diem . . . **3**.174 ᵛ
Hodie dicuntur nobis rumores hiis qui . . . **3**.117 ᵛ
Hodie ecclesia agit de duobus scilicet . . . **3**.131 ᵛ

Hodie facimus festum sancte trinitatis hoc est . . . **3**.110
Hodie mater ecclesia celebrat adventum spiritus . . . **3**.108ᵛ
Hodie mater ecclesia incipit agere . . . **3**.42
Hodie scientia quia . . . **61**.34
Hoi non dir che'l mio amor sia corrutto . . . **17**.2
Homo pacis mee in quo speravi . . . **9**.48
Homo qui sedet ad iudicium tale in quo . . . **3**.66
Homo quidam fecit . . . **3**.62ᵛ
Homo quidem erat dives . . . **3**.111ᵛ
Homo timens deum . . . **31**.32ᵛ
Honora medicum propter necessitatem . . . **3**.123
Hor non dir che'l . . . **17**.2
Hora est iam . . . **1**.202ᵛ; **2**.207ᵛ
Hosanna filio davod benedictus . . . **63**.1

I son l'arcangel raffel di dio dottore . . . **18**.54
Iam cantum illa finierat . . . **53**.36ᵛ
Iam christe sol . . . **1**.205; **2**.210
Ibat iesus in civitatem . . . **3**.83ᵛ
Ibi dolores ut parturiantis . . . **9**.57ᵛ
Ibi id est in penitente primo videndum . . . **9**.57ᵛ
Ieiunia quatuor temporum a calixto papa . . . **3**.236
Iesu dulcis memoria . . . **63**.18ᵛ
Iesum nazarenum a iudeis innocenter condempnatum . . . **11**.67ᵛ
Igne me examinasti . . . **9**.19ᵛ
Illumina oculos meos . . . **9**.17ᵛ
Illuxerunt enim . . . **30**.160ᵛ
Immutemur habitu . . . **63**.43ᵛ
Imperatorie maiestatis est tres in palacio . . . **13**.1
In aula cesaris cum nuper . . . **3**.197
In carne eius fecit stare testamentum . . . **3**.169
In cesaris curiam quam primum . . . **30**.135ᵛ
In corde gertrudis invenietis . . . **63**.21ᵛ
In die tribulationis . . . **63**.72ᵛ
In domino confido quomodo dicitis . . . **9**.15ᵛ
In domino laudabitur anima mea . . . **9**.37
In ecclesiis altissimi . . . **62**.117
In excelso throno vidi . . . **61**.58
In familia principum plus ceteri honoratur . . . **3**.174

In hac epistola beatus paulus ostendit formam . . . **3**.237
In his verbis apostolus ad hebreos . . . **3**.124
In his verbis beatus iacobus ordinat hominem . . . **3**.48 ᵛ
In his verbis beatus lucas docet sicut . . . **3**.74 ᵛ
In his verbis consolatur propheta sanctos . . . **3**.13
In his verbis convenienter notari potest hodierna . . . **3**.95 ᵛ
In his verbis duo dicuntur de sancto marco . . . **3**.140
In his verbis duo notantur primo bonitas . . . **3**.102 ᵛ
In his verbis hodierne epistole exprimitur . . . **3**.168 ᵛ
In his verbis instruimur quid credere quid . . . **3**.59 ᵛ
In his verbis tria notare possumus primo que sit . . . **3**.164 ᵛ
In his verbis notari possunt duo cum dicit . . . **3**.72
In his verbis tria notari possumus primo quod . . . **3**.98 ᵛ
In hoc evangelio agitur de missione spiritus sancti . . . **3**.53 ᵛ
In hoc evangelio ammonet nos dominus . . . **3**.86
In hoc evangelio christus presentat ecclesia . . . **3**.29 ᵛ
In hoc evangelio dominus duo fecit primo bonam . . . **3**.73 ᵛ
In hoc evangelio dominus dicit illos beatos qui eum . . . **3**.79 ᵛ
In hoc evangelio duo notantur primo dei . . . **3**.26
In hoc evangelio duo notare possumus primo quis sit . . . **3**.32
In hoc evangelio duo notare possumus primo timorem . . . **3**.27
In hoc evangelio notare possumus primo dei magnam misericordia. . . **3**.90
In hoc evangelio duo possunt notari primo diversitas . . . **3**.82
In hoc evangelio duo possunt notari primo istorum . . . **3**.80 ᵛ
In hoc evangelio duo possunt notari primo motus . . . **3**.70
In hoc evangelio duo possunt notari primo quid per istam . . . **3**.92
In hoc evangelio et in hoc verbo debet considerare . . . **3**.91 ᵛ
In hoc evangelio notantur duo bonitas christi . . . **3**.28 ᵛ
In hoc evangelio notare possumus primo dei magnam largitatem. . .**3**.88
In hoc evangelio notare possumus quid per hunc . . . **3**.87
In hoc evangelio quinquagesime duo nobis . . . **3**.34
In hoc evangelio .iiii ᵒʳ. tanguntur primo est vite . . . **3**.103 ᵛ
In hoc evangelio tanguntur primum est futura corporum . . . **3**.101
In hoc evangelio tria nobis exprimuntur primo est . . . **3**.35 ᵛ
In hoc evangelio tria nobis sunt consideranda . . . **3**.15
In hoc evangelio tria notantur seu notari possunt primo quod. . . **3**.84 ᵛ

In hoc evangelio tria notare possumus primo qui per hunc . . . **3**.89
In hoc evangelio tria notare possumus scilicet diabolicam . . . **3**.39^v
In hoc evangelio tria possunt notari primo devotio . . . **3**.68
In hoc evangelio tria possunt notari primo quid per . . . **3**.83^v
In hoc evangelio tria tanguntur primo ad iesum . . . **3**.64^v
In hoc instruimur quid facere debeamus . . . **9**.39^v
In hoc notare possimus primo christi bonitatem . . . **3**.76
In illo tempore dicit deus . . . **3**.53^v
In illo tempore missus est angelus . . . **35**.29
In illo tempore recumbentibus discipulis . . . **3**.52; **35**.32
In isto evangelio tria notantur circa quod . . . **3**.127
In manus tuas commendo spiritum meum . . . **9**.32^v
In mari via tua et semite tue . . . **3**.165^v
In multis locis legimus de sublevatione . . . **3**.94
In odorem unquentorum . . . **63**.47^v
In pace factus est . . . **63**.96
In pace in idipsum . . . **63**.96
In primis dicendum est cur . . . **7**.607
In primo de officium . . . **42**.53^v
In principio erat verbum . . . **6**.11; **13**.1; **27**.1; **35**.28; **53**.10
In principio et ante . . . **63**.55
In splendoribus . . . **63**.29^v
In tanto il general nostro . . . **20**.151
In terra salomon sapiente parcior . . . **8**.121
In verbis istis agitur de nuptiis spiritualibus . . . **3**.128^v
In verbis istis beatus petrus agit gratias deo . . . **3**.150
In verbis istis david in persona ecclesie . . . **3**.55^v
In verbis istis instruimur a domino . . . **3**.17
In verbis istis ostendit david statum . . . **3**.163^v
In verbis istis possunt duo notari .1°. dei. . . .**3**.62^v
In verbis istis quatuor occurunt notabilia . . . **3**.172
In verbis istis tria notare possumus primo quis . . . **3**.163; **3**.164^v
Incipit liber methodii episcopi ecclesie paterynys . . . **40**.38
Incipit secundum hebreos malachim . . . **13**.79
Inclinato capite emisit spiritum . . . **3**.98
Indecens est de illis . . . **30**.131
Induite vos amatura dei . . . **3**.138^v
Indulgentiam nobis domine beata margareta . . . **4**.48
In effabilem misericordiam . . . **1**.201^v; **2**.206^v
Ingemiscere vos . . . **44**.188

Immisit in os meum canticum . . . **9**.47
Inordinandis clericis fratres clericis . . . **44**.81 ^{v}
Insurrexunt in me . . . **63**.84
Integre et cum . . . **44**.194 ^{v}
Intellectu tibi dabo et instruam . . . **33**.3
Inter damosos strepitus negotiorum . . . **30**.134 ^{v}
Inter in studiis romane curie parisiensis exonie . . . **46**.40
Inter varios et . . . **44**.175 ^{v}
Inter vos numquam de vita . . . **11**.81 ^{v}
Interea contingit ut in romanis . . . **40**.19 ^{c}
Interitura esse queque nascuntur . . . **30**.1
Intravi illic florea poeta rivi cum lacte . . . **30**.129 ^{v}
Introibo ad altare dei . . . **9**.50 ^{v}; **35**.22
Inventum est in beata virgo agnete . . . **3**.125
Invigilando alli modi con li quali . . . **16**.1
Io guirerei che non effesi mai . . . **17**.4
Io son per nome chiamata morte . . . **42**.54 ^{v}
Iocundum psalterium et cithara . . . **9**.1
Ionas interpretatur columba naufragio . . . **7**.464 ^{v}
Ipse invocabit ad me . . . **63**.55
Ista dixit dominus ad beatum symonem et iudam . . . **3**.160
Ista verba bene potuit dicere beatus laurencius . . . **3**.151
Ista verba bene potuit dicere beatus petrus . . . **3**.129 ^{v}
Ista verba dicit dominus ad beatum paulum . . . **3**.146 ^{v}
Ista verba dicit hodie sancta mater ecclesie . . . **3**.52
Ista verba dixit mathathias sanctus homo . . . **3**.160 ^{v}
Ista verba leguntur de iacob et esau . . . **3**.149 ^{v}
Ista verba sunt gabriel archangeli . . . **3**.145
Ista vox potest esse christi . . . **3**.120
Iste liber qui est primus in ordine doctrine . . . **19**.5
Isti duo homines ponuntur nobis in exemplum . . . **3**.77 ^{v}
Item timotheum . . . **7**.604
Iterum expedito libro tertio queramus . . . **22**.85
Iuris esse ambiguum non videtur . . . **45**.27 ^{d}
Iusquin non dir che'l ciel sia crudo et impio . . . **17**.18 ^{v}
Iustorum autem anime in manu dei sunt . . . **3**.144
Iustorum autem anime in manu dei . . . **9**.32 ^{v}
Iustum deduxit dominus per vias rectas . . . **3**.168
Iustus in eternum non commevebitur . . . **3**.168 ^{v}
Iustum ut palma florebit . . . **62**.54 ^{v}
Iuxta vestibulum et altare . . . **63**.43 ^{v}

Jacob autem genuit . . . **63**.49 ᵛ; **63**.51
Jacob dilexi esau odio habui . . . **3**.149 ᵛ
Jacobus apostolus christi frater johannis evangeliste . . . **13**.56
Johannes in fine huius scripta sunt . . . **9**.1 ᵛ
Johannes in sequenti dominica . . . **3**.107
Johannis obmissis questionibus . . . **46**.1
Johel filius fatuel descripsit . . . **7**.459
Joseph conturbatus est de utero . . . **42**.58
Joseph vir eius . . . **63**.49 ᵛ
Justificeris domine in sermonibus . . . **63**.72 ᵛ

La noble dame arriva in sainct denis . . . **37**.1
La sapientia io amai et per lei cerchai . . . **50**.6
Laboravi in gemitu meo . . . **9**.9
Laetentur coeli et exultet . . . **63**.29 ᵛ; **63**.55
Laetentur omnes in domino . . . **62**.30 ᵛ
Laqueus mortis dicitur quicquid nos . . . **9**.21
Laudantes in primis vinis de bona vita . . . **58**.105
Laudate pueri dominum . . . **62**.99
Lectis litteris . . . **44**.114
Legi litteras tuas fratres carissime quibus . . . **44**.189
Legimus in .3°. libro de gaudio et solmpnitate . . . **3**.275
Legimus litteras tuas fratres carissime . . . **44**.87; **44**.174; **44**.181
Legitur in exodo .xxv. facies propriatorium . . . **9**.31
Legitur in libro romanorum inter alias . . . **3**.18
Legitur quod cum filii israel irent de egypto . . . **3**.141 ᵛ
Letentur omnes in domino . . . **62**.30 ᵛ
Levi pedis perforati . . . **4**.127
Lex domini immaculata . . . **9**.24 ᵛ
Lex ista dupliciter est prima est servi . . . **9**.24 ᵛ
Lex seu doctrina evangelica perfectissima est . . . **27**.1
L'humana vita tutto che per naturali . . . **48**.1
Liber ezrae prophete tertius filii zarie . . . **7**.4 ᵛ
Liber generationis iesu christi . . . **27**.203 ᵛ
Liber hester transtulit . . . **13**.110
Liber iudicum hebraice sophtim . . . **13**.59
Liber josue a nomine . . . **13**.57
Liber regum in .iiii ᵒʳ. voluminibus . . . **13**.65
Libera me domine iesu christe . . . **4**.24
Liberabit dominus pauperem . . . **63**.72 ᵛ

Libros de doctrina christiana cum perfectos . . . **31**.1
Librum iob moysi quidam . . . **8**.147 ^{v}
Licet beatus johannes ab hac vita non migravit . . . **3**.143
Licet iste versus in glosa exponatur . . . **9**.10 ^{v}
Licet originaliter hec verba . . . **3**.1
Licet solomon tempore suo nullam . . . **3**.115 ^{v}
Lignum forte et inputribule . . . **3**.155
Lingua mea calamus scribe . . . **9**.53
Literis an doleas quod meus sobolem . . . **30**.152 ^{v}
Locutus est dominus ad moysen et aaron mensis . . . **13**.55
Longe fecisti notos . . . **63**.84
Loquebatur christus . . . **63**.21 ^{v}
Loquetur dominus pace . . . **62**.72
Loquitur de penitente ad modum . . . **9**.9
Lucas anthiocenses natione syrus . . . **7**.613
Lucas syrus natione anthiocensis arte . . . **7**.535 ^{v}
Luce splendida fulgebis . . . **3**.172
Lumen ad revelationem . . . **63**.11
Lustra sex . . . **1**.209 ^{v}; **2**.218 ^{v}
Lux fulgebit hodie . . . **61**.41 ^{v}; **61**.54

Magistra bonorum . . . **30**.131
Magna nobis ob universam . . . **44**.199
Magna virtus caritatis . . . **30**.130
Magnam nobis . . . **30**.130 ^{v}
Magnificat . . . **2**.199; **63**.32
Magnificavit eum in conspectu regum . . . **3**.163
Magnus alexander quo primum . . . **8**.115
Magnus alexander quo primum grecia . . . **5**.14
Maintes gens dient que en songez . . . **34**.1
Malachias latine interpretatur angelus domini . . . **7**.476 ^{v}
Mandatum susceperam laborem quem hodierna . . . **30**.117 ^{v}
Mane astabo tibi . . . **9**.7 ^{v}
Mane nobiscum domine . . . **3**.44 ^{v}
Marcus evangelista dei electus . . . **7**.524
Matheus cum primo . . . **7**.507
Matheus ex iudea sicut . . . **7**.506 ^{v}
Memento mei domine . . . **63**.84
Memento nostri domine beneplacito . . . **61**.31 ^{v}

Mementote operum patrum . . . **3**.160^v
Meminisse debemus . . . **44**.53
Memor sit omnis sacrificii . . . **9**.25
Memorare novissima tua et in eternum . . . **11**.19
Mensa est vita eterna cura quam tria . . . **9**.27^v
Michael princeps magnus stat . . . **3**.157^v
Micheas de morastim coheres christi . . . **7**.465^v
Mihi autem nimis honorati . . . **62**.7^v; **62**.35^v
Militem strenuum oportet primo esse . . . **3**.138^v
Milli pungenti chiodi et milli dumi . . . **17**.14^v
Mirantur omnes de his . . . **61**.99
Mirarbar dudum quid rei . . . **30**.139^v
Miror vos . . . **44**.189
Misereor super turba qua iam triduo . . . **3**.72
Misereris omnium domine . . . **61**.88
Missus est angelus . . . **63**.49^v
Mitte manum tuam et . . . **62**.12
Modicum et non videbitis me . . . **3**.103^v
Modus diversarum settarum et diversorum
    presbytorum . . . **25**.162^v
Mons oliveti propre ierusalem decorus . . . **3**.176
Monte manens effraym civis . . . **5**.71^v; **8**.73^v
Morgen andacht wann mann erwachet . . . **49**.1
Mulier cananea a finibus illis . . . **3**.37^v
Mulierem fortem quis invenit . . . **3**.125
Mulierem quis invenit fortem . . . **3**.115^v
Mulieres sedentes . . . **63**.96
Multa et magna sunt . . . **44**.40^v
Multa sunt que ad dolorem . . . **3**.97^v
Multa sunt que hominem inpugnant . . . **3**.144
Multe cause sunt pro quibus necesse . . . **9**.47^v
Multe tribulationes iustorum . . . **62**.83^v
Multi multa sciunt et semetipsos nesciunt . . . **15**.226
Mundus vult suos nommari in mundo . . . **9**.58^v
Mutabitur peccator . . . **9**.43^v
Mutuam ipsorum comparationem intueri . . . **30**.134

Naturam est principium alicuius et causa . . . **43**.29^v
Nato domino angelorum chorus . . . **63**.55

Naum consolator orbis interpreatatur . . . **7**.468
Ne mihi vitio vertatur intermissio litterarum . . . **58**.101
Ne quid conscientiam . . . **44**.191
Ne quid minus . . . **44**.99ᵛ
Ne timeas zacharia exaudita . . . **62**.73
Nec arrogans videri estimo si inter socios . . . **42**.4
Nec suavius illi quicquam fuit illustrium . . . **30**.126
Necessitas temporis . . . **44**.190
Nemo nostrum dubitat reverende pater . . . **30**.133
Nemo potest duobus dominis servire . . . **3**.82
Nescitis quam membra vestra . . . **53**.10
Nihil tangens carnem quod tu canis . . . **53**.13
Nimis honorati sunt amici tui deus . . . **3**.158ᵛ
Nolite contristare spiritum sanctum . . . **3**.58ᵛ
Nolite de talibus . . . **30**.132
Nolite expavescere iesum . . . **63**.106
Nolite fieri sicut equus . . . **9**.35ᵛ
Nomen est vox simplex significans . . . **52**.58
Nomina ponuntur ad notificationem . . . **3**.170ᵛ
Non ita est ordo . . . **7**.634
Non miror quod ad me . . . **30**.137ᵛ
Non solum christus positus est in ruinam . . . **3**.18ᵛ
Non terrenarum . . . **30**.130ᵛ
Nondum satis constitueram clarissime princeps . . . **43**.11
Nos autem gloria . . . **62**.64; **62**.128ᵛ
Nostis enim antequam nostram . . . **30**.130
Nostra senyora filla mia . . . **64**.7
Nota est historia a beato gregorio octo arias . . . **13**.55
Nota quod beata virgo stetit in cruce . . . **3**.98
Nota quod christus .iiiiᵒʳ. fecit in cruce . . . **3**.98
Nota quod duplex est sompnus . . . **9**.6
Nota quod triplex est matrimonium scilicet . . . **3**.24
Nota si musca vel aranea ante consecrationem in calicem . . . **3**.50
Notandum quod hic bis ponatur mane . . . **9**.7ᵛ
Notare possumus quod in sacra scriptura invenimus . . . **3**.16
Note memoriali di alcune . . . **54**.77
Notum fecit dominus alleluia . . . **63**.55
Novit dominus viam iustorum . . . **9**.2ᵛ
Novum fecit dominus super terra . . . **3**.18
Novus homo et vetus homo spiritus . . . **9**.22

Nunc dimittis . . . **2**.199ᵛ
Nunc querendum erit supra librum septimam . . . **22**.164ᵛ
Nunc scio vere quia . . . **62**.93
Nunciandum vobis fuit . . . **44**.163
Nunquam adeo putavi vos veros monachos . . . **30**.127ᵛ
Nuper delate sunt copie sive transumpta . . . **30**.193ᵛ
Nuptie facte sunt in cana . . . **3**.24

O ambrosi doctor optime . . . **42**.52ᵛ
O amour incomprehensibile qui as enferme . . 9 **57**.1
O cercho pur amar la mia phoenice . . . **17**.7
O clara lux fidelium ambrosii . . . **42**.52ᵛ
O domine iesu christe eterna dulcedo . . . **4**.14
O fons ave paradisi . . . **4**.126ᵛ
O goncaga manus cui cura est sub . . . **53**.7
O iesu abissus profundissime . . . **4**.20
O iesu alpha et omega . . . **4**.19ᵛ
O iesu celestis medice . . . **4**.16
O iesu dulcedo cordium . . . **4**.19
O iesu fons inexauste . . . **4**.18ᵛ
O iesu leo fortissime . . . **4**.21
O iesu mundi fabricator . . . **4**.15ᵛ
O iesu regalis virtus . . . **4**.19ᵛ
O iesu rex amabilis . . . **4**.18
O iesu speculum claritatis . . . **4**.17ᵛ
O iesu unigeniti . . . **4**.21ᵛ
O iesu vera libertas . . . **4**.17
O iesu veritatis speculum . . . **4**.20ᵛ
O iesu vitis vera . . . **4**.22
O intemerata et in eternum benedicta . . . **4**.112ᵛ
O johannes evangelistam . . . **4**.128
O maria llasma nati . . . **4**.127ᵛ
O miles molis dicam te degenerasse . . . **53**.1ᵛ
O mors ero mors tua . . . **63**.96
O ritralto dal ver tu se pur divo . . . **17**.19
O sacrum convivium . . . **63**.54ᵛ
O sancte christofore . . . **4**.31ᵛ
O suegliati pensier o spiritu accesi . . . **17**.13ᵛ
O vos omnes qui . . . **3**.97ᵛ; **63**.96

Oblatrantem te . . . **44**.55
Oblatus est quia ipse . . . **63**.72ᵛ
Obsecro te domina mea . . . **4**.115; **35**.112
Occurrerunt ei .x. viri leprosi . . . **3**.80ᵛ
Octo deus venit virtutes figere . . . **53**.3
Odisti omnes observantes vanitates . . . **9**.33
Odivi ecclesiam malignantium . . . **9**.29ᵛ
Omnes qui pie volunt vivere . . . **7**.643ᵛ
Omni dicit quia non sufficit . . . **9**.45ᵛ
Omni plena bono salomonis . . . **8**.122
Omnibus consideratis . . . **4**.125
Omnipotens sempiterne deus clementiam tuam . . . **4**.218
Omnipotens sempiterne deus qui . . . **4**.33; **4**.128
Omnipotens sempiterne deus trina et una . . . **4**.46
Omnis arbor bona fructum . . . **3**.73ᵛ
Omnis gloria eius filie . . . **9**.55ᵛ
Omnis honestatis ratio cucanda videtur . . . **53**.84
Omnis qui invocarerit . . . **63**.18ᵛ
Omnis qui irascitur fratri . . . **3**.70
Omnis scriptura divinitus inspirata . . . **4**.1
Omnis terra adoret te . . . **61**.62ᵛ
Oportet fratres carissime ut . . . **30**.132
Optaverem quidem . . . **44**.180
Ora pro nobis beata catherina . . . **4**.43
Ora pro nobis beate iohannis baptista . . . **4**.27
Ora pro nobis beate maria magdalena . . . **4**.40
Ora pro nobis beate martir georgi . . . **4**.33
Ora pro nobis sancta anna . . . **4**.38
Ora pro nobis sancta catherina . . . **4**.43
Oratis ista habet .xii. milia . . . **42**.51
Orietur in diebus domini . . . **63**.55
Os iusti . . . **62**.29
Ostendit eis lignum quod . . . **3**.141ᵛ
Ostendite mihi numisma census . . . **3**.91ᵛ

Pange lingua . . . **1**.209; **2**.218
Papa johanne a concesso a tuti quilli . . . **42**.51
Parasti in conspectu meo mensam . . . **3**.143; **9**.27ᵛ
Parce domine parce . . . **4**.146ᵛ

Parvulus filius hodie . . . **63**.55
Pauper dicitur dupliciter pauper spiritu . . . **9**.15
Pax ecce dilectissimi . . . **44**.12^v
Pax ecce dilectissimi . . . **44**.12^v
Per hoc innuit david se habere oculos . . . **9**.17^v
Per istam petram intelligitur christus . . . **3**.57^v
Per istum artificem intelligitur christus . . . **3**.155
Per istum thesaurum signatur virginitas . . . **3**.147^v
Per montem intelligimus templum quod . . . **9**.18
Per murum intelligitur congeries peccatorum . . . **9**.23
Per penitentiam posse omnia . . . **44**.217
Perche son puochi chi entendino . . . **53**.13
Persarum prefectus dathis nomine cum trecentis . . . **43**.21
Peto ut gratia . . . **30**.130
Phebe phebe lumen capit a sapiente . . . **55**.2
Philimoni familiares litteras facit . . . **7**.606^v
Philipenses sunt macedones . . . **7**.596
Placebo . . . **4**.159; **35**.140
Placens deo factus dilectus . . . **3**.140
Placido somno hor che dal cielo in terra . . . **17**.15
Plangent eum . . . **63**.96
Plato gravissimus stoice discipline imitator . . . **30**.115^v
Plectuntur interni quidam . . . **44**.18^v
Plerumque contingit quod aliquis in causa . . . **9**.13
Ponendum est cor nostrum in virtute domini . . . **9**.58
Ponite corda vestram virtute . . . **9**.58
Popule meus quid . . . **2**.212^v
Porro ochozias filius acab . . . **13**.88
Populus sion ecce . . . **61**.5
Positus est in signum hic . . . **3**.18^v
Post actum ab eis . . . **7**.586^v
Post eius mortem iuvenee . . . **8**.115^v
Post hec mortem iuvenes . . . **5**.114
Post hec paulisper . . . **53**.23
Post ionathe mortem patrisque . . . **5**.79; **8**.81
Post iosue de iudicibus . . . **5**.66^v; **8**.68
Post legem veterem respira . . . **5**.120; **8**.174^v
Post librum de iudicibus . . . **5**.71^v; **8**.73^v
Post moysen iosue populo dominatur . . . **5**.63; **8**.65
Post samsonem indicavit . . . **13**.65

Post triduum invenerunt eum . . . **3**.22^v
Postquam contra te est inquisitor super . . . **45**.51^a
Postquam coram eo qui contra . . . **45**551^a
Postquam impleti sunt . . . **3**.127
Postquam oremissa est excellentia . . . **27**.1
Postquam subiectos si rex . . . **5**.97^v; **8**.98^v
Postquam subiectos sibi rex . . .
Posuerunt super caput . . . **63**.84
Potest istud convenient legi de cupido . . . **9**.11
Pre timore autem . . . **63**.106
Preceptum erat m lege . . . **3**.122^v
Preces quas . . . **2**.206
Preces quesumus . . . **1**.201
Precor te piissime domine ihesu . . . **4**.131
Preoccupaverunt me laquei mortis . . . **9**.21
Predicator omnipotens . . . **30**.130^v
Presens citatio qua per sacram basiliensem . . . **30**.101
Pretende domine . . . **1**.201^v; **2**.206^v
Priamum regem troianorum vultu pulcro . . . **40**.13^c
Primo considerandum que sit diversitas . . . **9**.54
Primo facta die duo . . . **5**.2; **8**.1^v
Primo ostenditur quod non est glorificandum . . . **9**.55^v
Primo querendum est super nonum librum . . . **22**.230^v
Primum diligenter mente revolvens . . . **30**.106^v
Primus abusiones gradus . . . **44**.219^v
Primus virtus est audire missam quantum spacium . . . **3**.236^v
Principio rerum post quinque dies . . . **8**.168
Principium rerum post .v°. dies . . . **5**.159
Prioris preus nostre . . . **30**.158^v
Pro dilectione tua . . . **44**.175
Pro tua religiosa . . . **44**.165^v
Probasti domine cor meum . . . **3**.151
Probasti domine corone . . . **62**.121
Probatio capitulorum que in scripturis . . . **44**.202
Probet autem seipsum homo et sic de pane . . . **3**.237
Prope es tu domine . . . **61**.17^v
Prophetia est spiratio divine que eventus . . . **58**.66
Prophetavit et in caldea . . . **13**.102
Proportio communiter accepta est . . . **43**.35
Proprio filio suo non . . . **63**.84

Protege domine famulos tuos . . . **1**.201; **2**.206
Provisum est in curia regis apud mertonensem . . . **25**.14
Puer natus est nobis . . . **3**.117ᵛ; **61**.45ᵛ
Pueri hebreorum portantes . . . **61**.1
Pulchra es et decora . . . **63**.47ᵛ

Quacumque impugnatione seu temptatione impugnaris . . . **11**.1
Quales litteras ad clerum . . . **44**.115
Quam copiosa . . . **30**.132
Quam magna multitudo dulcedinis . . . **9**.34
Quam pulchra es . . . **63**.20
Quamquam bene esse . . . **44**.116
Quamquam et meror finem . . . **30**.147ᵛ
Quamquam fratres carissime vircius . . . **44**.103ᵛ
Quamquam plene . . . **44**.159
Quamquam sciam fratres carissime episcopos . . . **44**.128ᵛ
Quamquam sciam fratres carissime pro . . . **44**.79ᵛ
Quamquam sciam vos . . . **44**.185ᵛ
Quamvis hec verba dicta fuerunt . . . **3**.116ᵛ
Quando ad amor penso et la sua pena tanta . . . **17**.2ᵛ
Quando aliquis efficitur peregrinus vel . . . **3**.78
Quando aliquis vult habere aliquem . . . **3**.134ᵛ
Quanta vos seculi . . . **30**.131ᵛ
Quantam sollicitudinem . . . **44**.98ᵛ
Quanto ad vos . . . **30**.158
Quanto ingenio et studio fili carissime . . . **58**.62
Quantum deus fecerit hominem preciosum . . . **9**.12
Quare freuerunt gentes . . . **9**.3ᵛ
Quarta huius historie distinctio . . . **13**.45
Quartum novissimorum quod valde et precipue . . . **11**.50ᵛ
Quasi effodientes thesaurum vehementer . . . **3**.174
Quasi stella matutina . . . **62**.51
Quatuor consideranda sunt circa mensam . . . **9**.27
Quatuor hic consideranda sunt quid . . . **9**.47
Quatuor hic increpantur a propheta . . . **9**.3ᵛ
Quatuor hic notantur hic circa malos . . . **9**.8ᵛ; **9**.38ᵛ
Quatuor sunt attendenda circa generationem . . . **9**.28
Que est ista que ascendit . . . **3**.152
Que le roy n'est tenu de mectre hors de ses mains . . . **32**.28

Que me potissimum ratio duxerit ut tibi . . . **33**.1ᵛ
Que sunt hec bona intelligere . . . **9**.1
Quedam in igne consummuntur ut palae . . . **19**ᵛ
Quel cerchio d'oro ch'ognium me vede . . . **17**.3
Quem vidistis pastores . . . **63**.55
Quererbaris mecum nocte preterita . . . **30**.125
Querenda sunt aliqua super decimo libro . . . **22**.245
Queritur primo circha tertium librum . . . **22**.48ᵛ
Queris a me consilium . . . **30**.157ᵛ
Queus aparegut senyor de la mort . . . **64**.77
Qui dicit se in christo manere debet sicut . . . **11**.100ᵛ
Qui legis historiam thobie . . . **5**.91; **8**.92
Qui manet in met et ego . . . **3**.116ᵛ
Qui seminant in lacrimis . . . **62**.43ᵛ
Qui viderunt me foras fugerunt . . . **9**.33ᵛ
Quia christus modo iturus est ad celestem . . . **3**.47
Quia de dictis in loica intendo quoddam compendium . . . **19**.1
Quibus per lactis . . . **30**.160ᵛ
Quicumque primatum desideravit in terram
    confusionem . . . **11**.17
Quicumque vult . . . **1**.194ᵛ; **2**.199ᵛ
Quid est homo quod memor . . . **9**.12
Quid molestis estis . . . **1**.206ᵛ; **211**ᵛ
Quid mundus valet iste miser . . . **42**.51ᵛ
Quidam effunduntur in malum extra . . . **9**.80
Quidam sapiens ait apud privatos viros optimam . . . **30**.150ᵛ
Quilibet peregrinus preciosum thesaurum secum . . . **3**.168
Quinta et ultima huius historie . . . **13**.51
Quis ascendat in montem domini . . . **58**.74
Quisquis prudentiam sequi desideras tunc . . . **58**.140
Quo abiit dilectus . . . **63**.20
Quod a creatione mundi usque ad constructionem . . . **56**.3
Quod idola dii . . . **44**.108ᵛ
Quod servis dei . . . **44**.96ᵛ
Quoniam apud te fons vite . . . **9**.40
Quoniam comperi . . . **44**.115ᵛ
Quoniam cum de rebus . . . **31**.14
Quoniam de anima superior libro sermonum . . . **58**.152
Quoniam dives cum interierit non . . . **9**.59ᵛ
Quoniam fecisti iudicium meum . . . **9**.13

Quoniam in medio laqueorum positi sumus . . . **11**.74ᵛ
Quoniam in te eripiar in tentatione . . . **9**.23
Quoniam iniquitates mee supergresse . . . **9**.41
Quoniam plus exempla quam verba . . . **15**.164
Quoniam pones eos dorsum . . . **9**.26
Quoniam propter te mortificamur . . . **9**.51ᵛ
Quoniam summa que magistruita seu pisenella . . . **29**.1ᵃ
Quoniam superbie nubilo turpiter . . . **53**.2
Quoniam veritas verborum lenoncinio . . . **30**.77
Quoniam videbo celos tuos . . . **9**.11ᵛ
Quosdam de sicilia . . . **30**.131ᵛ
Quotiens autem solet iste est tertius tractatus . . . **19**.91

Raab meretricem fecit josue . . . **3**.174ᵛ
Rarum est tacere . . . **42**.53ᵛ
Recipe sangue de dracone onze . . . **58**.75ᵛ
Redde quod debes . . . **3**.90
Reges solent in die coronationis sue . . . **3**.106
Regina virtutum est caritas . . . **9**.55
Regio prima porta capena continet aedem . . . **58**.15ᵛ
Rem petis haud . . . **30**.125ᵛ
Rem profecto pulchram sed laboriosam . . . **43**.1
Requiem eterna dona eis . . . **63**.34
Rerum certam cognitionem cum a deo . . . **28**.2
Respice in faciem christi tui . . . **3**.135ᵛ
Respondens autem angelus . . . **63**.106
Responsium verbis vestris insignes oratores . . . **30**.168
Retribuet deus habundantes . . . **9**.34ᵛ
Retulit mihi nannes pater tuus te . . . **30**.139
Reverendissimo in christo patri domino sbigneo . . . **30**.141
Reverendo conventui lugdunensium canonicorum . . . **30**.138
Reversus nunc ad cesarem . . . **30**.137ᵛ
Rex david senuit . . . **8**.85
Rex ocozias qui regnabat . . . **5**.88ᵛ; **8**.89
Rex sempiterne domine . . . **63**.106
Rexque david senuit frigescere . . . **5**.84
Rifiuta fra scarpon un confessore . . . **20**.151
Risus dolore miscebitur et extrema . . . **3**.95ᵛ
Ritrovandomi anni sono in roma in qualche . . . **23**.1

Romani sunt in partes italie . . . **7**.571
Rorate celi desuper . . . **61**.13ᵛ
Rufino in libro hester alphabetum . . . **7**.272ᵛ

Sacerdos magnus qui iunctus est . . . **3**.122ᵛ
Sacre et semper virtuose regie maiestri . . . **58**.104ᵛ
Sacrosancta generalis synodus basiliensis in
    spiritu . . . **30**.200
Saluto vos fratres carissime optans . . . **44**.74ᵛ
Salutos vos fratres carissime per . . . **44**.179
Salvator noster duplex exemplum . . . **3**.43ᵛ
Salve virgo virginum stella matutina . . . **4**.107
Salve vulnus dextre manus . . . **4**.126
Salve vulnus dextri pedis . . . **4**.127
Sancta mater ecclesia frequentans limam . . . **3**.114ᵛ
Sancti per fidem vicerunt regna . . . **3**.124
Sanctificamini cras enim faciet . . . **3**.17
Sanctissima christi sponsa . . . **63**.21ᵛ
Sanctitatis tue suscepi . . . **30**.131
Sanctus luc scribit nobis hodie mira . . . **3**.14
Sanctus timet est pauper regnat . . . **11**.67ᵛ
Scias vos universis . . . **44**.192ᵛ
Sciendum est fratres carissime quod dum filii israel . . . **13**.55
Sciendum est ierusalem tribus modis . . . **13**.54
Sciendum namque est nobis fratres carissime . . . **40**.38
Sciendum quod tria sunt genera peccati . . . **13**.55
Scientes quia . . . **1**.202ᵛ; **2**.207ᵛ
Scientes quia hora est . . . **7**.710ᵛ
Scio cui crededi . . . **62**.96ᵛ
Scire debes senuisse iam . . . **30**.161ᵛ
Scorta dal mio pensier fra i saxi . . . **17**.8
Scripsisti mihi fratres carissime . . . **44**.152; **44**.183
Scriptum est in isaias haurietis aquas in gaudio . . . **9**.40
Se dal candido corpo sei disciolta . . . **17**.5
Se mai qui non compar donner si bella . . . **17**.1ᵛ
Se non credete de poter tirare . . . **53**.12ᵛ
Secundum augustinum in primo libro super genesim . . . **7**.2
Secundum novissimorum cuius frequens . . . **11**.31ᵛ
Secundum orosium ad augustinum a creatione mundi . . . **40**.3

Secundum philosophum scire est rem per causam . . . **45**.1 [a]
Secundus liber machabeorum non . . . **13**.116
Sed possunt attribui beato egidio cuius festum . . . **3**.175
Sederunt principes et adversum . . . **62**.13
Sedes tua deus in seculum . . . **9**.54
Seigneur ou escoutez pour dieu le roy divin . . . **51**.1
Seipsum singulari domine sue insigni . . . **30**.126 [v]
Senor a maestro fra julio martinez . . . **59**.1
Sentite del signore in bonitade . . . **50**.1
Septuagesima signat tempus deviationis . . . **3**.260 [v]
Sepulcrum patens est guttur eorum . . . **9**.8

Raab meretricem fecit josue . . . **3**.174 [v]
Rarum est tacere . . . **42**.53 [v]
Recipe sangue de dracone onze . . . **58**.75 [v]
Redde quod debes . . . **3**.90
Reges solent in die coronationis sue . . . **3**.106
Regina virtutum est caritas . . . **9**.55
Regio prima porta capena continet aedem . . . **58**.15 [v]
Rem petis haud . . . **30**.125 [v]
Rem profecto pulchram sed laboriosam . . . **43**.1
Requiem eterna dona eis . . . **63**.34
Rerum certam cognitionem cum a deo . . . **28**.2
Respice in faciem christi tui . . . **3**.135 [v]
Respondens autem angelus . . . **63**.106
Responsium verbis vestris insignes oratores . . . **30**.168
Retribuet deus habundantes . . . **9**.34 [v]
Retulit mihi nannes pater tuus te . . . **30**.139
Reverendissimo in christo patri domino sbigneo . . . **30**.141
Reverendo conventui lugdunensium canonicorum . . . **30**.138
Reversus nunc ad cesarem . . . **30**.137 [v]
Rex david senuit . . . **8**.85
Rex ocozias qui regnabat . . . **5**.88 [v]; **8**.89
Rex sempiterne domine . . . **63**.106
Rexque david senuit frigescere . . . **5**.84
Rifiuta fra scarpon un confessore . . . **20**.151
Risus dolore miscebitur et extrema . . . **3**.95 [v]
Ritrovandomi anni sono in roma in qualche . . . **23**.1
Romani sunt in partes italie . . . **7**.571

Rorate celi desuper . . . **61**.13ᵛ
Rufino in libro hester alphabetum . . . **7**.272ᵛ

Sacerdos magnus qui iunctus est . . . **3**.122ᵛ
Sacre et semper virtuose regie maiestri . . . **58**.104ᵛ
Sacrosancta generalis synodus basiliensis in spiritu . . . **30**.200
Saluto vos fratres carissime optans . . . **44**.74ᵛ
Salutos vos fratres carissime per . . . **44**.179
Salvator noster duplex exemplum . . . **3**.43ᵛ
Salve virgo virginum stella matutina . . . **4**.107
Salve vulnus dextre manus . . . **4**.126
Salve vulnus dextri pedis . . . **4**.127
Sancta mater ecclesia frequentans limam . . . **3**.114ᵛ
Sancti per fidem vicerunt regna . . . **3**.124
Sanctificamini cras enim faciet . . . **3**.17
Sanctissima christi sponsa . . . **63**.21ᵛ
Sanctitatis tue suscepi . . . **30**.131
Sanctus luc scribit nobis hodie mira . . . **3**.14
Sanctus timet est pauper regnat . . . **11**.67ᵛ
Scias vos universis . . . **44**.192ᵛ
Sciendum est fratres carissime quod dum filii israel . . . **13**.55
Sciendum est ierusalem tribus modis . . . **13**.54
Sciendum namque est nobis fratres carissime . . . **40**.38
Sciendum quod tria sunt genera peccati . . . **13**.55
Scientes quia . . . **1**.202ᵛ; **2**.207ᵛ
Scientes quia hora est . . . **7**.710ᵛ
Scio cui crededi . . . **62**.96ᵛ
Scire debes senuisse iam . . . **30**.161ᵛ
Scorta dal mio pensier fra i saxi . . . **17**.8
Scripsisti mihi fratres carissime . . . **44**.152; **44**.183
Scriptum est in isaias haurietis aquas in gaudio . . . **9**.40
Se dal candido corpo sei disciolta . . . **17**.5
Se mai qui non compar donner si bella . . . **17**.1ᵛ
Se non credete de poter tirare . . . **53**.12ᵛ
Secundum augustinum in primo libro super genesim . . . **7**.2
Secundum novissimorum cuius frequens . . . **11**.31ᵛ
Secundum orosium ad augustinum a creatione mundi . . . **40**.3
Secundum philosophum scire est rem per causam . . . **45**.1ᵃ
Secundus liber machabeorum non . . . **13**.116

Sed possunt attribui beato egidio cuius festum . . . **3**.175
Sederunt principes et adversum . . . **62**.13
Sedes tua deus in seculum . . . **9**.54
Seigneur ou escoutez pour dieu le roy divin . . . **51**.1
Seipsum singulari domine sue insigni . . . **30**.126^v
Senor a maestro fra julio martinez . . . **59**.1
Sentite del signore in bonitade . . . **50**.1
Septuagesima signat tempus deviationis . . . **3**.260^v
Sepulcrum patens est guttur eorum . . . **9**.8
Sequitur querere super octavum et nonum librum . . . **22**.194^v
Serenissimo prencipe la morte di gregorio .xv°. . . . **47**.1
Sermone blando . . . **1**.210^v; **2**.219^v
Servite domino in timore . . . **9**.5^v
Seviens locus nomen . . . **30**.162
Si amicus mortuus est moriturum . . . **30**.125^v
Si causa dei . . . **30**.158
Si quis aures habeat audiendi audiat . . . **56**.1
Si quis diligit me . . . **3**.108^v
Si quis emendatioris vite desiderio tactus . . . **11**.88
Si reddidi retribuentibus mihi . . . **9**.10
Si vis esse perfectus hoc regulariter teneas . . . **56**.2^v
Sicut cuilibet notum est quod introitus . . . **3**.146
Sicut iudeis non debet . . . **30**.130
Sicut myrrha electa . . . **63**.47^v
Simile est regnum celi homini qui . . . **3**.29^v
Simile est regnum celi homini patrifamilias . . . **53**.10
Simile est regnum celorum thesauro . . . **3**.28^v; **3**.88; **3**.147^v
Simon petrus johannis filius . . . **7**.636^v
Sit autem homo velox ad audiendum . . . **3**.48^v
Solent homines peregrinari et predicare . . . **3**.46
Solet ita distinqui succingimur ituri . . . **9**.23^v
Sollicitudo loci . . . **44**.187
Solsequium herba omnibus nota . . . **58**.90
Sophonias speculator . . . **7**.470
Species timoris dicuntur esse septem . . . **15**.165
Speciosa facta . . . **63**.47^v
Spiritualis scilicet quam carnalis . . . **9**.38
Spiritus laudent dominum . . . **1**.184^v
Stabat iuxta crucem iesu . . . **3**.98
Stabat mater . . . **63**.20

Stabunt iusti in magna constantia . . . **3**.141
Statueramus quidem . . . **44**.85
Statuta de mercatoribus . . . **25**.97
Statuta de religiosis . . . **25**.33; **25**.104ᵛ
Statuta gloucestrie . . . **25**.27
Statuta westmonasterii primi secundi et tertii . . . **25**.34; **25**.35ᵛ **25**.55; **25**.149
Statuta wyntonie . . . **25**.100
Statutum actum apud Berewyk Chaunpart . . . **25**.107
Statutum de anno bissextili . . . **25**.108
Statutum de conspiratoribus . . . **25**.107ᵛ
Statutum de excestro . . . **25**.119
Statutum de farina avene . . . **25**.160.
Statutum de gavelkynde . . . **25**.167
Statutum de heredibus . . . **25**.156
Statutum de marleberge . . . **25**.17ᵛ
Statutum de quo warranto in brevibus . . . **25**.115ᵛ
Statutum de saccario . . . **25**.122
Statutum ne quis ponatur in assisia . . . **25**.114ᵛ
Statutum novi articuli . . . **25**.108ᵛ
Statutum quia fines . . . **25**.128
Statutum willelmi botelyer . . . **25**.105ᵛ
Stephanus autem plenus gratia . . . **3**.118ᵛ
Stetit iesus in medio discripulorum . . . **3**.98ᵛ
Stirpis aragoniae regum pulcherrime princeps . . . **43**.14
Stultos esse qui regibus serviunt . . . **30**.190
Substantia autem est que proprie . . . **19**.37
Sum tibi tam carus quamvis ego nullius . . . **53**.82ᵛ
Summi largitor . . . **1**.204; **2**.209ᵛ
Sunt cantica canticorum sunt lamentationes . . . **8**.142
Sunt precepta quedam . . . **31**.1
Super spoliatione casus aliquis possessaria . . . **46**.23ᵛ
Superbia singularis est in culpa . . . **9**.34ᵛ
Supergresse dicit quasi aquarum inundationes . . . **9**.41
Supplicat o proles faustissima proficientes . . . **53**.2ᵛ
Surrexit christus . . . **1**.208; **2**.213
Surrexit dominus vere et apparuit simoni . . . **3**.99; **63**.27ᵛ
Suscepi epistolas suavissime . . . **30**.130
Suscepimus deus misericordiam . . . **63**.55
Suscipere digneris domine deus omnipotens istos . . . **4**.215ᵛ

Tabernaculum eorum in proienie . . . **9**.58 ᵛ
Tamquam sponsus dominus . . . **63**.55
Te decet hymnus . . . **63**.34
Te deum laudamus . . . **1**.193; **2**.197 ᵛ
Tecum principium . . . **63**.29 ᵛ
Terra tremuit et quievit . . . **63**.72; **63**.106
Terret me vita mea namque diligenter . . . **11**.65
Tertia distinctio historie . . . **13**.41
Tertium novissimorum cuius salubris . . . **11**.42 ᵛ
Theophilo scribens ubi christo . . . **8**.218 ᵛ
Thesaurizat et ignorat . . . **9**.46
Thessaloniensis sunt macedones . . . **7**.599 ᵛ
Thessalus philosophus germanico claudio regi . . . **58**.95
Tibi dabo claves regni celorum . . . **3**.146
Tibi derelictus est pauper orphano . . . **9**.15
Tibi domine commendamus animam famuli . . . **4**.206
Timeo vas gravari . . . **30**.158 ᵛ
Timor domini bonus et servus anima enim . . . **9**.5 ᵛ
Timor domini securitatem prestat et mentes . . . **9**.28 ᵛ
Timotheum . . . **7**.602
Titum commone facit et instruit . . . **7**.605 ᵛ
Tolle puerum . . . **61**.54
Tractatus de antiquo dominico corone . . . **25**.161 ᵛ
Traditor autem dedit . . . **63**.72 ᵛ
Transacto anno . . . **30**.131 ᵛ
Tria domini studia possumus mirari primum . . . **9**.14
Tria genera temptationis denotat primum . . . **9**.45
Tria sunt genera vermium . . . **9**.26 ᵛ
Tria sunt que maxime interiori . . . **9**.33 ᵛ
Tria sunt que nos obligant beneficia . . . **9**.10
Tria sunt que nos revocare . . . **9**.32
Triplex est macula que privat hominem . . . **3**.133 ᵛ
Triumphale lignum crucis . . . **4**.125
Tu celum et terram imples . . . **11**.75 ᵛ
Tu domine nosti corda hominum . . . **3**.131 ᵛ
Tu es vas electionis . . . **62**.35 ᵛ
Tu legis egyptum dominus percussit . . . **8**.158
Tu qui transis ut mundum spernere possis . . . **42**.51 ᵛ
Tuam ipsius animam . . . **63**.20
Tulerunt lapides iudei ut iacerent . . . **3**.42

Tunc multi indeorum . . . **13**.113
Tybarii non decimo regnantis . . . **5**.165; **8**.218ᵛ

Ubi est qui natus est . . . **3**.171
Unam id est beatitudine eternam unam . . . **9**.30
Unam petitio a domino etc . . . **9**.30ᵛ
Unde bernardus primus virtus est audire missam . . . **3**.236ᵛ
Universis et singulis presens hoc publicum . . . **41**.2
Uno laico innutile creatura infia . . . **18**.41
Usquequo non petistis quidquam in nomine . . . **3**.47
Ut ergo hunc ordinem observemus . . . **22**.1ᵛ
Ut non vobis in . . . **44**.195ᵛ
Utrum viris ecclesiasticis seu clericis liceat . . . **3**.263

Vadam ad montem myrrhe . . . **63**.20
Vado ad eum qui misit me . . . **3**.46; **3**.105
Valde honorandus est beatus iohannes . . . **4**.29
Vanitas dicuntur omnia temporalis . . . **9**.33
Vas electionis est mihi . . . **3**.129ᵛ
Vellem tibi per singulas dies . . . **30**.137ᵛ
Venerabili provido et sollicito viro . . . **3**.272
Venerunt ad vos . . . **44**.97ᵛ
Vengha ciascuno divoto et unmiliore . . . **18**.53
Veni et libera nos domine . . . **2**.209
Veni sancte spiritus repletuorum corda . . . **63**.118ᵛ
Venite ascendamus ad montem domini . . . **3**.173ᵛ
Venite et ostende nobis . . . **61**.20
Venite exultemus domino . . . **1**.7; **2**.7
Verba ista dici possunt de beato udalrico . . . **3**.173
Verba ista dicit david propheta qui vident . . . **3**.158ᵛ
Verba ista leguntur in evangelio hodierno . . . **3**.156ᵛ
Verba ista leguntur de puella que nuncupatur . . . **3**.166
Verba mea auribus percipe domine . . . **4**.218
Verbum istud competit . . . **3**.97ᵛ
Verbum supernum . . . **1**.202; **2**.207
Vere nobilibus signis nobilis ille . . . **3**.58ᵛ
Veritas de terra orta . . . **63**.55
Verum ea que temporum destructione latius . . . **40**.39
Vespere autem sabbati . . . **63**.32

Vestigia illius secutus est pes . . . **3**.114
Vestitum ex morticina materia remisse . . . **58**.44
Via hec via est viri iusti . . . **9**.2ᵛ
Videamus primo que sint vincula . . . **9**.3ᵛ
Viderunt ingressus tuos . . . **62**.103
Videtur autem nec genus species finito . . . **19**.6
Videtur deus conqueri de quocumque . . . **9**.48
Vidi angelum dei ascendente . . . **3**.175
Vidi super montem agnum . . . **3**.122
Vigilanti sunt studio . . . **30**.131ᵛ
Vim faciebat qui . . . **63**.84
Vincenti dabo edere de ligno . . . **3**.126
Vir erat in terra hus . . . **8**.148
Virgo templum trinitatis . . . **4**.120
Viri insigni et singulari virtute predito . . . **30**.197
Viro illustri domino . . . **30**.158
Viro prestanti ac singulari johanni vrunt . . . **30**.126
Viso de probatione in genere et specie . . . **46**.49ᵇ
Viso ergo libro secundo ac partibus . . . **45**.35ᵇ
Viso in tertio libro que clericis sint . . . **45**.50ᵃ
Visus franciplegi . . . **25**.165
Vivo autem ego iam . . . **63**.21ᵛ
Vivo ego dicit . . . **1**.205; **2**.210ᵛ
Vobis dominis promotoribus requirentibus . . . **30**.101
Vobis insignibus dedem dominis iustitie . . . **53**.3
Vocatum est nomen eius . . . **3**.170ᵛ
Vos autem domini moysen vocat . . . **5**.40ᵛ; **5**.41; **8**.41ᵛ; **8**.42
Vos clara ecce . . . **1**.203ᵛ; **2**.208ᵛ
Vox domini concutientis desertum . . . **9**.31ᵛ
Vox domini preparantes cervos . . . **9**.31ᵛ
Vos ista vox magorum est et potest . . . **3**.171

Worthy sir it seems that out of your zeale . . . **39**.1

Xenofontis philosophi quedam libellum . . . **30**.135

Zaccharias memor domini sui . . . **7**.472
Zelare quod bonum . . . **44**.69ᵛ
Zelus dominus tue . . . **63**.72ᵛ

INDEX

References are to page numbers in this catalogue.

Abbizzo, Francesco d', poet, 100
Abelard, Peter, 154
Acciaiola, Zenobius, O.P., translator, 133
Acquaviva, Francesco dei conti, 141
Acton Burnel, Statute of, *see* Statutes
Ad Somnum (Serafino dei Ciminelli dall' Aquila), 96
Adeodatus, primate of Numidia, 142
Aegidius, *see* Giles
Affra, St., martyr, 225
Agnes of Montepulciano, O.P., St., 100
Agostino del Sole, warden of the Collegio Ferdinando (Pisa), 93
Ailly, Pierre d', *Tractatus de meditatione mortes; Epilogus de quadruplici exercitio spirituali,* 76
Alain de Lille, 226
Albert of Saxony, 192
Alberto, procurator of the Friars minor of the Prato, 99
Albine of Angerse, St. and virgin, 43
Alcher of Clairvaux, *Manuale sancti Augustini,* 78
Aldelmus, bishop of Shelborne, 32
Alexander VII (Fabio Chigi), Pope, 110, 112, 113
Alexander VIII (Pietro Ottoboni), Pope, 113
Alexander, prince of Bournonville, manuscript owner, 216
Alexius Africanus, herbal writer, 232

Alfonse, king of Aragon and Sicily, 137
Alphege, St., archbishop of Canterbury, 32
Altaemps, Giovanni Angelo, duke of, 163
Altaemps, library (Italy), 163
Amalberga, St., of Mauberge, 168
Amandus, St., apostle of Belgium, 166
Ambrose, St., bishop of Milan, 21, 77, 183, 185, 234
Americus, chancellor of the Holy Roman Church, +*1141*, 148
Anastasius, bishop of Antioch, 143
Andres de Suchdol, canonist, 207
Andrew, St., apostle and martyr, 89
Angelus Decembris, poet, 190-191
Aneas, prince of Troy, 178
Anselm, St., archbishop of Canterbury, *Meditatio ad concitandum timorem domini,* 77, 78
Anthony of Sens, 147
Antoinette de Bronc, manuscript owner, 216
Antonio, nephew of Pius II, 146
Antonio Massetano, O.F.M., preacher, 147
Antonio of Siena, Italian poet, *fl. 1376,* 147
Antonianus, bishop of Numidia, 197
Antonius duobus fratribus monachis (letter), 141
Apollonius of Tyana, 231
Aquila, Serafino dei Ciminelli dall', poet, 94

Aragius, bishop of Gap (Belgium), 143
Arcana ad reparandam sanitatem (anon.), 232
Aretinus, Leonardus, *see* Bruni, Leonardo
Arnaldus de Villa Nova, physician and alchemist, 233
Arnold of Brescia, disciple of Abelard, 151
Arnoul de Boeriis, O.Cist., *Speculum monachorum*, 80
Artongo, juris utriusque doctor, 156
Augustine, St., bishop of Hippo, 77, 78, 187, 227
—, *De doctrina Christiana*, 158
Aumale, duke of (Francis of Lorraine), 161
Aurelius, confessor and martyr, 195
Aurora (Peter of Riga), 48, 62
Avalos, Fernando Francesco d', marchese di Pescara, 94, 95
Ayth, John, *see* John of Ayth, jurisconsult

Balduinus, St., abbot of Rieti, 152
Barbadicus, cardinal, bishop of Padua, 182
Barbara, St., virgin and martyr, 37
Barberini, Maffeo, *see* Urban VIII, Pope
Bartolomea de Setta, religious of St. Stephen's (Pisa), 97, 98
Bartolomeo, hermit (Pisa), 97
Bavo, St., bishop of Ghent, 166
Becket, Thomas a, archbishop of Canterbury, *see* Thomas, St. and martyr
Bede, The Venerable, 28, 30, 41, 80, 180
Belcari, Feo, poet, 97, 100

Bellavite, Benedetto, chancellor of the Collegio Ferdinando (Pisa), 92
Benedict XI (Nicholas Boccasini), Pope, 203
Benincasa, brother of St. Catherine of Siena, 98, 101
Benincasa, mona Lippa, mother of St. Catherine of Siena, 98, 101
Bernard, St., abbot of Clairvaux, 28, 77, 80, 90, 146-153, 168, 227
Bernardino of Siena, St., 46
Bertinus, abbot of Sithin, 166
Bertrand du Guesclin, *Roman*, 215
Berwyk Chaunpart, Statute of, *see* Statutes
Bible, 53
Bible, versified, 48, 62
Biron, Charles de Gontaut, duke of, +*1602*, 159
Boethius, verse commentary by Philip of Zara, 221-222
Bohn, James, book collector, 45-46
Bonaventure, St., bishop of Albano, *Dialogus*; *De perfectione vite et sorores*, 9, 76, 80
Boniface VIII (Benedetto Gaetano), Pope, *Sextus liber decretalium*, 203
Boniface IX (Pietro Tomacelli), Pope, 244
Book of Eternal Wisdom (Henry Suso), 213
Book of Hours, 32, 166
Borgognoni, Ambrogio, 187
Brendan, St., abbot of Clonfert, 166
Breviloquim (pseudo-) Bernardi de contemptu mundi, 227
Briçonnet, Guillaume, bishop of Lodève, 133
Bridget, St., prayers of, 32-33

Brion, Philippe de Chabot, seigneur de, *fl. 1523*, 159
Brisonetti, Gugliermo, *see* Briçonnet, Guillaume
Bruni, Leonardo (i.e., Leonardus Aretinus), Italian scholar, 145
Bruno, archbishop of Cologne, 148
Bulls
  Ad ea per qua (Gregory XIII), 111
  Ad pastorale (Clement IX), 113
  Apostolici muneris (Gregory XIII), 111
  Cum in iis (Gregory XIII), 111
  De profectione in turcos (Pius II), 137
  Dum sollicita (Julius III), 110
  Ex collegio (Gregory XIII), 112
  Frustra aedificiorum (Gregory XIII), 112
  In supremo (Gregory XV), 112
  In supremo militantis (Innocent XII), 113
  Ita sunt (Gregory XIII), 112
  Licet ea (Clement X), 113
  Militantis ecclesiae (Alexander VIII), 113
  Ne gratiae (Gregory XIII), 111
  Nuper collegio (Gregory XIII), 110
  Pio tenemur (Gregory XIII), 111
  Postquam deo (Gregory XIII), 110
  Pro nostri (Gregory XIII), 111
  Quanta maiora (Gregory XIII), 112
  Quoniam nos (Gregory XIII), 110
  Romanus pontifex (Innocent XII), 113
  Ut caeteri (Gregory XIII), 111
Buonconti, mona Nella Donna, 101
Burghley, William Cecil, baron, manuscript owner, 181
Buridan, Jean, 115
Burleigh, Walter, 103

Calendars, Dominican, 1, 5, 32, 166, 220
Calidonius, African bishop, *fl. 250*, 200
Camillus, abbot of Varous, 182
Campisius, John, philosopher. 145
Canticle of Canticles, 1, 5, 42, 64
Canticle of Canticles, Coptic, 173
Capponi, Cappone, superintendent of the Collegio Ferdinando (Pisa), 92
Capponi, Giovanni Marco di, priest, founder of the Ambrosian Society, (Milan), 183, 185, 187
Carles, Bernard, bookseller (Toulouse), 50
Carlo, prince of Aragon, *fl. 1430-1466*, 190, 191
Carta Mercatoria, *see* Statutes
Cassiodorus, historian, *In Psalmis*, 231-232
Casus summarius habitorum in sacro Basiliensis concilio (Nicholaus Panormitanus), 138
Catherine of Alexandria, St., 37
Catherine of Siena, St., *Letters*, 97
Cattanio, Gerolomo, engraver, 187, 188
Cedda, St., bishop of York and Lichfield, 32
Celsus, *De iudaica incredulitate, Ad Vigilium episcopum*, 201
Celotti, Luigi, manuscript owner, 225
Cento meditationi (Henry Suso), 214
Chabot, Philippe de, *see* Brion, seigneur de

Charles I, duke of Lorraine, 160
Charles II, duke of Bourbon, 160-161
Charles III, duke of Lorraine, 161
Charles V, Holy Roman emperor, 162
Charles V, king of France, 161
Charles VII, king of France, 233
Charles VIII, king of France, 161
Charles IX, king of France, 160
Charles, the Bold, duke of Burgundy, 45
Charta de foresta, *see* Statutes
Chastillon, admiral de, *fl. 1562*, 159
Chausse, Henry, writing master, 169
Chiesa, Sabastiano, writer, 105
Chranstowsky, Nicolaus, herald of Alfonso, king of Portugal, 147
Christofano, monk of Certosa, 100
Christophorus Spalatinus, 223
Chronicus Bohemorum (Pius II), 137
Chronicus Cestrensis (anon.), 180
Chronicus Martini, 177
Cicero, M. Tullius, *In paradoxon*, commentary, 235
Cicilius, priest, *fl. 250*, 197
Ciminelli dall' Aquila, Serafino dei, *see* Aquila, Serafino dei Ciminelli dall'
Claude, queen of France, 170
Clement V (Bertrand du Got), Pope, *Constitutiones*, commentary by Paul of Liazariis, 206
Clement VIII (Gil Sanchez Muños), anti-Pope, 112
Clement IX (Giulio Rospigliosi), Pope, 113
Clement X (Emilio Altieri), Pope, 113, 217
Coladeo, Belbene, 232

Collegio Ferdinando (Pisa) *Constitutiones*, 91
Commemorationes solemnes (Ambrosian Society), 187
Cominelli, Bernardino, doctor of laws, 182
Concordantia evangelistarum (Nicholas of Pelhřmov), 131
Congiura vacchera contro la nobilitá di Genova (Raffaele delle Torre), 210
Conrad III, king of Rome, 151
Consecration and Coronation of Claude of France, 170
Contarini, Francesco, 208
Contra objectiones et questiones fautorum. . . Wicleff (Jacques de Nouvion), 30
Cordiale (Gerard of Vliederhoven), 77
Cornelius, St., Pope, 195
Cors-Y-Gedol, library, 171
Corso, Jacopo, poet, 96
Council of Basel, Texts, 138
Covo, Luigi, monseignor (Pisa), educator, 93
Craufurd, Thomas, historian, 86
Currado Maconi, Stefano di, 97
Currado Maconi, mona Giovanna di, 98
Cuthberg, St. and virgin, 32
Cuvelier, Jean, 215
Cyprian, St., bishop of Carthage, 77
—, *Letters*, 193
Czelkendorf, Joesph, manuscript owner, 157

Dani, Jacobus, scribe, 92
Darling, Walter L., manuscript owner, 47
Dativus, St. and martyr, 153, 196
Davanzati, Giuseppe, archbishop of Trani, *Dissertatione sopra i vampiri*, 118

David, St. and confessor, 166
Davignon, William, manuscript owner, 61
De antiphonis sancti Gregorii, 83
De bona mortis opusculum aureum (St. Ambrose), 234
De compositione vinorum (Arnaldus de Villa Nova), 233
De conceptione sancte Marie (Decretum of the Council of Basel), 156
De consolatione philosophiae (Boethius), verse commentary by Philip of Zara, 221-222
De copia verborum (Seneca), 234
De curialium miseriis epistola (Wilfred F. Mustard), 155
De destructione Jerusalem (anon.), 83
De doctrina Christiana (St. Augustine), 158
De dono timoris (Humbert de Romans), 89
De elemosina (anon.), 186
De grammaticis ex rhetoribus (Suetonius), 235
De iudaica incredulitate, Ad Vigilium episcopum (Celsus), 201
De la confiscation des biens pour crime de lèse maiésté, 159
De la punition et chastiment ordonné par les empereurs, 162
De morte sancti Eusebii (St. Eusebius of Cremona), 79
De peccata (anon.), 83
De perfectione vitae et sorores (St. Bonaventure), 80
De profectione in Turcos (Bull, Pius II), 137
De radice passionis Christi in principio (Peregrinus of Oppeln), 27
De ratione tacendi, excerpts (St. Ambrose), 186
De remedio amoris (Hippolyte of Milan), 139

De septuagesima ad quadrigesima (anon.), 29
De solsequio (Alexius Africanus), 232
De urbe opusculum (Sextus Rufus), 230
De verecundia adolescentie (anon.), 186
De virtutes misse (St. Bernard *et al.*), 28
De visitatione episcopatus seu diocaesis (Johannes Augustinus Folpertus), 163
De vita Apollonii (Flavius Philostratus), 231
Decembris, Angelus, *see* Angelus Decembris, poet
Decretales (Boniface VIII), gloss of John the Monk, 203
Decretum Concilii Basiliensis de Conceptione sancte Marie, 156
delle Torre, Raffaele, 210
Demetrianus, notable of Carthage, 156, 194
Dering, Heneage, manuscript owner, 176
Descriptio Grecie (Pausanias), 230
Dialectica (Hendrik van Ernegeen), 217
Dictionary (Hebrew-Latin), 61
Didot, firm, booksellers (Paris), 165
Dinkelsbühl, Nikolaus von, *see* Nicholas of Dinkelsbühl
Diploma, University of Padua, 182
Discourse on the Passion of Christ (Nicholas of Dinkelsbühl), 9
Disputatione che fa la morte con lo peccatore (Enselmo da Treviso), 186
Dissertatione sopra i vampiri (Giuseppe Davanzati), 118
Doctrinale Minus (Alain de Lille), 226

Domenicus, bishop of Carthage, *fl. 598*, 142, 144
Donatello dell' Antella, senator of Florence, 92
Donatus, friend of St. Cyprian, 154, 193
Donus, bishop of Messina, *fl. 597*, 142
Dorosing, Will, 46
Drury, Henry, manuscript owner, 224
Du serment et promesse que les roys de France font à leur sacre, 161
Dunois, Francois, count of, *fl. 1488*, 159
Dunstan, St., archbishop of Canterbury, 32
Dyonisius, St., bishop of Alexandria, 148

Ebendorfer von Haselbach, Thomas, 30
Eckbert of Schonau, O.S.B., *Stimulus ardoris*, 78
Edinburgh, University, history, 86
Edward, St., the Confessor, king of England, 32
Edward I, king of England, 120, 122-127
Egidius, *see* Giles
Elizabeth, St., queen of Hungary, 166
Engelbrecht, M., engraver, 212
Epilogus de quadruplici (Pierre d'Ailly), 76
Epistola fratris Gabrielis de Verona missa ad Georgium de Podiebrad, 156
Epitectus, bishop of Assuras, 198
Ermegeen, Hendrik van, 217
Ermengarde, countess of Brittany, 150

Esguyeres, 159
Estienne, Henri, printer, 132
Eucracius, bishop of proconsular Africa, 198
Eugenia, niece of St. Catherine of Siena, 100
Eulogius, patriarch of Alexandria, *fl. 598*, 143
Eusebius of Cremona, St., 79
Eustace, bishop of London, 120
Eustace, bishop of Valencia, 151
Evans, Evan, manuscript owner, 170
Expositio in artem veterem Porphyrii (Walter Burleigh), 103
Expositio in Ecclesiasten Salomonis (Olympiodorus of Alexandria), 133

Fabius, Camillus, *Biography*, 190
Facetus (John the Cistercian), 51
Faryingdun, Henry, manuscript owner, 129
Faustinus, bishop of Lyon, 198
Felix, St., bishop and martyr, 153, 196, 198
Fenn-Paston letters, 45
Feo Belcari, *see* Belcari, Feo, poet
Ferdinand I, Holy Roman emperor, 162
Ferdinando Medici, *see* Medici, Ferdinando
Fides, African bishop, 198
Firmilianus, bishop of Cesarea, 201
Flaminius, T. Quinctius, Roman general and statesman, 144
Florentius Puppianus, senator, 197
Folpertus, Johannes Augustinus, doctor of laws, 163
Fortunatus, bishop of Thuccabori, 199
Fortunatus, bishop of Capsa (Byzacene), 197

The Four Senses of Scripture (anon.), 82
Francesco d'Abbizzo, *see* Abbizzo, Francesco d'
Franciscus de Comitibus, Aque Vive, *see* Acquaviva, Francesco dei conti
Francis I, king of France, 159, 161
Francis, D. G., bookseller, 4, 8
Frederick II, of Hohenstaufen, Holy Roman emperor, *Epitaph*, 184
Fulco, archdeacon of Langres, 148
Funeral oration for Madame d'Herculais (Philippe Mourin), 228

Gabriel of Verona, frater, 156
Galfridus of Monmouth, *see* Geoffrey of Monmouth
Galletti, Rocco, treasurer and procurator of the Collegio Ferdinando (Pisa), 92
Gaufrid de Loratoria, *see* Geoffrey of Loroux
Gaufridus Arcirus Monumetensis, *see* Geoffrey of Monmouth
Genealogia Priami regis Troie et Enee (Geoffrey of Monmouth), 178
Geoffrey of Lisieux, 152
Geoffrey of Loroux, archbishop of Bordeaux, 150
Geoffrey of Monmouth, historian, 177, 178
George, St. and martyr, 32
George of Podiebrod, king of Bohemia, 156
Gerard of Vliederhoven, *Cordiale*, 77
Gerardus Landrianus, bishop of Lodi, *Oratio ad invitandum principem*, 138

Gerson, Jean Charlier de, 76
Ghanbacorti, Nera, wife of Gherardo Ghambaconti, 98
Gilbert of Poitiers, writer, 60
Gilbert of Rowby (Statute of Conspiracies), 125
Giles (Aegidius), St., abbot, 32, 166
Giles (Aegidius) of Paris, writer, 64
Giovanna di Napoli, *see* Joan I, queen of Naples
Giovanni, third master of sacred theology of the Order of St. Augustine, 101
Giovanni de Capistrano, frater, 144
Giovanni Marco, *see* Capponi, Giovanni Marco di
Giovanni Tolomeo, uncle of Pius II, 146
Girardinus de Buschetis, manuscript owner (Bologna), 134
Gloucester, Statute of, *see* Statutes
Godwine, St., *see* Alphege, St., archbishop of Canterbury
Gontaut, Charles de, *see* Biron, duke of
Gradual, 239, 242
Grapluonis definitiones, 231
Gregory I, the Great, St., Pope, 77, 83, 141-144, 227
Gregory X (Teobaldi Visconti), Pope, 203
Gregory XIII (Ugo Buoncompagno), Pope, 110-112
Gregory XV (Alessandro Ludovisi), Pope, 112
Gregory Rustician, patriarch, 142
Guarino de Verona, 144, 191
Guido, legate of the bishop of Constance, 151

Guido de Gonzaga, O.S.B. (Mantua), 223
Guilford, Frederick George North, 8th earl, manuscript owner, 114
Guillaume de Loris, *Roman de la Rose*, 164

Halbendorff, Nicolaus, canon of Nyssa, 157
Haselbach, Thomas Ebendorfer von, *see* Ebendorfer von Haselbach, Thomas
Hasque, Urban de, manuscript owner, 61
Hawkins, Rush, manuscript sale, 4, 8
Haye, Michael, engraver, 217
Heber, Richard, manuscript sale, 130, 216
Helya, Henry, monk, 152
Henry, archbishop of Sens, 149
Henry III, king of England, 120-121, 126-127, 180
Henry III, king of France, 160
Henry IV, king of England, 177, 180
Henry IV, king of France, 162
Henry of Ghent, 9
Herculais, dame d', *see* Valernod, Marie de
Hermogenes, 83
Heystebury, William, 191
Hippolyte of Milan, 139-140
Historia ecclesiastica, excerpt (Bede), 180
Historia Lucretii et Eureali, excerpts, 140
Historia regum Brittania (Geoffrey of Monmouth), 178
Historia scholastica (Peter Comestor), 82
History of the University of Edinburgh (Thomas Craufurd), 86

Hoepli, Ulrich, manuscript owner, 188
Hollis, Thomas, soldier and writer, 130
Homer, 190
Honorius II, Pope, 148
Hueberin, Maria Agnes, O.P., 1
Hugh, St. and martyr, bishop of Lincoln, 32
Hugh of St. Victor, theologian, 78-79
Hugo I, count of Champaigne, 149
Humbert de Romans, *De dono timoris*, 89
Hymns, Coptic, 172

Il capitolo dei frati (Sebastiano Chiesa), 105
In laudem Boethii (Philip of Zara), 219
In paradoxon Ciceronis Commentarium, 235
Indulgentie ecclesiarum in urbe romana (anon.), 227
Innocent II (Gregorio dei Papareschi), Pope, 113, 150-153
Innocent IV (Sinibaldo Fieschi), Pope, 203
Innocent XI (Benedetto Odescalchi), Pope, 250
Innocent XII (Antonio Pignatelli), Pope, 110, 113-114
Isidore, bishop of Seville, 77
Istoria dei ciscisbei (Vincenzio Martinelli), 130 .
Iubaianus, bishop of Mauritania, 197
Ivo, cardinal, priest of St. Laurent (in Damaso), 152

Jacobo Petramellara, astronomer(Bologna), 119

298

Jacobus Novianus, *see* Jacques deNouvion
Jacobus Vaseus Petramellariensis, *see* Jacobo Petramellara
Jacopo, hermit of Camp Santo (Pisa), 97
Jacopo, physician to Narciano, 98
Jacopo, procurator of the Friars Minor, 99
Jacopo Corsi, *see* Corso, Jacopo, poet
Jacques de Nouvion, theologian, 30
Janta, Alexander, bookseller, 209, 211
Januarius, archbishop of Cagliari (Sardinia), 143, 199
Januarius, bishop of Caralithano, 142
Jean de Meun, *Roman de la Rose*, 164
Jerome, St., Father of the Church, 44, 53-56, 77-78
Jerson, Johannes, *see* Gerson, Jean Charlier de
Joan I, queen of Naples, 101
Johannes Angeli, *see* Altaemps, Giovanni Angelo, duke of
Johannes Marcus, *see* Capponi, Giovanni Marco di
John II, king of Aragon, Navarre and Sicily, 191
John II, duke of Alençon, 160
John II, the Good, king of France, 160
John XXII (Jacques d'Euse), Pope, 184, 203
John, "Lackland," king of England, 159
John, secretary (Cologne), 140
John Andrew of Nyssa, manuscript owner, 156
John Chrysostom, St., 77, 227
John of Ayth, jurisconsult, 155
John of Capistrano, 144
John of Freiburg, *Summa Confessorum*, 13
John of Limoges, O. Cist, 41
John of Rupescissa, O.S.F., alchemist, 233
John the Cistercian, 51
John the Monk, 204
Julian, legate of the Apostolic See, 138
Julius III (Giovanni Maria del Monte), Pope, 110, 112, 113

Kraus, H.P., firm, booksellers, 114, 171, 226

Labitte, Alphonse, manuscript owner, 189
Lambert, St., bishop of Maastricht, 32, 166
Lambing, A.A., manuscript owner, 31
Lapa, mona, *see* Benincasa, mona Lapa
Laurentius de Caponibus, 183
Laus obitus Marchionis Piscariae (Jacopo Sanazaro), 95
Leander, archbishop of Seville, 143
Leavitt, George A., autioneer, 4, 8, 189
Leheure, Martinus, manuscript owner, 157
Leigh, Valentine, manuscript owner, 177
Leonardus Aretinus, *see* Bruni, Leonardo
Lèse majésté, 159-161
Leslie, Shane, manuscript owner, 176
Letters (collections)
    Aeneas Silvius Piccolomini, *see* Pius II

Bernard, St., 146-153
Cyprian, St., 153-154, 193-201
Gregory I, Pope, 141-144
Pius II (Aeneas Silvius Piccolomini), Pope, 137 ff.
Liber Boethii, verse commentary by Philip of Zara, 221-223
Liber de novis medicis (Philip of Zara), 223
Liber decretalium (Boniface VIII), 203
Liber meditationum (Pseudo-Bernard), 90
Liber parabolarum (Alain de Lille), 226
Liber Predicamentorum Aristotelis (Walter Burleigh), 103
Liber pseudo-Methodii Olympi de millenariis Seculi, 179
Liber Quatuor novissimorum qui dicitur Cordiale (Gerard of Vliederhoven), 77
Libertinus expretori, praetor of Sicily, 143
Libri amicorum
  Johannes Stadius, 75
  Johann Christoph Schlenck, 238
Libro de la conceptione de la madre vergene (Philip of Zara), 222
Linaiolo, Romolo, 98
Lisabetten, P., van, engraver, 217
Litanies, 1, 6, 42, 168, 184
Livinus, martyr, bishop of Flanders, 166
Livius, M. Ant. Sabellici, 231
Lollards, 180
Lorris, Guillaume de, 164
Louis VII, king of France, 151
Louis VIII, king of France, 161
Louis X, king of France and Navarre, 160
Lucificio della sapientia (Henry Suso), 213
Lucius I, Pope, 153, 196

Lucrea, daughter of the king of the Epyrots, 141
Luigi di Roma, cardinal, prothonotary of the Apostolic See, 139
Lull, Raimon, 233
Lyell, Jacobus P.R., manuscript owner, 165

Machutus, St., bishop of Aleth, 166
Maconi, Stefano, *see* Currado Maconi, Stefano
Magalotti, Lorenzo, cardinal, manuscript owner, 210
Maganza, Giuseppe, printer (Milan), 188
Malo, St., *see* Machutus, St.
Manfred, 185
Manuale sancti Augustini (Alcher of Clairvaux), 78
Mareschotti, Galeazzo, cardinal, apostolic visitor, 114
Margaret of Antioch, St., 37
Maria da Siena (Maria Valeria), 100
Marleberge, Statute of, *see* Statutes
Marshall, James and Lenore, manuscript owners, 189
Martin of Dume, bishop of Gallicia, 234
Martinelli, Vincenzio, *Istoria dei Cicisbei*, 130
Martinez de Peado, Julio, O.P., 237
Martini, G., manuscript owner, 79
Martini, Joseph, manuscript owner, 102
Martinus, chronicler, 177
Martinus Kweneyse, vicecantor of Breslau, manuscript owner, 157
Masses and Offices, 246

Matteo di Giovanni Colonboni, 98
Maximus, bishop of Salone, 144
Maximus, priest, 153, 194, 195, 196, 197, 199
Medici, Ferdinando di, grand duke of Tuscany, 91, 92
Meditatio ad concitandum timorem domini (St. Anselm), 77
Melisendis, queen of Jerusalem, wife of King Fulk V, 153
Memorial en favor de la Immaculada Concepcion (Julio Martinez de Peado), 237
Merchants, Statute of, *see* Statutes
Merton, Provision of, *see* Statutes
Merton, William, manuscript owner, 170
Mikuláš z Pelhřimov, *see* Nicholas of Pelhřimov
Miracula urbis Romanae (anon.), 227
Miro, king of Gallicia (called Miro, king of the Suevi), 234
Modus diversarum settarum et diversorum presbytorum (Statute), *see* Statutes
Montmorency, Henry II, duke of, 159
Morality play, Catalan (Passion Cycle), 251
Morosini Family, 223
Morris, William, poet, artist, manuscript owner, 65
Mourin, Philippe, S.J., *Funeral oration for Madame d'Herculais*, 228
Moyses, priest, 153, 194, 199
Mulrenan, William F., manuscript owner, 104

Nanna, niece of St. Catherine of Siena, 101
Nemesianus, bishop and martyr, 153, 196

Nequaquam, Alexander, 9
Nera, wife of Gherardo Ghanbacorti, *see* Ghanbacorti, Nera
Nichasius, bishop of Reims, 166
Nicholas III (Giovanni Gaetano Orsini), Pope, 178
Nicholas of Ausimo, O.S.F., canonist, 135
Nicholas of Byard, *Summa de abstinentia*, 88
Nicholas of Dinkelsbühl, *Tractatulus de arte moriendi*, 29
Nicholas of Monte Alccino, O.P., 101
Nicholas of Pelhřimov, Taborite bishop, 131-132
Nicholas of Thou, bishop of Chartres, 162
Nicholas of Wartenburg, humanist, 139
Nichostratus, deacon and martyr, 196, 199
Nicolaus, Florentinus, humanist, 145
Nicholaus Panormitanus, archbishop of Palermo, *Casus summarius habitorum in sacro Basiliensis conciolio*, 138
North, Frederic George, 8th earl of Guilford, *see* Guilford
Novatianus, anti-Pope, 198
Novatus, priest of Carthage, 195
Numidicus, African priest, 198

Oaths of the kings of France, 161
Objectio fratrum predicatorum in minoristas de virgine Maria concepta (Philip of Zara), 220
Olesniki, Sbigniew, cardinal, bishop of Cracow, 146
Olympiodorus of Alexandria, historian, 133
Oratio ad invitandum principem (Gerardus Landrianus), 138

Oratio ad principes contra Turcum facta (Pius II), 155
Orivola della sapienta (Henry Suso), 213
Orationes secundum passionem Christi crucis (anon.), 32
Orosius, Paulus, historian and theologian, 177

Padua, University, *Diploma*, 182
Palladius, priest of Monte Syna, 144
Panziera, Ugo, O.S.F., *Trattati spirituali*, 99
Papa, priest, 153
Papal Bulls, 110 ff.
Paradoxa ad M. Brutum (Cicero), 235
Passion Cycle, Catalan (anon.), 251
Paul of Liazariis, *On the constitutions of Pope Clement V*, 206
Paulinus, priest of Antioch, 53
Pausanias, Greek historian, 230
Peado, Julio Martinez de, *see* Martinez de Peado, Julio
Pedro de Pantosa, manuscript owner, 237
Pelhřimov, Mikuláš, *see* Nicholas of Pelhřimov
Peraldus, William, O.P., *De vitiis*, 81
Peregrinus of Oppeln, O.P., *Sermons*, 9, 19
Perotti, Giovanni, 98
Pescara, marchese di, *see* Avalos, Fernando Francesco d'
Peter, bishop of Corsica, 142
Peter Comestor, *Historia scholastica*, 82
Peter of Pirchenwart, O.P. *Sermons; Tractatulus de poenitentia et confessione*, 27, 28
Peter of Riga, *Aurora*, 48, 62

Peter the Chancellor, cardinal, 149
Petronius Arbiter, *Satyricon*, 234
Philip II, king of Spain, 111
Philip IV, the Fair, king of France, 160
Philip IV, king of Spain, 162, 237
Philip Arivabene, archbishop of Malvasia (Greece), 163
Philip of Greves, chancellor, 40
Philip of Zara, O.P., poet, 219, 222
Philip the Chancellor, *Sermons*, 9
Philippe de Commines, historian, 159
Philippus Iadresis, *see* Philip of Zara, O.P.
Phillips, Rudolph Biddulph, manuscript owner, 45
Phillips, Sir Thomas, manuscript owner, 114, 130, 176, 225
Philocaptus, prince, 141
Philopoemen, Greek general, 144
Philostratus, Flavius, *De vita Apollonii*, excerpts, 231
Phygelus, 83
Piccolomini, Aeneas Silvius, *see* Pius II, Pope
Piero, marchese di Marchesi da Monte Santa Maria, 97
Piero di Giovanni di Viva, monk of Maggiano (Siena), 97
Pius II (Aeneas Silvius Piccolomini), Pope, 137, 147
Plato, *Epistole*, trans. by Leonardo Bruni, 145
Plutarch, excerpts, 191
Podocataro, Ludovico, manuscript owner, 117
Poltrot de Mere, assassin of François I, of Lorraine, 161
Pompeius, bishop of Sabrata (Africa), 198
Pompeius, Roman general, 198

302

Pomperus, *see* Pompeius, Roman general
Pomponius, bishop of Dionysiana, writer, 191
Pomponius Mela, Roman geographer, 235
Potter, Christopher, 175
Pozzi, Elfo, bookseller, 189
Prefatio in Translatione Olympiodori de Alexandria (Zenobius Acciaiola), 133
Priam, king of Troy, 178
Prologus super commentum novum Boethii per carmina (Philip of Zara), 219
Psalters, 1, 5, 32
   of St. Jerome, 44
   Coptic, 172
Propositio ambasiatorum regis Portugallie (Pius II), 139
Pseudo-Ambrosius, 186
Pseudo-Bernardus, *Breviloquium de contemptu mundi*, 227
—, *Liber Meditationum*, 90
Pseudo-Burleigh, 191
Pseudo-Cyprianus, 154
Pseudo-Methodius, *Olympi de millenariis seculi*, 177, 179
Pugh, James, manuscript owner, 252
Pupinianus, 197

Quaestiones super .x. libris Ethicorum (Jean Buridan), 115
Quaritch, Bernard, bookseller, 189
Que le roy n'est tenu de mectre hors de ses mains les fiefs tenus de luy, 160

Raffael di Dio, 100
Rationes de quatouor temporibus per doctores, 28
Ravaillac, Françios, assassin of Henry IV, king of France, 159

Reccared I, king of the Visigoths, 143
A Rejoinder to the Reply of a Pretended Catholicke (anon.), 175
Relatione di Roma fatta nel Senato Veneto (Raniero Zeno), 208
Remigius, St., bishop of Reims, 166
Responsio ad requisitionem promotorum sacri concilii Basiliensis (Julian, legate of the Apostolic See), 138
Responsio domini Ludovici de Roma, 139
Responsio oratoribus regis Francie facta Mantue 1459 (Pius II), 155
Richard, bishop of Chichester, 32
Richer, firm, printers, 162
Rimini, Samuelo da, lawyer, 101
Rizzi, Renzo, bookseller (Milan), 119
Rogatianus, deacon, 194, 196, 199
Roman de Bertrand du Guesclin, 215
Roman de la Rose, 164
Rosenthal, Bernard M., bookseller, 52
Rottino, Pietro, historian, 225
Rubestein, Joseph, bookseller, 163, 169
Rufinus of Aquileia, 199
Rufus, Sextus, *see* Sextus Rufus
Rule of the Ambrosian Society, Milan 187
Rusticianus, *see* Gregory Rustician, patriarch

Saint-Paul, Louis de Luxemburg, count of, constable of France, 160
Saint-Blanquat, O. de, archivist of Toulouse, 50
Salloch, William, bookseller, 75
Sana di Marcho, merchant of Siena, 101
Sannazaro, Jacopo, poet, *fl. 1504*, 94-96

Satyricon (Petronius Arbiter), 234
Scarpon, Fra, confessor, 105
Scarron, Philippe, bishop of Grenoble, 228
Schindel, Johannes, astronomer, 145
Schlenck, Johann Christoph, student at the University of Bayreuth, *Liber amicorum*, 60
Schumann, Hellmut, 225
Scriptum super quatuor evangelica (Nicholas of Pelhřimov), 131
Scrottembac, cardinal, bishop of Olomouc (Olmutz), 118
Semple, William S., manuscript owner, 189
Seneca, Annaeus (elder), 234
Seneca, Lucius Annaeus (younger), 234
Septem gaudia in honore beate Marie (Philip of Greves), 40
Sequester, Vibus, Roman author and geographer, 235
Serafino dei Ciminelli, *see* Aquila, Serafino dei Ciminelli dall'
Sermons
    Anonymous, 28, 83
    Gregory I, 132, 141-144
    Peregrinus of Oppeln, 9 ff.
    Peter the Chancellor, 66
    Thomas Ebendorfer von Haselbach, 30
Sextus Rufus, 230
Sidonius, confessor, 197
Sigismund, duke of Austria, 145
Silvester, bishop of Salzburg, 145
Siragius, bishop of Autun, 143
Sixtus IV (Francesco della Rovere), Pope, 244
Soderini, Nicolo, Guelf leader (Florence), 102
Sotheby, C.W.H., bookseller, 181
Sozzini, Marinao, canonist (Padua), 140

Speculum monachorum (Arnoul de Boeriis), 80
Spinola, Luigi, rector, 109, 171
Spinola, Giuliano, cardinal, 109, 110
Spoggiardo, Giovanni Battista, marsu de, procurator of the Monastery of St. Paul (Brindisi), 90
Stadius, Johannes, student at the University of Jena, *Liber amicorum*, 75
Statutes
    Acton Burnel, 123
    Assisa panis et cervisiae, 127, 128
    Berwyk Chaunpart, 124
    Charta de foresta, 120
    De anno bissextili, 125
    De excestro, 126
    De farina avene, 128
    De Gavelkynde, 129
    De heredibus, 128
    De quo warranto in brevibus, 126
    De saccario, 126
    Gloucester, 122, 127
    Magna Charta, 120, 127
    Marleberge, 121, 127
    Merchants, 127
    Merton, Provision of, 121, 127
    Modus diversarum settarum . . . , 128
    Ne quis ponatur in assisa, 125
    Of mortmain, 122, 124
    Of new articles, 125
    On conspiracies, 125
    Quia fines, 126
    Visus franciplegi, 129
    Westminster, 122, 123, 127, 128
    Willemus Botelyer, 124
    Winchester, 124
    Winton, 124
Stephen I, Pope, 198-199

Stewart, Matthew, professor of mathematics, 87
Stimulus ardoris (Eckbert of Schonau), 78
Suetonius Tranquillus, Gaius, Roman historian, 235
Suger, abbot of St. Denis, 149
Summa confessorum (John of Freiburg), 13
Summa de abstinentia (Nicholas of Byard), 88
Summa de vitiis (William Peraldus), 81
Super librum predicamentorum Aristotelis (Walter Burleigh), 103
Supplementum ad Summam Pisanellae (Nicholas of Ausimo), 135
Supplicatio Phillipi Iadrensis thesaurizandae theologiae ad integerrimam iustitiam venetiarum (Philip of Zara), 220
Suso, Henry, 213
Symmachus, Quintus Aurelius, *letter*, 235
Szczesniak, Boleslaw, donor, 212, 229

Termini Naturales (William Heystebury), 191
Testament de morbis incurabilibus (Raimon Lull), 233
Theobald II, count of Blois and Champagne, *fl. 996*, 149
Thessalus, philosopher and herbal writer, 232
Thomas, St. and martyr, archbishop of Canterbury, 32, 35, 166
Thomas, Alan G., manuscript owner, 130
Thomas of Haselbach, *see* Ebendorfer von Haselbach, Thomas

Thorpe, Thomas, manuscript owner, 114
Timolbonte, Cassio, 130
Tractatulus de arte moriendi (Nicholas of Dinkelsbuhl), 29
Tractatulus de poenitentia et confessione (Peter of Pirchenwart), 27
Tractatus confactus contra obiectiones et questiones fautorum et discipulorum damnati heresiarche Wicleff (Jacques de Nouvion), 30
Tractatus de antiquo dominico corone, 129
Tractatus de exercitatione mentali (St. Bonaventure), 76
Tractatus de meditatione mortis (Jean Charlier de Gerson), 76
Tractatus de virtutibus .vii. herbarum (Alexius Africanus), 232
Tractatus Thessali philosophi de .xxi. herbis .xii. signorum attributis, 232
Trattati spirituali (Ugo Panziera), 99
Trattato di Roma antica (Pietro Rottino), 225
Trivulzio, Carlo, abbot, manuscript owner, 188
Trontano, cleric (Milan), 185

Ulgerius, bishop of Anjou, 152
Urban VI (Bartolomeo Prignano), Pope, 98, 101
Urban VIII (Maffeo Barberini), Pope, 112, 209, 211
Urbanus, confessor (Rome), 195, 197
Ursula, St., 168

Valerius Bergidensis, 186
Valernod, Marie de, dame d'Herculais, 228
Vaughan, Evan Lloyd, manuscript owner, 170

Victor, St., Martyr, *fl. 505*, 153, 196, 198
Victor, bishop of Palermo, 142
Vienna, University of, Charter, *1421*, 30
Vigilius, bishop, *fl. III Cen.*, 201
Vigils of the dead, 43, 168
Vincentius, bishop of Carthage, 142
Virtius, priest, 196
Visitatio apostolica ecclesie et collegii s. Apollonaris, 107
Visus Franciplegi (Statute), *see* Statutes
Vita Homeri (anon.), 190
Vrunt, Johannes, 140

Walricus, St., abbot of the Monastery of St. Valery, 166
Westminster, Statute of, *see* Statutes
Willemus Botelyer, Statute of, *see* Statutes
William I, the Conqueror, 180
Winchelsey, Robert, archbishop of Canterbury, 127
Wulfram, St., archbishop of Sens, 32
Wyclif, John, 30

Xenofons, philosopher, 145

Yvo, *see* Ivo

Zeno, Raniero, doge of Venice, 208